幸福論

ヒルティ

秋山英夫＝訳

角川文庫

20713

目次

人生論

幸福論

仕事の要領

一

仕事をする要領というものは、あらゆる要領のなかでもいちばんたいせつなものだ。というのは、それをのみこんでしまえば、ほかの知識や能力は、すべてたいへん楽にえられるからである。ところが、正しく働くすべを心得ている人は、わりあい少ない。「労働」とか「労働者」ということが、かつてのどの時代にもましておそらく口にされることが多いこの時代においてさえ、労働するわざが実際に向上したり普及したりしているとは、目だつほどには認められない。むしろ人々はできるだけ働くまいとしているか、あるいは一生のうち、ほんのわずかな時間だけ働いて、残りは休息して暮らしたいというのが、世間一般の傾向になっている。

いったい労働と休息は、外見上は互いにあいいれない対立のように見えるが、はたしてそうであろうか。これをまっ先につきとめる必要がある。というのは、労働をただ口先だけでほめたたえることなら、誰も人後に落ちる者はないのだが、ただそれだけでは、働く気が起こるものでもないからだ。そして、働きたくないという気持が、やっかいにもこんなに広まり、近代の諸国民につきものの、ほとんど一種の病気となっているかぎり、そして誰も彼もが、理屈のうえでは持ち上げられているこの事柄を、実際にはできるかぎり早くのがれようとしている間は、社会の改善など言うべくして行なわれる話である。もしかりに労働と休息が対立するものだとすれば、社会は事実上完全に救いがたい病気にかかっているも同然であろう。

なぜなら、人間誰しも休息を願わない者はないのであって、まことにつまらぬ、精神的に貧弱きわまる者でも、休みたいという欲求は持っているのであり、はてしなく努力するなどということは、どんなに高く飛翔《ひしょう》する人でも、進んで求めることではないからである。それどころか、来生の幸福な生活を想像する場合にさえ、「永遠の安息」ということば以外に、それを表わすことばは見つけられぬのである。労働は不可避、そして休息はその正反対だということになれば、「汝《なんじ》、額に汗してそのパンを食うべし」ということばは、実際激しい呪《のろ》いのことばになるわけであり、この地上はまことに涙の谷となろう。なぜなら、もしそういうことになれば、いわゆる「人間らしい」生活を送りうるのは、いつの世にも、ごく限られた少数の人だけということになり、しかもこの連中にしたところで――この点にほんとうの呪いがあるのだが――同胞を強制的に働かせ、労働の奴隷状態につないでおくことによってのみ、そうできることになるからだ。事実古代の著作家たちは事態をそのように見ているのであって、おおぜいの奴隷が、激しい、希望のない労働に従事することによって、たった一人の男が、政治的組織をもった国家の自由な市民として生きて行くだけの資力を生み出さなければならなかったのである。そして十九世紀においてさえ、「ある人種の者は未来永劫《みらいえいごう》他の人種のために働くように運命づけられている」といったようなことを、ある大きな共和国の市民たちは主張している。しかもその先頭にバイブルを手にしたキリスト教の牧師までが加わっている始末である。「文化は富の土壌の上においてのみおい立つ、富は資本の蓄積によってのみ増大する、資本の蓄積は働くことに対して正当な報酬を受けない人たちの労働を蓄積することによってのみふえる、ゆえに文化は不正によってのみ生ずる」。実にこれが、今日議論の前面に立っている命題であるが、われわれは、そういうことを論ずる目的をもたないここでは、それが比較的に当たっているものか、それとも完全に正しいかどうかを検討するつもりはない。われわれはただ次のことだけをもっとももなこととして主張したいだけである、すなわち、万人が正しく労働するあかつきにおいては、いわゆる社会問題なるものは解決されるであろう。しかし、それ以外の方法では絶対に解決されないであろう、ということである。

しかしこのことは単なる強制では達成されえぬことであり、万人が万人に対して強制する物的手段があったところで、そういうことからまともな仕事が出てくるわけでもない。だから問題は、人間の心の中に働く気を起こさせることに帰着するのであって、こうしてわれわれはふたたび正しい「教育」畑にたどりつくことになるのである。

働く気が起こるのは、よく考え（熟考）、事に当たってみる（経験）以外に手はないのであって、教訓や、また残念ながら日々示されているとおり、実例などでも起こるものではない。ところで経験は次のことを示してくれる、それをわが身に試みてみようという気のある人ならば誰に対してでも。

第一に、求められている休息なるものは、精神なり肉体なりを、まるきり働かせないこと、あるいは最大限に遊ばせておくことのうちに見いだされるのではない。そうではなくて反対に、心身を適度に振り分けて使うことによってのみ見いだされるのである。人間の天性全体は、活動するようにできている。それをかってに変えようとすれば、おそろしい祟《たた》りを受けるのである。もとより人間は休息の楽園からはすでに追放された身ではあるけれども、神が人間に働けと命じたもうたには、働かなければのんびりできないという慰めをも忘れられたわけではない。そういうわけで、ほんとうの休息は活動のさ中においてだけ与えられるのであって、精神的には、仕事がはかどって行くさまをながめたり、問題が自家薬籠《やくろう》中のものになるのを見たりすることによって与えられ、肉体的には、日ごとの睡眠、毎日の食事のあいだに自然的に与えられる中休みや、日曜日という何物にも代えがたい休養のオアシスのうちにのみ与えられるのである。こういう自然な休憩の間《ま》に中断されるだけで、あとは絶えず有益な活動を続けられる状態こそ、この世でいちばん幸福な状態である。人間と生まれて、これ以外の外面的な幸福を望むべきではない。実際われわれはさらに一歩を進めて、そうなれば活動の性質などあまり問題にならぬと付言しうるのである。遊び半分の仕事でないかぎり、すべてほんとうの仕事には、まじめに打ちこめばいやでもすぐおもしろくなってくるという性質があるものだ。人を幸福にするのは仕事の種類ではなくて、創造と成功の喜びである。およそ存在する不幸中での最大の不幸は、仕事のない生活、生涯の終わりにおいて仕事の成果を持たない生活である。したがってまた労働の権利というものがあるわけなのであって、またなければならぬのである。それは、あらゆる人権中最も根源的なものでさえある。「仕事のない人」は実際この世のほんとうの不幸者である。ところが現にそういう人はおおぜいいるのであり、しかも下層社会よりは、いわゆる上流社会のほうにかえって多いのである。下層社会では食って行く必要のために仕事に駆りたてられるのだが、上流社会の人々は、まちがった教育や偏見のために、あるいはまたある方面ではほんとうの仕事を許さない抜きがたい因習のために、ほとんど絶望的に先祖代々この大きな不幸を受けるべき運命に引きわたされているからである。現にわれわれは、毎年彼らがその精神的荒涼と倦怠《けんたい》を、わがスイスの山地とその療養所の中まで持ちこんでくるのを見ているが、彼らがそういうことで精神の刷新を期してもむだなことは知れきっている。彼らがなんとか身体を動かして、せめて一時的でもいいから、彼ら特有の病気である怠惰を免れようとするには、もとは夏期だけで十分であったのだが、今はもう冬までそのことのために使わなければならなくなっている。彼らはわが国の最も美しい谷々を病院と化し去ったのであるが、この病院はやがて年中開業ということになろう、至るところに休息を求めてどこにも見いださないこれらおちつきのないおおぜいの人たちのために、である――彼らがそういうはめに陥るのも、休息を労働のなかに求めないからである。「汝、週のうち六日働くべし」であって、それ以上でも、それ以下でもいけない。この処方をもってすれば、われわれの時代のたいがいの神経病は、それが先祖代々仕事をしないという呪いでもないかぎりは、直ってしまうことだろうし、たいがいの療養院付き医者や精神科医は、その患者を失うことになろう。人生に対するに「享楽」をもって臨むことは絶対不可であって、実を結ぶように計画して行く心構えでなければならぬ。この一事をさとらぬ者は、すでに精神的健康を喪失せる者である。そして、持って生まれた体質に応じ、正しい暮らし方をすれば得られるはずの肉体的健康の保持ということでさえ、そういう人にはできない相談であろう。人生七十年、あるいは高齢に達して八十年の長きに及ぶのであるが、たとえそれが辛苦と勤労の生涯《しょうがい》であっても、貴重な人生であったのである。聖書の言葉は、まさにそうあるべきで、おそらくもとの意味にはそれが含まれていたのであろう。

とは言うものの、ただちにある限定を付け加えておくほうが策を得たものであろう。勤労と言っても、どんな仕事もみな同じだというわけではなくて、世にはまた外観だけの仕事、すなわち見かけ倒しの、見てくれだけのためにあるにすぎない仕事もある。いわゆる「ご婦人がたの手芸」の一部とか、以前よく見られた実戦に向かない兵隊ごっことか、「芸術」修業と言っても、ものにもならぬくせにだらしなくピアノを練習するといったことの大部分、狩猟その他いわゆる「スポーツ」の大部分、それからまたあと回しにはなったが自己の財産の単なる「管理」というがごときものも、これに劣らずこの部類に属するのである。怜悧《れいり》で活動的な人なら、もう少し心の満足の得られる仕事を求むべきであろう。

機械を使っての仕事、一般に機械的部分的な仕事が、なぜ人の心を満足せしめないか、また、実に彼らによって初めて社会不安なるものがこの世に現われきたったという因縁づきの工場労働者よりか、なぜに職人や農場労働者のほうがはるかに満足しているかという理由もまたここにある。というのは、工場労働者は自分の仕事のでき上がりを見ることはめったになく、仕事をするのは機械であって、彼は単に機械に従属した道具にすぎないからである。すなわち彼は明けても暮れても何か小さい歯車製作の機械の手伝いをするだけで、心楽しむ一個の芸術品であり、人間らしい真の労働の成果である一個の完全な時計を作りあげるためしはないのである。かような機械的労働は、いかにつまらぬ人でも持っている「人間の尊厳」という当然自然な観念にそむき、真の満足感を与えないのである。

その反対に、自分の仕事にすっかり沈潜しきれて、仕事と一心同体になることができるような労働人は、世にも幸福な労働者である。たとえば、ある対象を把握再現しようとするとき、全身全霊をあげてその対象に没頭する芸術家、自分の専門の畑以外に対してはほとんど目もくれぬ学者、それどころか往々きわめて限られた活動範囲のうちに彼ら特有の小天地を築きあげているあらゆる種類の「変わり種」でさえ、幸福この上ない労働者なのである。

彼らがすべて等しくいだいている感情は――はたから見ればおそらくまちがってさ

えいようが――自分こそは真実有益な、人類社会に不可欠な仕事をしているのであって、遊びごとをしているわけではない、ということであり、しかも彼らの多くは、そのような不断の活動のうちに、そのような骨の折れる、おそらくはあまり健康的でない仕事に従事しながら、最高の年齢層に達するのである。ところが一方では、――いきなり現代社会の最も無用な人種、なるべく働かないことをもって原則としているやからをあげるならば――手持ちぶさたの貴族的遊び人や有閑マダムのほうは、しょっちゅうがたびしする身体の手入れをしなければならぬ始末なのである。

今日われわれの社会にまっ先に必要なことは、有意義な仕事こそ、例外なくすべての人々の身心の健康保持に、したがってまた彼らの幸福のために必要不可欠であるという識見と経験を広めることにほかならない。

以上のことからいやおうなしに結論されることは、怠惰を仕事にしているようなやからは、選ばれた「えり抜きの」階級と見るべきではなく、その正体どおりのものとして、すなわち、正しい処世の道を失ってしまった精神的に不完全な、あるいは不健全な人間と見なされるということであろう。世間一般の固定した信念のあらわれにほかならぬ風習が、右に述べた趣旨に同調するようになって初めて、そのあかつきにおいて初めて、よりよい時代がわれわれの世界に訪れるであろう。そのときまでは、互いに因となり果となることであるが、一方の人たちは過大な労働に従事し、他方の人たちは過少な労働しかなさないということに、この世界は悩むのであって、この両方の人たちのうち、どちらが実際上、より不幸な部類であるかは、どちらとも決定しがたいのである。

以上に述べた諸命題は、その基礎を人類数千年の経験に負うものであり、誰でも働いたり働かなかったりして日々身をもってためすことのできるものであり、あらゆる宗教、哲学の説くところである。それにかかわらず、たとえば世にはなお数千の「貴婦人」なるものがあって、バイブルを尊重しているくせに、そのきわめて明瞭な掟《おきて》に反して、全然働かぬというわけではなくても、せいぜいのところ一日ぐらいしか働かず、あとの六日はその貴婦人業たる怠惰のうちに休息して、呆《あき》れかえるほど平然としているではないか。こういう貴婦人が聖書にはさほど明瞭《めいりょう》に書かれていない死刑などをいとも熱心に弁護するといったことが見られるほどに、なぜこれらの命題が今なお一般に徹底していないのか、われわれはそこのところを問題にしたいのである。それは主として労働の適正でない分配と配置に由来するのであって、だからこそ実際労働は真の重荷となりかねないのであり、こうしてわれわれは本論の主題に帰り着くわけなのである。

この表題の点に関してのみ、今や二、三のことを説くことが可能である。ただし、なんらかの仕事は必至であるとの原則をすでに了承していて、しかもやりかけるたびごとにいつも不思議に何かじゃまがはいるというのでないかぎり、進んで仕事に着手しようとする人に対してである。

二

と言うのは、仕事というものには、あらゆる芸術と同じに、目に見えて仕事を軽減できる手、そのこつがあるからであり、ただに仕事をしようという気になることばかりでなく、実際に仕事できるということもまた、そう簡単なことでなくて、たいがいの人は習わずじまいだからである。

（一）およそ障害克服の第一歩は、その障害の本体を知ることにある。仕事をできないようにじゃましているのは、おもに怠け癖である。人は誰でも天性怠惰なもので、普通の状態、感覚的で受け身的な状態を抜け出るには、常に努力を必要とする。善をなすに緩なることのごとき、総じてわれわれの本来的根本悪癖たるのである。したがって世に天性勤勉というような人は存せず、ただその性質と気質から活発の度において多少の差がある人しかいないわけである。いかに活発な人たちでも、おのれの本性に従うなら、何を好んで仕事などして楽しもう。勤勉たるのは、ひたすら感覚的懶惰《らんだ》という動機以上の強い動機があればこそで、しかもこの動機には常に二種類ある。低い動機か高級な動機かのいずれかであって、低い動機とはすなわち病みつき、特に野心と貪欲《どんよく》、ないし生活維持の必要のごときであり、高級な動機とは、仕事そのものに対するにせよ、その仕事のなされるゆえんの人間に対するにせよ、責任感と愛情、これである。高尚なほうの動機は、とりわけ次の利点をもっている、すなわちそれは低級な動機よりもはるかに持続性があり、事の成否に左右されず、したがって失敗したからといっていやけがさしたり、目的を達成したからといって飽き飽きするといったことのために、その強さを失うことはないことである。だから野心家や貪欲な者が非常に勤勉な働き手であることは、なるほどよくあることだが、それこそ十年一日のごとくに、むらなく歩一歩進めて行くといった働き手であることはまれなのであり、したがってこういう手合いは、たいてい見せかけだけの仕事でも満足するのであり、たとえ同胞に対してはなんらの利得がなくとも、自分自身にその見てくれがほんとうの仕事と同じ好結果を持ちさえすれば、甘んずるのである。商工業の一部の仕事、それに残念ながら付け加えなければならぬが、学問芸術の仕事の一部も、今日では著しくそういう性格を帯びている。だからたとえば人生の門出に立つ青年に何か最初の忠言を一つ与えねばならぬということであれば、それはこうであろう、いわく、諸君はある事柄あるいは特定の人々に対する責任感なり愛情なりから働くがいい。諸君はなんらかの人類の大義に加わるがよい。たとえば諸民族の政治的解放、キリスト教の普及、放任されている下層階級の向上、飲酒癖の除去、あるいはまたなんなら永遠の国際平和の樹立、社会改革、選挙法の改善、刑罰ならびに刑務所の改善等々のことに参画なさるがよい。――けだし今日ではこの種の目的はよりどりみどり無数にあるからだ、――そうすれば諸君は、最も手っとりばやく、たえず外部から諸君に働きかける刺激と、それに、これは最初のうち非常にたいせつなことなのだが、仕事仲間をも得られるであろう。およそ青年にして（男性たると女性たるとを問わず）、なんらかこの種の人類進歩の大軍において現役の一員たらざるがごとき者は、もはや、今日の文明諸国民の間においては皆無たるべきものである。このことのみが青年を高揚強化し、彼らに堅忍持久の力を与えるのであって、その結果青年たりといえどもつとに小我を脱し、おのれひとりのために生きるがごときことはなくなるのである。利己主義は常に一個の弱点であり、数々の弱点ばかり生み出すのである。

（二）次に怠惰を押えて仕事に向かわせる最も有効な手段として役だつものに、習慣の偉大な力がある。普通はただわれわれの身体的欲求に奉仕するだけのこの強力な力を、高級な精神的欲求にも役だてえないというわけがどこにあろう。事実われわれは、怠惰、逸楽、浪費、無節度、吝嗇《りんしょく》に慣れると同様に、勤労、節制、倹約、正直、慈善に慣れうるのである。そしてわれわれはただちに付言しておこうと思うが、人間のどんな徳でも、それが習慣となりきってしまわないうちは、確実な所有とは言えないのである。そういうわけで人は徐々ながら勤労の習慣を持つようになるのであり、そうなれば億劫《おっくう》さの抵抗力もしだいに弱まって、ついには勤労の生活が欲求とまでなるのである。こうなれば、人生普通の困難の大半はのがれてしまったも同然である。

さてこの点には特に二、三のちょっとしたこつがあるのであって、それを使えば習慣的勤勉にこぎつける道をたやすくすることができる。それは次のごときものである。

まっ先に肝要なことは、着手しうるということである。勉強机に向かってすわり、勉強に心を向けようと決心することが、根本的に難事中の難事なのだ。ひとたびペンを手にして最初の一画を書き下ろしてしまえば、あるいはまた鍬《くわ》を手にして最初の一打ちをやりおえてしまえば、事はすでに大いに楽になってしまっている。ところが世間には、着手するにはいつも何かが欠けているといった人々、準備ばかりしていて（実はその背後に彼らの怠け癖がかくされているのだが）、必要に迫られるまでは、どうしても着手するところまでこぎつけえない人々があるもので、そうなると今度はまた、時間が足りないことからくる逼迫《ひっぱく》感がもとで、心はあせり、時には肉体的な熱まで出て、これが仕事に悪影響を及ぼすことになるのである。

特別なインスピレーションがわいてくるのを待つたぐいの人もあるが、インスピレーションというものは、とりもなおさず仕事にさいして、そして仕事の最中に起こるものなのだ。仕事をしている間に、その仕事が、あらかじめ考えていたのとは、しょっちゅう変わってくること、休憩しているときには、実り多くて、時には全然毛色の変わった思想が、働いているときほど豊かに得られないこと、これは（少なくとも著者にとっては）経験的事実である。だから結局肝心なことは、金輪際あと回しにしないこと、身体のかげんが悪いとか気が向かぬなどいうことを、すぐに自分で口実にしないで、毎日一定の、きちんと決めた時間を勉強にささげることである。

おれはどうあっても一定の時間は何か仕事しなければならぬのであり、まるきり休養ばかりを事としてはならぬ、ということを、ずるい人間、（使徒パウロ[二]のことばをかりて言えば）「古き」[三]人間が理解すれば、せめて今日最も必要な一事だけは、そういう場合にもやろうと決心するぐらいのことは、通常かなり楽になされるのである。

（三）　精神的生産的な仕事の場合に、無限に多くの人々は、仕事の区分、あるいはさらに仕事の序論のために、その時間と感興とを失っている。わざとらしい、大いに頭をひねったあげくの序論、あるいは総じてあまりに持ってまわった序論は普通全然目的にそわず、のちに述ぶべきはずのことを不適当にも先取する結果になることは、かりにしばらく置くとしても、序論や表題は最後に作れというのが、いずれにしてもきわめて一般的に用いられうる忠告である。そのようにやりさえすれば、序論や表題のごときものは、普通まったくひとりでに出てくるものだ。いっさいの序論的なものを抜きにして、ただちに実際上いちばん自信のある本論から始めれば、うんと楽に仕事にかかれるのである。同じ理由からして、はしがきや、たいがいの場合にはそれどころか第一章も一応飛ばしたほうが、はるかに本は読みやすいものなのであって、少なくとも本論の筆者は最初に序文を読んだためしはなく、本文読了後目を通してみた場合、ほとんど例外なしに、なんら損をしなかったことを発見しているのである。もっともなかには序文がいちばん読みごたえがあるような書物もあるにはあるが、そんな本は大いに読む価値があるという本ではけっしてない。

　われわれはさらに一歩を進めて、こう言ってさしつかえない、(序論と本論の別なく)君にとっていちばんやさしいところから始めたまえ、ともかく始めたまえ、と。完全に体系的にやらないために、仕事の手順のうえで回り道をすることになるかもしれないが、そういうことは時間を得ることによって、まだお釣りがでるくらいのものだ。

以上述べたところと表裏をなすものとして、最後になお二つの点がある。第一は、「明日のことを思い煩うなかれ、一日の苦労は一日にて足れり」[四]ということである。人間には空想力という危険なたまものが与えられているが、これはわれわれの実力以上に広範囲な活動領域をもっている。空想力は、われわれの意図する仕事の全部を、成しとげられるはずのものとして、一時にわれわれの目の前にひろげて見せるのだが、われわれの力のほうは、ただ順を追うて一つ一つそれをやりこなしていけるだけなのであり、毎日毎日この目的のために日々完全に新たにされていかねばならぬのである。それゆえ、習慣的に常にただ今日のためにのみ働くがよい。明日はおのずからにして来るのであり、明日とともに新しい明日の力もまた訪れ来るのである。

第二の点はこうである。何事によらず仕事は、とりわけ精神労働の場合は、しっかりやる心構えであるべきではあるが、全然言い残した点がないとか、もはや読むところが残っていないとかいったふうに、完全に遺漏なくやろうと思ってはならない。そういうことをやるには、今日ではいかなる人の力も、もはや十分ではない。せいぜいのところで、比較的小さい分野は徹底的にこなし、広範囲にわたるものはその要点だけをこなすことが肝要である。あまり欲ばりすぎる者は、現代ではたいてい虻蜂《あぶはち》取らずになるのである。
(四)よく勉強するに必要なこと、それは、清新の気と勉強する気がなくなったら、勉強を続けないことだ。始めることだけは、気が向かなくとも始めなければならぬが——そうしなければだいたい始めようがなかろう、——しかし、勉強したあげく多少疲れたとなったら、ただちに勉強を中止すべきだ。だからと言ってその場合、仕事をまるきりやめるには及ばないのであって、たいてい今までやっていたその特定の仕事だけをやめればよいのである。というのは、仕事を変えることは、必要な休息とほとんど同様、元気を回復させるからである。われわれの天性にこういうからくりがなかったら、たいした仕事はできまい。
(五)これに反し、たくさん仕事をしでかそうというには、力を節約しなければならぬ。実践的には、むだな活動に時間をさかないことによって、とりわけこれはできるのである。そういうむだな活動のために、ほんとうの仕事をする気力と精力がいかに失われるかは、想像以上のものがある。われわれがむだな活動として第一にあげるのは、新聞を読みすぎること、これであり、第二に度を過ごした団体活動や政治的活動、とりわけ「しろうと政談」という名で広く知られている政治活動の部面である。たとえば無数の人々が、いちばんいい仕事の時間である朝を何で始めるかと言えば、新聞を読むことで始めているのであり、その一日をどこで終えるかと言えば、これまた判で押したように何かの会や社交の席で、わるくすると賭博《とばく》台で終えているのである。毎朝毎朝彼らが一枚の新聞をすみからすみまで読み、あるいは二、三種の新聞を読みあさった場合に、翌日そのためになお彼らがどれほどの精神的利得を保有しているかは、たいがいの場合言いにくいであろうが、しかし確かなことは、彼らが新聞を読んだあとには、たいがいなんとなく仕事にいやけを催して、たまたま手もとに他の新聞があればこれを手にするということである。

たくさん仕事をしようと思う者は、あらゆる無用の頭を煩わす仕事、ならびに付け加えていいと思うが肉体を労する無益な仕事を、注意深く避けねばならぬ、そしてその精力をなすべき本務のためにたくわえておかねばならぬ。

(六) 最後に(われわれが相変わらず第一に念頭に置いている)精神的な仕事に対しては、これを軽減する一つのきめ手がある。繰り返すこと、ことばを換えて言えば、何度も手がけることだ。ほとんどすべての精神労働は最初のうちはただ大体の輪郭がつかまれるだけで、二度めに取っ組んで初めて、その細部も展開しきたるのであり、それに対する理解もひらけ、用意もととのってくるのである。だからほんとうの勤勉というのは、現代のある有名な著述家が言っているように、「休む暇さえなく、のべつまくなしに働くということではなくて、むしろ心に描いていることを、はっきりした形に持ちこもうとあこがれて、なすべき仕事に打ちこむことである。俗に勤勉と呼ばれていること、すなわち多少とも大きな材料を念入りにこなし、一定の期間に目に見えてそれをはかどらせようという骨折りなんかは、当然自明の前提にすぎず、常に精励してやむことを知らぬ、あの一段と高い、精神的勤勉に遠く及ばないものである」。

われわれはこの思想をこれ以上にうまく表現するすべを知らない。そして労働をかく解することによって、われわれが本論の初めにいだいた最後の懸念《けねん》もまた事実打ちはらわれるのであり、労働の連続性が（必要な休息にもかかわらず、また休息の間に）確立されることとなるのであって、これこそ本来、ほんとうのアルバイトなるものについての議論の余地なきわれわれの理想たるのである。

人の精神は、ひとたびこの仕事に打ちこむというほんとうの勤勉を知れば、絶えず働いてやまないものである。現に、そのような（長きに失することのない）休息ののちにおいて、仕事が知らぬ間にはかどっていることがまことに不思議なくらいしばしば見られるのである。まるで自然にいっさいが明瞭の度を加え、幾多の難点は突如あたかも解決されたごとくに立ち現われ、最初頭にたくわえられていた思想は豊かさの度を増し、造形的な姿、表現性をかちうるに至る。そして一休みしたあとでの仕事は今はもはや、その間《かん》にわれわれが手を加えずして成熟するに至ったものを労せずして集めるかのごとき観を呈することしばしばなのである。

これすなわち仕事の報酬なのであって、世人の普通にあげる——しかも、もっともな理由をもってあげる報酬、すなわち働く者のみが楽しみと息抜きの何たるかを知るという報酬以外の報酬たるのである。前もって働かずして休む休息は、食欲なくして食う食事のごとく、楽しみなきものである。最上の、最も快適な、最も酬《むく》いるところ多き、かてて加えて最も安価な娯楽は、常に仕事である。

校長先生[五]、貴下がしかし最後に、かかる論考を特に学校の刊行物にかかげるゆえんや目的を問われるならば、私はそれに対し次のごとく答えるものである、いわく、教育のわざは本質的には、一方では子弟に仕事（勉強）に対する熱意と技能を喚起し、他方機を失せずしてなんらか人類の大義にその意志をかけしめることにある、と私には思われるからである、と。

しかして現下の社会状勢をもって見るに、十九世紀初頭の社会革命が、働く市民をして、怠惰なる貴族僧侶《そうりょ》の上に出《い》でしめたとまったく軌を等しくして、なんらかの社会革命がこのたびもまた、現在働きつつある人たちを支配階級たらしめるであろうと期待することは、十分根拠ありと思われるのである。

　この市民も爾来《じらい》、その先行者と等しく、単にきき札を切って、すなわち他人の労働によって暮らそうとする怠け者と化し去った場合、同様滅亡せざるを得ぬであろう。

未来は働く者に属し、いつの世にも支配は労働に帰するのである。

エピクテートス

校長先生！

今回貴下のお求めに応ずるのに、日ごろその教訓が特別の教育的価値をもっていると愚考している古代の一ストア学者についての論文をもってするに当たり、私はこの一文が貴下の学校機関誌の一般的傾向と矛盾するものとは思っていない。というのは、貴下自身チラーの範にならって、人格養成的教授法に重点を置かれているからであって、そのことは実にかの哲人においても主眼とするところ、かつまた現時の教育制度全般に関する私自身の意見は、忌憚《きたん》なく言って次のごとくであるからである。いわく、何よりもまず、教師においても、はたまた生徒においても、個性の育成ということにいっそうの機会が与えられねばならぬ、と。

すべて職業にはそれぞれの方法があり、またなければならぬことは、私もこれを認めるのにやぶさかではないが、それにしても人の師表たる者の職分においては、最下級から最上級に至るすべてを通じて、いまだ未熟なる者に感化を及ぼし、彼らを等しく人格に育成すべき潑剌たる、個性の十分発達した人格こそ第一義であると私には思われるのである。

独立独歩の人格がはなはだしく欠けていること、このことが、いよいよますます現代を特徴づける目印となっている。なるほどわれわれは、自意識の発達した、一応の学校教育を受けた人たち、またそれだけにおそらくは生活能力もあり、あるいは少なくとも普通の職業に向くたぐいの人たちならば、われわれの歴史の以前の時代にくらべ、数多く持っているのであるが、しかしそこには、われわれを他の民族と明らかに区別するゆえんの独創性、しかして私の考えるところによれば国民繁栄の主要条件の一たる独創性が、個人においても、はたまた漸次全体においても、欠けているのである。たとえば十九世紀初頭にグラウビュンデン州「叢書《そうしょ》」に書かれた政治的ならびに国民経済的諸論文、あるいはまたこの過渡期の産物たる政治的パンフレットを、今日の文献と比較してみるならば、さきにあげた文書のほうが、それはもちろん当時の少数の人たちによってのみ書かれえたものではあるにしても、形式内容ともにすぐれていることを認めざるを得ないであろう。グラウビュンデン州の国民は、一八〇〇年において、学校によってはあまり教育されなかったけれども、実生活によって大いに鍛練された国民であったのであり、そしてともかく今日の人々以上にはるかに独創性に富んだ、多くの点では思慮に富んだ国民であったのである。

その実例はけっして乏しいわけではない。スイス文庫《アルヒーフ》において貴下は、報告や提案の集められた大部の書冊を最初のページから最後のページに至るまで、楽しく読み通すことができるのであって、そこにひらめく精神と見識とによって、生き生きと刺激を及ぼさないようなものは、ただの一編だにないのである。百年後はたして今日の州報もかくのごとくであるかどうかは、私は今あえて問わない。それは、はっきりした個性の魅力のせいであって、いつの世にも、世人がいやおうなく認めるところのものである。

できるだけたくさんのほんとうの人格者を教育すること、それこそ、私の思うに、われわれ教師たる者の職分の神髄であろう。

しかしこのことは、いかにしてなされるか。学校教育のみによっては不可なること、もちろんである。もしそうでないとすれば、われわれは今日の社会において、そのような人格をかつての時代以上に多数持たねばならぬはずであるのに、教育の進んだ大国においても比較的少数である事実を見るからである。かかる少数の人格者以外はおしなべて、すべてこれ「党派」「集団」にすぎず、そこにはただ数《かず》だけが物を言うのである。

私としては、学校側の立場から見れば、おそらく逆説的だと思われる意見を持っている。すなわち人格は自己教育と範例によって生まれるのであって、自分で「取る」（つかむ）べき事柄であり、（もちろんそのさい学校がある程度の刺激と指導を与えねばならぬが）、他から「与える」筋合いのものでないということ、またこの自己教育が達成せられうる「方法」は二つあるのみであって、ストア主義とキリスト教がそれである、というのが、私の意見なのである。

このあとの方法については、目下のところ神学者たちの縄張《なわば》りになっているから、ここでは詳説を避けたい。もっとも私一個の見解では、ゴルドン・パシャのごとき俗人のほうが、イギリスの僧侶《そうりょ》全体がかかっても及ばぬほどに、その時代に対してこの道を説いているのであり、彼の小著『パレスチナにおける省察』には、はなはだ難解な形式にもかかわらず、カルヴィンの著書におけるよりも信憑《しんぴょう》すべきキリスト教の解釈が含まれているといった私見もないわけではない。しかし人間形成のこのはなはだ狭い一方の道は、「万人の道」ではなく、われわれはむしろ、今あげた偉大な宗教改革家とともに、一種の神的予定がこれには必要であることを信じたいくらいである。否、少なくとも一種特別な種類の素朴《そぼく》にして子供のような、あまり小理屈など言わぬ性質が必要なのであるが、それは複雑なわれわれの同時代人には概して、またいよいよ欠けているところのものにほかならない。

これに反してストア主義は、現代と同様な時代の所産であり、今日ふたたび異常に多くの人々の心を動かしている幸福、現世における万人の幸福はいずこより来るか、また可能なりやに対する必要に迫られた熟考から生じたものである。それはなんら超自然的な要素を持たず、信仰を求めるものではなくて、常にただ普通の常識に訴えるだけである。そしてそれは、上流社会における単なる美的享楽や、下層社会における日々の絶えざる心配不平を伴った「胃の腑《ふ》の問題」よりか、何かもっとましなものを求める現代の人々と同様な人たちの欲求から発生したのである。

ストア哲学は、この二つの人生観、処世観に対立するものである。そしてこの哲学に成功せることは、個々の人間において、いかなる境遇にあっても有為転変《ういてんぺん》の運命に超然たるていの、きわだった毅然《きぜん》たる人格を育てることが実際できるという証《あか》しを、少なくともあげえたことであった。

この種の注目すべき人物のうち最も興味ある人物は、皇帝マルクス・アウレリウスと、奴隷エピクテートスとである。彼らが興味ある人物たるゆえんは、彼らがその境遇をことにせるにもかかわらず、等しくこの哲学の効果を示しているためばかりでなく、まさに彼ら両人のおかげで、この哲学のものの見方に関する真に味わうべき文章をわれわれが持つに至ったからである。皇帝の書は今日『瞑想録《めいそうろく》』と呼ばれているところのもの、もっぱらみずからのために書きとどめた一種の箴言《しんげん》集であり、その死にさいし彼の衣服のひだの中から発見されたものである。この書物のほうは世間によく知られており、入手しやすいのであるが、しかしその内容は、多忙な君主の日々がもたらした偶然の感想にとどまり、体系的配列もなく、教訓の目的に至っては全然これを欠いている。これに対し奴隷エピクテートスの語録のほうはあまり普及していない。私の蔵書の中にあるのは、はたしてそのドイツ語訳の新版があるかどうか、私は知らない。ユンケルの不完全な訳本（一八二六年）と、それからシュルテスによるシンプリキオスの古い注釈書の翻訳（一七七八年）、およびシュルツによるアリアノスの談話筆記の訳（一八〇一年）だけである。そこで後出の拙訳《せつやく》は、われわれに伝えられている彼の著作の要点を、わかりやすいドイツ語で貴下の読者にお目にかけようとするものである。

われわれがこの哲人の生活状況について知っていることは、数語をもって報告できる。近代の物故せる著述家たちの場合には、結局彼らについてこれだけは知りたいと思うものに至りつくためには、すなわち彼らの内面生活の神秘にみちた核心と、それをみごとに展開させるために彼らがたどった道とを窮めんとするには、またしてもまたしても新しく出る伝記、書簡、日記のたぐいを何冊も読まねばならぬのであるが、われわれはこの場合その必要がないのである。

エピクテートスの哲理もまた同様の簡潔さでわれわれに伝わっているのであって、これがまた、この教説を実際に用うるにはなはだすぐれているゆえんである。哲学の道によるも、宗教の道によるも、人は多くの指針を必要としない。要はただ、自己の有する指針を真に信じ、断固としてこれを用うることである。真にすぐれた人物の内面的生活史に通暁《つうぎょう》すれば、われわれはきまって次の事実を見るであろう。すなわち彼らが、彼らをして多くの人に傑出せしめ人類の恩人たらしめたゆえんのものを、真の哲学あるいは宗教のきわめて少数の、ただし確固たる原理に負うており、これと並んで、一部は遺伝により、一部は自己の反省と決断とによって身につけるに至った良き習慣に負うている、ということである。しかるに世人が往々哲学ないし宗教と呼んでいるものの全体は、たいがいの人において装飾的であり、せいぜいのところ、彼らの実践生活に直接の影響なき一個の知識たるにすぎない。もしそうでなければ、最も博学な哲学者や神学者は、常に最良の人間たるはずではないか。

エピクテートスは上に述べたたぐいの人物であったように思われる。われわれが彼について知っている確実なことといえば、彼がユリウス家の後代の皇帝の治下、紀元第一世紀に、フリジアのヒエラポリスにおいて、卑賤《ひせん》の身に生まれたこと、ついで若い時代にすでに、皇帝ネロの解放された奴隷（一説には護衛）であった乱暴者エパフロディトスの奴隷となったが、この男は彼を往々肉体的に虐待したが、のちに釈放した、ということである。かような虐待の結果、彼は終生片足が不自由であった。解放後も彼は赤貧のうちに暮らし、その所持品は一脚の腰掛けと枕《まくら》とランプとであったという。したがって彼はようやく晩年になってから結婚したのであったが、それとても、もともとある友人の遺児を引き取って世話せんがためであった。ゆえあって哲学者という哲学者を憎悪したドミティアヌス帝の治世に、エピクテートスはローマおよび全イタリアから追放され、（おそらくはドミティアヌスの死後初めて）帰国を許されるまで、爾来《じらい》エピルスのニコポリスに滞在していた。一説によれば、彼はなおハドリアン帝の友であったといい、マルクス・アウレリウス帝の時代まで生きて、百十歳で死んだと伝えられるが、ありそうにもないことだ。彼の死の詳細は不明であるが、散逸したアーリアンの伝記の表題から推せられることは、そこには何かいわくがあったようである。

後代のキリスト教の著述家、なかんずく聖アウグスティヌスのごときは、エピクテートスを、セネカやマルクス・アウレリウスとともに、半キリスト者に数えており、それどころか、彼の主人たりしエパフロディトスとは、パウロのコロサイ書およびピリピ書に言及されている人と同一人である、という臆説《おくせつ》さえ立てられている。その証拠はいっこうにないことは論外として、ストア哲学独特の精神を知るには、次にかかげる箴言を一瞥《いちべつ》すれば足りるのであって、ストア哲学はなるほど、その崇高きわまりないことばのはしばしにおいてはキリスト教精神に接近するものがあるけれども、根本において全然違った世界観から流露するがゆえに、キリスト教特有の小児のように楽しい精神を有しているというには、ほど遠いのである。とりわけ特別な点は、諸所に認められる公然たる女性軽蔑《けいべつ》であって、これは純ギリシア的であり、キリスト教的精神によっていささかも触れられていない点である。しかしこのような二、三の点を除けば、そして全体として見れば、やはりなんと言ってもエピクテートスの語録は、倫理的内容において最高の位置を要求しえ、キリスト教の倫理的教義に最も近い古代の書たるを失わないのである。

それゆえこの書は今いっそう周知せられるに値し、とりわけ学校においてもっと読まれる価値のあるものである。けだしストア主義こそ、いまだ発展途上にある努力向上してやまない青少年に対し、無類の魅力、無類の促したる点をもつからであって、他方キリスト教のほうは、教育ある人の場合においてもいっそうの人生経験を前提とし、とりわけ謙虚を必要とするのであって、かかることは学修中の青少年のいまだ持ちえないところである。

エピクテートスは自ら筆を執った書物は残さなかった。後世に伝わったものは、弟子の記録せるもののみである。その一つである、十二巻の教話集は、すべて今は散逸している。他の一つ、談話集は、さきにも述べたように、その一部が残存するのみである。完全に保存されているのは、次にかかげる語録だけであって、弟子たちのためにストア主義的処世訓を説いた彼の講話の一種の「綱要」もしくは抄録である。最も古いシンプリシウスの注釈に従えば、これはアリアノスによって書き下ろされたもので、そのさい彼は「あらゆる哲学講話の中から最も重要かつ必要なものと、最も強く心に訴えるものとを選んだ」のであった。

この小冊子は、いまは残っていない献詞を添えて、アントニウス・ピウス治下の執政官マリウス・ヴァレリウス・メッサリヌスにささげられたものであった。

さてわれわれは、とうといことばを直接に聞き、個々の文章にわれわれの感想を添えて行くことにしよう。

一

世にはわれわれの意のままになることもあるが、ままならぬこともある。われわれの意のままになるのは、判断、努力、欲望、嫌悪《けんお》など、一語にして言えば、われわれの意志の所産たるいっさいである。[七] ままならぬことは、われわれの身体、財産、名誉、官職等、われわれの所業たらぬいっさいである。われわれの意のままになることは、その本性上自由であり、禁ぜられたり妨害されたりしえない。しかるにままならぬことは、無力で隷属的であり、じゃまされがちで、他人の掌中にある。

それゆえ、おまえが本来隷属的なものを自由と思い、他人に握られているものを自分自身のものと見るとき、妨害に出会い、悲哀と不安におちいり、それどころか神々と人間を非難弾劾《だんがい》するようになるであろうことを思え。これに反し、真におまえのものであるものだけをおまえのものと思い、他人のものを他人のものと見るとき、何人《なんぴと》もおまえを強制したり妨害したりせぬであろう。おまえは何人をも弾劾せず、あしざまに言わず、いかなることもいやいやながらすることはないであろう。何人もおまえを傷つけえない。おまえは敵を持つことなく、そしておまえの不利になるようなことにはなんら出会わぬであろう。

さてしかしおまえがこのような高い境地に至ろうと努めるにおいて心すべきは、一とおりの熱心さで取りかかるだけではだめで、多くのことは全然放棄し、他のことは一応あと回しにしなければならぬということだ。おまえがあの境地を得んと努めながら、同時に高い官職についたり金持であろうと望んでは、おそらくおまえはそれだけにいっそう富貴栄達を手に入れること、少ないであろう。けだし、おまえはまさに同時に前の宝を得んと渇望しているからである。ただまったくまちがいのないことは、おまえが幸福と自由のよってきたる唯一のものを、[八]まったく失うに至るであろうことである。

それゆえおまえは、「汝《なんじ》は、汝のあるがごとく見ゆるもの（現実的存在）にあらず、汝の然《し》かありと思えるもの（うぬぼれ）たるにすぎず」とみずから言いきかせることによって、あらゆる不愉快な思いを避けるように努めるがよい。次には、おまえの採用した原則、ことに第一の原則に従って、それがわれわれの意のままになることなのかどうかを検するがよい。われわれの意のままにならぬことであったら、次のことばを用意せよ、「これは自分にかかわりがない」と。

二

欲望とは、われわれの欲求するものが手にはいると当てにすることであり、嫌悪とは、われわれのきらっているものに陥るまいとすることである。そして欲望にだまされる人は不幸であるが、しかしもっと不幸なのは、自分のがまんできぬことに陥る人であることを悟れ。

さておまえが、おまえの意のままになることに逆らうことだけを嫌悪するならば、おまえがいやがらざるを得ないようなことは、何一つおまえの身の上に起こりえないであろう。しかしおまえが病気や死や貧困をきらうならば、不幸になるであろう。それゆえ、われわれの意のままにならぬことすべてに対して、嫌悪をいだいてはならぬ。ただわれわれの意のままになることの性質に逆らうものだけを嫌悪すべきである。

しかし欲望はさしずめまったくこれを避けるがよい。なぜなら、もしおまえがわれわれの意のままにならぬことを欲求すれば、いやでも幸福を失わざるを得ないからだ。さしずめおまえは、われわれの意のままになることで、欲求するのにふさわしいものについては、まだなんら知るところがない。すべて欲望嫌悪においては、おだやかに泰然とふるまうがよい。

三

すべて心楽しむ有用なもの、したがっておまえの愛するものについては、それが本来どのような性質のものであるかを、明らかにすることを怠ってはならぬ。そして、この場合、最も些細《ささい》な財宝から始めるがよい。壺《つぼ》を見たら、おまえの見ているのは壺であると、みずからに言いきかすがよい。そうすれば、壺が割れても、心の平静を破ることはないであろう。妻子を抱くとき、おまえの接吻《せっぷん》しているのは人間であると、みずからに言うがよい。さすればおまえは、それが亡《な》くなっても、取り乱すことはないであろう。

四

何か事を始めようとするとき、それがどういう性質のものであるかを、とくと考えよ。浴場に行こうとするなら、そこで起こるのが常であるすべてのこと、すなわちある者は人を押しのけ、他の者は性急に飛びこみ、ある者はののしり、他の者は盗むということを、あらかじめ自分のおなかで考えておくのがよい。それゆえおまえが、「私は風呂《ふろ》にはいりたいのであり、そしてそこでは理性にかなったふるまいを守ろう」

と前もって自分に言いきかすならば、比較的まちがわずに事をなしうるであろう。どのような仕事の場合でも、この手で行くがよい。そうすれば、入浴中に何か故障が起こっても、すぐこう考えられるのだ。「自分の欲したのは、ただこのこと（たとえば風呂にはいること）だけではなくて、おのれの自由な意志と品性の保持であった。しかしここで起こったことに腹をたてては、それが守れまい」と。

五

人を不安ならしめるのは、事柄自体ではなくて、それについての臆見《おっけん》である。死はそれ自体なんら恐ろしいものではない。さもなくば、死はあのソクラテスにもそう映ったはずである。むしろ、死とは何か恐ろしいものだという先入主が、恐ろしいのだ。それゆえわれわれは、何かに妨げられ、不安にされ、あるいは悩まされたら、けっして他人をとがむべきではなくて、われわれ自身を、すなわちそのことについての自分の考えを責めなければならない。自分が不幸だからと言って他人を責めるのは、教養のない人のやり口であり、自分自身を責めるのは初学者のやり口であり、他人も自分も責めないのが、教養人士の、完全に教養された者のやり方である。

六

自分のものならぬ長所を鼻にかけるな。もし馬が自慢して「おれは美しい」と言うなら、これはまだしもがまんできよう。しかしおまえが「おれは美しい馬を持っている」と得意になって言うなら、おまえは馬の持っている長所を誇っているだけなのだ。この場合おまえのものと言えるのは何であるか。考え方だけである。その点でまちがっていないときに初めて、おまえは正当に誇りうるであろう。なぜならこの場合には、おまえはほんとうに自分のものである一つの善《よ》き性質について誇っているのだから。

七

航海中、船が一時港に投錨《とうびょう》し、おまえが水くみに上陸したら、途中で貝殻《かいがら》や球根を拾うことぐらいは、さしつかえないが、しかしそのさいにも、常に考えを船に向けておいて、舵《かじ》取りが呼びはせぬかと、絶えず振りかえって見なければならぬ。そしてもし彼が呼んだら、いっさいを打ち捨てなければならぬ。さもないとおまえは、羊のように縛られて、(不従順な、あるいは脱走した奴隷と同様に) 船の中へ投げこまれること必定であるからだ。それと同様人生においても、おまえにかわいらしい妻子があたえられたら、それを喜んでいいが、しかし、舵取りが呼んだら、急ぎ船に帰るがよい、万事を放擲《ほうてき》し、何事をも顧みてはならぬ。

もし君にしてすでに老人である場合は、総じてもはや船から遠く離れてはならぬ、舵取りが呼ぶときに、間に合わぬことがないように。

八

この世のことが、おまえの意志どおりに運ぶようにと望んではならない。起こるがままに、すべて起こることは起こるようにと、むしろ願うがよい。そのとき、おまえは幸福であろう。

九

病気は身体の障害ではあるが、気にしないかぎりは、意志の障害ではない。跛行は足の障害ではあるが、意志の障害ではない。このことを、おまえの身に起こるすべてのことにおいて、みずから言いきかせるがよい。さすれば、すべての出来事は、おまえを妨げるよりも、いつも何か別のことをしてくれるものであることを、見いだすであろう。

一〇

あらゆる出来事にさいしては、おまえがそれに対抗するどんな力を持っているかを、おのれのうちに尋ねつつ、考えるがよい。美しい人を見る場合、おまえはそれに対抗する力として自制をおのれに見いだすであろう。めんどうな仕事が肩にかかってくれば、不撓《ふとう》の精神を、恥辱が与えられれば、忍耐の力を見いだすであろう。このような習慣を得れば、想念がおまえの心をかき乱すことはけっしてあるまい。

一一

何事につけ「私はそれを失った」と言ってはならぬ、「私はそれを返したのだ」と言うべきである。息子が死んだのなら、それは返されたのである。財産が奪われたのなら、それもまた返されたのである。おまえの財産を奪った者は、たしかに悪人ではある、しかし、それを与えてくれたかたが、誰によってそれを取り戻そうとも、おまえに何の関係があろう。そのかたがそれをおまえの所有にゆだねてくださっている間は、それを他人のものとして所有するがよい、通りすがりの旅人がその宿屋をそうするように。

一二

知恵の道においてほんとうの進歩をとげたかったら、おまえの心のうちにおいて、次のような誤った考えを排除しなければならぬ、「財産を不注意に取り扱えば、自分は生活の資をもはやもたぬであろう。息子を罰しなければ、息子は悪人になるであろう」。不安な気持で贅沢三昧《ぜいたくざんまい》に暮らすよりは、恐怖なく心配なしに死ぬほうが、ましである。おまえが不幸であるよりも、息子が悪人になったほうが、ましである。

それゆえ、最も小さいことから始めよ。おまえの油がこぼされたり、葡萄酒《ぶどうしゅ》が盗まれたりしたら、その[九]とき、「それだけの値段で、自分は冷静を買ったのだ、それだけの値段で気持の平静を買いとったのだ」と言うがよい。どんなものでも、ただでは買えない。召使を呼ぶとき、「彼には聞こえないかもしれないし、聞こえたとしても、望みどおりのことをやってくれないかもしれぬ」と、ただちに思うがよい。しかしそういうことは召使の本分にはふさわしくない（とおまえは言うのか。それはそうかもしれぬ）。しかしおまえにとっては、召使のために腹をたてさせられないということが、ふさわしいのだ。

一三

もしおまえが知恵の道において十分進歩をとげようと欲するならば、外面的な事柄のために、わからず屋、あるいはばかと思われても、がまんして堪えしのばなければならぬ。知ったかぶりのふうを装おうと思ってはならないし、たとえひとから一かどの者と思われても、自分では怪しいと思わなければならない。なぜなら、このことをおまえは知らねばならないのだが、心のうちの志と外面的なこととを同時に把持することは、容易ならざるわざであるし、二つのうちの一つを熱心に追究する者は、そのために他を閑却しなければならぬ、ということはやむをえざることであるからだ。

一四

もしおまえが、おまえの妻子、友人の永遠に生きんことを欲するなら、おまえはばかだ。なぜならおまえは、自分の意のままにならぬことを意のままにしようとし、おまえのものでない物をおまえの物にしようとしているからだ。同様に、自分の子供があやまちを犯さぬようにと望むなら、おまえはばかだ。それはおまえが、あやまちがあやまちではなくて、何か他のものであれかしと望んでいるのだから。これに反しおまえが自分でできることだけをするなら、何事も成就せざるなしという目的に到達することができる。

おのれの欲するところは得、欲せざるところは避けうる人こそ、すべてに主たる主人である。自由であろうと欲する者は、他人の力のうちにあるものを望んだり恐れたりしてはならぬ。さもないと、他人の奴隷になるのである。

一五

人生に処すること、饗宴《きょうえん》の席におけるがごとくでなければならぬことを銘記せよ。皿《さら》が回されておまえのところに来たら、手を差しのべて、控えめに取れ。食べたいと思うものが、おまえのところへさしずめ回ってこないことがある。そういうときは、むやみにそれを追うのをやめて、おまえのところへ来るまで待つがよい。子供についても、妻についても、地位についても富についても、そのようにふるまえ。そのときおまえは神々の饗宴における品位ある客となるであろう。

しかしおまえが、おまえに差し出されたものを全然取らず、平然として見送るならば、そのときおまえは神々の賓客たるばかりでなく、神々とともに治むる一員たるであろう。このようなふるまい方によって、ディオゲネス、ヘラクレイトスその他の人々は、彼らに与えられた神人の名に、真に値したのであった。

一六

息子が遠国に旅したとか、財産を失ったとか言って悲しんでいる人を見たら、この人は外面的な事物を失ったために不幸なのだとわが身かってに想像しないで、次のようにみずから言いきかせるように心がけよ、「あの人を苦しめているのは、この不意の出来事そのものではない（なぜならそんなことに苦しめられない人だって、なかなか多いからだ）。そうではなくて、あの人がいだいている観念のせいなのだ」と。そういう人と、ともに泣かざるを得ないような場合でも、理性にかなった談話で、その人を直すことを躊躇《ちゅうちょ》するな。ただ衷心からともに嘆かぬように用心しなければならない。

一七

おまえはある戯曲において、詩人がおまえを通して演出せんとするある特定の役割の持主にすぎないことを銘記せよ。その役が短ければ、短い役を、長ければ長い役を、おまえは演ずるのだ。詩人がおまえに貧乏人の役を演ずることを求めたら、それをりっぱに演ずるがよい。障害があっても、役人でも、普通の市民でも、同じことである。なぜなら、おまえに振りあてられた役をりっぱに演ずることが、おまえのなすべきことであって、それを選ぶことは、他人のことだからだ。

一八

烏《からす》が鳴いておまえに凶事を予告したら、それを想像して心の平静を乱されることなく、よく区別を立てて、ただちに次のように確かめるがよい、「私に前ぶれがあったのではない。ただこの滅びやすい肉体か、わずかながらの財産か、あるいはまた私の名誉か、あるいは妻子に予告があっただけなのだ。私には、自分にその気がありさえすれば、ただ幸福だけが予言されたのだ。なぜなら、いかなることが起ころうとも、それを利用するのは、私の力でなしうることだから」

一九

勝てる見込みのない戦いをやらなければ、おまえは負ける気づかいはない。おまえが、世人から大いに尊敬を受けている人、あるいは非常な勢力家、あるいはその他、高い名望を持っている人を見たら、おまえの観念のとりことなって、その人を幸福だと（嫉妬《しっと》しながら）思わないように用心せよ。すべて真の宝は、われわれの力で左右できるものの中にあるのだから、羨望《せんぼう》や嫉妬は無意味である。だっておまえは将軍や市長や執政官たろうと欲するのではなく、自由たらんことを求めているのだから。ところで自由への道は、われわれの意のままにならぬことすべてを軽視することにあるのだ。

二〇

おまえをののしったり打ったりするその人が、おまえを虐待するのではない、それが恥辱だと考えるおまえの想念がしからしむるのであることをとくと考えよ。誰かがおまえを怒らせたとすれば、おまえ自身の想念がおまえを怒らせているにすぎぬ。それゆえ、事の瞬間に想念のとりことならぬよう、とりわけ用心するがよい。あとになってつらつら考える間《ま》さえおけば、きっとおまえは自制できるであろう。

二一

死とか追放とか、そのほか恐ろしく思われるすべてのことを、日々眼前に思い浮かべよ。そうすれば、卑しいことを考えたり、あまり激しい欲望を起こしたりすることはあるまい。

二二

おまえが哲学を学ぼうとするなら、覚悟していなければならぬことがある。それは世人がおまえを嘲笑《ちょうしょう》するだろうということ、そして皆が口をそろえてあざけりながら次のように言うであろうということだ、「やつは突然哲学者ぶってやって来るぞ。(なんと言ったって若いときから、あいつを知っている) このわれわれに向かって、何のゆえあって大きな顔をしやがるのか」と。

おまえはいやしくも傲慢《ごうまん》な顔つきをしてはならぬ。しかし、おまえが最善と思うものについては、あたかもこの持ち場を神から命ぜられて守っているかのように、固持せよ。そして、おまえがそれに固執すれば、前にお前を嘲笑した人々も、後にはお前を賛嘆するであろうと、堅く信ぜよ。しかしおまえが彼らに譲歩すれば、彼らは二重におまえを嘲笑するであろう。

二三

万一おまえがおまえ自身から離れて外へ向かい、世人の気に入ろうとするようにでもなったら、おまえはその正しい状態を失ってしまっているのだ。常に哲学者たることをもって満足すべし。そして誰かに哲学者と見られることを欲するなら、まず自分自身にそう見えなければならぬ、それで十分なのだ。

二四

「自分は名誉もなく、勢力もふるわないで、わが一生を送らねばなるまい」と考えて、心の平静を乱されてはならない。名誉に欠けていることが悪なら、この悪へ何人もおまえを突き落としえないことは、恥辱へおまえを何人も突き落としえないのと同様である。名誉の地位を得たり、饗宴に招かれたりすることが、おまえの第一義のことであろうか、けっしてそうではない。どうしてそういうことがおまえの不名誉でありえよう。そして、おまえの意のままになることに対しては、まさにおまえは勢力をふるいうるのであり、最大の名誉をかち得るのであってみれば、どうしておまえは「勢力をふるわないで一生を送る」ことになろうか。

「しかしそれでは私の友人たちは、私の援助を受けられないではないか」（とおまえは言うのか）。「援助を受けられない」とはどういうことなのか。もちろん彼らはおまえから金をもらえぬだろうし、おまえは彼らをローマの市民にしてやることもできまい。そういうことがわれわれの意のままになることで、他人に握られていることではないなどと、いったい誰が言ったのか。自分の持ちもしないものを、誰がひとに与えよう。「だからこそ、ひとにも与えるために、人は財産を作らねばならぬのだ」（とおまえは言うのか）。もし良心と正直と気高い操を傷つけないで財産が作れるものなら、その方法を教えてもらいたいものだ。そしたら私も財産を作りたい。しかしおまえたちが真の財産でもないものを作るために、この私に、私の持っている（真の）財産を捨てよと言うなら、いかにおまえたちが不当でわからず屋であるかは、おまえ自身でもわかろう。金銭と誠実な友と、いずれを君たちは選ぶのか。どうか私を「援助」して、誠実な友たらしめていただきたい。そしてこの特性を失うようなことを私にせよと言わないでもらいたい。

「だがそうなれば祖国は、私に金があったらできるはずの援助を欠かざるを得ないことになりますね」と、おまえは言うだろう。それに対して私は言う、おまえはどの援助のことを言っているのか。もちろん祖国は私によって殿堂も浴場も得ないであろう。しかしそれがなんだと言うのか。祖国は鍛冶屋《かじや》から靴を得るわけでもないし、靴屋から武器を得るわけのものでもない。おまえが祖国のために他人を誠実な市民に育てあげれば、祖国に役立つことは同じではないか。「それはそのとおりです」。だからおまえは祖国にとって無用な存在ではないのだ。「だったら、どんな地位を私は国家において占むべきでしょうか」と、おまえは尋ねる。おまえが誠実さを失わないで占めうる地位を、と私は答える。そうでなくて、おまえが鉄面皮で誠実さを失っていては、どうして祖国のお役にたちえよう。

二五

宴会のときに誰かがおまえをさしおいて呼ばれたり、会釈されるときに誰かに出しぬかれたり、相談をかけられる場合に誰かに先を越されるというようなことが起こったとする。さてそういうことがほんとうによいことだったら、そういうものの与えられた人のために慶賀するがよい。しかしそれがよくないことだったら、おまえがそれを得なかったことを悲しむにはあたらない。ともかく銘記すべきことは、われわれの意のままにならぬそういうものを得るために、他の人たちがやったと同じことをやらないでおいて、同じ報酬だけを得ようと思っても、それはできない相談だということだ。

たとえて言えば、偉い人のごきげん伺いに行かぬ者が、ごきげん伺いにまかり出る人と同じように、どうして同じ寵愛《ちょうあい》を受けられよう。あるいは、扈従《こじゅう》しない者が扈従した人と同じように、あるいは、追従的な賛辞を奉らない者が、ほめそやす人と同じように、どうして同じ恩顧を受けえよう。こういうことはある値段で買えるのだが、その代価を支払わないでおいて、ただでもらうと言うなら、おまえは不正で、飽くことを知らぬやつということになろう。

サラダの値段はいくらかね。たぶん一グロッシェン（貨幣の名）ぐらいだろう。さてある人がそのお金を払ってサラダを得たのに、おまえは一文も払わなかったから、何一つ得なかったとなっても、おまえはその人よりも割の悪いことは少しもないわけだ。彼はサラダを持っており、おまえは支出しなかったお金を持っているからだ。他のことでも同じことだ。おまえが誰かのところへ招待されなかったとする。しかしおまえのほうでもほかならぬその招待者に、彼が招待を売りつけるゆえんのものを、与えてやったわけではないのである。彼は賛辞や尽力に対して招待を売りつけるのだから。呼ばれることがおまえに有利だと思われるなら、彼にその代価を支払うがよい。しかし与えたくはないが、しかも取りたい、となっては、おまえは貪欲《どんよく》な愚か者だ。

さておまえは宴会へ招かれぬかわりに、何も持たぬということになるだろうか。いやいや、おまえは自分のほめたくない人をほめなかったということを、持っているではないか。

二六

疑問の余地のないことでは、われわれは理性の声を、はっきり聞きとることができる。たとえばほかの家の子供がほかの人の壺を割らしたりすると、誰でもすぐ、それはありがちのことだ、とおなかの中で言う。だから、自分の壺が割れたときにも、ひとの壺が割れたときにおまえが取ったと同じ態度を取るがよい。これを、もう少し重大なことに応用するとよい。ひとの子供あるいは妻が死んだ場合に、「それは人間の定めだ」と、誰でも言う。ところが身内の一人が死んだとなると、「ああ悲しい、私はなんと不仕合わせ者だろう！」と嘆くのである。しかし思い出してもみるがよい、われわれが他の人の身の上に起こった同じことを、どんな気持で受け取ったかを。

二七

的が立てられるのは、それを射はずさないためにである。これと同様、不幸もまた、それを避けるためにこの世に存在するのではない。

二八

行き当たりばったりの人におまえの身体を自由にする力を取られたら、おまえだって憤慨するだろう。行き当たりばったりの人と喧嘩《けんか》を始めて、そのために心をかき乱され、おちつきを失うといったぐあいに、おまえの心を自由にする力を、そんな出会いがしらの人にくれてやることを、いったいどうしておまえははばからないのか。

二九

どういう仕事をするにも、まずどういうことがこれに先だたねばならぬか、またどういう結果をそれがもたらすかを、精確に検討して、それから初めて着手すべきだ。そうでなくて、おまえが必然の結末をよく考えないと、最初は喜んで着手するだろうが、むつかしいことが出てくると、恥をかいて引き下がらねばならぬ仕様となろう。たとえばおまえがオリンピック競技で賞を得ようという気になったとする。私だってその気はある、ほんとうにだ。名誉あることだからね。しかしまず考うべきことは、そういう仕事にはどんなことが先だち、また何が続いて起こってくるかということだ。そのうえで取りかかるがよい。おまえはきびしい訓練を続けなければなるまい。強制的な規則に従って食事をとり、いっさいの美味を遠ざけ、きびしい命令に従って一定の時間に寒暑に身を慣らし、冷たいものを飲まず、むやみに葡萄酒を飲まず、一口に言えば、おまえは医者に身をゆだねるように、教師《コーチャー》に身を任さねばならぬのだ。そのうえで競技場へ出なければならぬ。そこでは、手や踝《くるぶし》をくじいたり、たくさん埃《ほこり》を吸ったり、ひょっとしたらそれどころかなぐられたり、そのあげくにまだ負かされることがないとは言えない。

こういうことをとくと考えるがよい。それでもなおおまえにやってみたいという気があるなら、競技者となるがよい。さもないとおまえは、レスラーをまねたり剣客をまねたり、ラッパ手を演ずるかと思うと俳優も演ずるといった子供同然の行き方になるのだ。おまえのやり方は子供のとおりになる。いまレスラーであるかと思うと、今度は剣客になり、それから演説者になったかと思うと、今度は哲学者というわけで、しかも一つも全心をぶちこんだものはなく、ただその時々に目にうつるものを猿のようにまねしたというだけにとどまり、次から次と目移りするだけなのだ。つまりおまえは事を始めるのに、確信と当然の見通しとをもってせず、軽率に、すぐさめやすい欲望をもってしたからなのである。

一〇

哲学者に会ったり、あるいは世人が、「オイフラーテスはなんと雄弁であろう！

弁舌において彼に並ぶ者はない」と言うのを耳にしたりすると、さっそく自分も哲学の勉強をやろうという気になる人が、世間には間々《まま》ある。

いいかね、君、まずある仕事が何を要求するかをとくと考え、それから君がそれに適するかどうか、自分自身を観察するのだ。五競技[一]の選手になりたいとか、レスラーになりたいとかいうなら、君の腕、君の足、君の腰を調べてみるとよい。誰でもが何にでも向くというわけにはゆかぬのだ。

それとも君は、哲学者になりたいと言うのに、従来どおり飲んだり食ったり、腹をたてたりできると思うのか。むしろ君は夜を徹して勉強し、友人から離れ、奴隷からさえも軽蔑《けいべつ》されるに甘んじ、名誉、官職、法廷、その他すべての業務において身をひくところがなければならぬのだ。

こういうことと引き換えに、君は冷静、自由、不屈[二]を得たいと思うのかどうか、とくと考えよ。さもなければ、君は子供と同様、あるときは哲学者に、あるときは財務官に、それからまた演説家に、あげくのはては皇帝の地方大守にさえなろうという気を起こすことになろう。これらのものは並存しない。善人であれ悪人であれ、君は統一ある人間でなければならぬ。君の自我の最も高貴な部分（悟性、理性、霊性）を完成するのか、それとも外面を完成するのか、内側を心がけるのか、それとも外側を気にかけるのか、哲学者であるのか、それともただの人であるのか、そのいずれかで君はなければならぬ。

三〇

義務というものは、人さまざまの関係によって定まる。およそ父たる人に対しては尊敬の意をいたし、事々に従い、父がしかり、あるいは打擲《ちょうちゃく》しても、これをがまんしなければならぬ。「だがうちの親父《おやじ》は悪い人なのですが」と君は言うのか。よい父が必ずあたるという定めでもあるのかね。そうではあるまい、ただ父が与えられるという定めがあるだけだ。君の兄弟のしうちが不当だとする。そういうときは、兄弟に対する自分自身の態度を顧みるがよい。彼のなすところに注意しないで、いかなるふるまいをもってすれば君が理性的に行動できるかに着目するとよい。君がその気にならなければ、何人も君を苦しめうるものではない。君が苦しむのは、君が苦しめられたと思うからなのである。

これと同様、隣人、同胞、統率者等の名称が何を意味するかを考える癖をつけておけば、それぞれに対する義務もわかろう。

三一

宗教に関しては、神々について正しい観念を持つことがかなめであることを心得よ。すなわち、神々は存在し、万有をよくかつ正しく治めたもうこと、おまえは神々に従うよう定められてあること、神々の摂理は最高会議の指令であるゆえ、おまえはこれを受け入れ、喜んでこれに従うべきこと、等がそれである。かようにすれば、おまえは神々から閑却されたかのように、神々を非難したり弾劾したりすることはあるまい。しかしこのことは、おまえがわれわれの意のままにならぬことについては断念し、われわれの力の及ぶことについては善悪を識別するかぎりにおいて、可能なのである。というのは、おまえがなんらかのことを善、あるいは悪と見るとき、おまえの欲するものが手に入らぬ場合、あるいはおまえの欲しないところへ陥る場合が出てくるとすぐ、おまえは必然にその創始者を弾劾憎悪せざるを得ないからである。

なぜならどのような生物も、自分に有害と見えるもの、およびその原因となるものは回避忌避し、これに反し有利なものおよびその原因となるものは求め賛嘆するようにできているからである。したがって、損害を受けたと思う者が、その損害を与えたと思われる者に満足しえないことは、損害そのものを喜びえないのと同様である。

したがって父でさえも、彼がその子に財宝と思われるものを拒むときには、息子からののしられる。ポリニケスとエテオクレスとが互いに仇敵《きゅうてき》となったのも、彼らが独裁権を一個の財宝と考えたからであった。農夫や船乗りや商人、あるいは妻子を失った人々が、神々に対して不平を鳴らすのも、ここに由来する。彼らにおいては幸運と宗教とは同居しているからである。真の宗教を持つのは、正しい欲望と正しい嫌悪を持つ人に限られる。

ただし郷土の風習に従って、清らかな心から犠牲をささげること、邪心なく、なおざりでなく、あるいはけちくさくもなく、そしてまた自分の財力以上でもない犠牲をささげることは、すべての人にとってふさわしいことである。

三二

占い師のところへ出かける場合には、その事件の結果がどうなるか、自分にもわからないからこそ、それを占い師から聞くために出かけるのだ、ということを頭に置いておくがよい。しかしおまえが哲学者であるなら、出かけない先に、事のだいたいはすでにわかっていたはずだ。というのは、その事件というのが、われわれの意のままにならぬことの一つであれば、そこから必然的に、それは吉でも凶でもないということになるからだ。

だから占い師の所へ快も不快もたずさえて行ってはならぬ。そうしないと畏縮《いしゅく》して占い師のもとへ行かざるを得ないことになる。むしろそこで起こる（おまえに対して予言せられる）であろうことは、ことごとくおまえにとっては、どうでもいいことであり、たとえどんなことが言われても、おまえには何のかかわりもないのだ、という確信を持って出かけるとよい。なぜならそれを善用することを、おまえに妨げる者は、一人もありえないからである。助言者のもとに出かけるように、元気よく神々のもとへ行け。しかしそのさい、おまえにある助言が与えられたら、おまえがいかなる助言者を呼び出したのであったかを思い、それに従わない場合においては、何人に対しておまえが不従順になるのであるかを思うがよい。

しかし占い師のもとに行くには、ソクラテスの掟に従って、偶然が支配する出来事で、理性もなんらか巧者なものも、その成り行きを判断する方法を与ええないというような出来事に限らるべきである。それゆえ、おまえが、友人もしくは祖国のために、危難におもむかねばならぬ場合には、それをなすべきかいなかを、まずもって占い師に尋ねるには及ばない。なぜなら、生贄《いけにえ》に凶兆があらわれている、と占い師がおまえに告げる場合でも、それは死か手足の切断か亡命を意味するだけのことであり、たとえそういう事情のもとでも、友を援助し祖国の難におもむくことは、理性がおまえに命ずるところであるからだ。

されぱいっそう偉大な占い師アポロ自身を重んずるがよい。アポロは、友の殺されるときに急ぎ救援におもむかなかった男を、その神殿から追い出したのだ。

三三

この一節には多くの細々としたまことによい処世訓が集めてある。

(一) 私的生活においても公的生活においても、おまえがこれにならって生活せんと志すがごとき一つの模範、一つの性格を念頭におくがよい。

(二) たいがいの場合は沈黙を守れ、またはただ必要なことだけを、しかもことば少なに語れ。

(三) われわれが話に加わってさしつかえないのは、特に話す必要に迫られた場合などまれな場合に限らるべきだ。しかし時事問題、試合、競馬、競技、飲食等、普通の話題となるものについては、話に加わってはならぬ。とりわけひとのことは、非難したり、賞賛したり、あるいは互いに比較などして、話すこと、絶対に不可である。

(四) できればおまえの話によって、おまえの仲間を常に礼節ある話題に向けるようにするがよい。気心の知れない人ばかりの間では、黙して語るなかれ。
(五) めったに笑うな。いろんなことについて笑うのも、笑いすぎるのも不可である。
(六) 誓いというものは、できたら全然避けるとよい。全然避けるわけにもゆかない場合は、なしうるかぎりにおいて避けよ。
(七) 俗衆および無教養な人たち相手の宴会は避けよ。しかしそれでもおまえが避けようのないおりがあったら、凡俗に堕さないよう注意せよ。なぜなら、ある一人が不純だと、その仲間になる人がどれだけ純潔であっても、必然的に汚されるからだ。
(八) 飲食、衣服、住居、召使など、事《こと》肉体に関するものは、必要の場合にだけ用うべきである。贅沢の範囲にはいるものは、すべて全面的にこれを避けねばならない。
(九) 性交はできるだけ抑制せよ。さもなければ、これを掟に従ってなせ。しかしおまえは性の交わりをなす人々に対して腹をたてたり、とがめ立てたりしてはならぬ。そして自分がこれを抑制していると言って、自慢してはならぬ。
(一〇)「誰それがおまえの悪口を言っていたよ」とおまえに告げてくれる人があったら、おまえについて言われていたことについて、自己弁護はしないで、こう答えよ、「その人は私に食っついている他の欠点を知らなかったのだ。そうでなかったら、ただそればかりをあげはしなかったろうに」。

（一一）演劇をしばしば見に行くことは、必要でない（したがって避くべきことである）。しかし事情やむをえずして出かけるときは、特別の興味を示してはならぬ（ひいきをしてはならぬ）。そしてそこで行なわれること以外に別のことは望まず、実際に勝つ者をして勝たしめるがよい。そうすれば（劇場においても、おまえの哲学的見方を）妨げることは起こるまい。役者の名を呼んだり、笑ったり（喝采《かっさい》したり）、あるいは興奮したりすることは、まったく自制しなければならぬ。そして劇場を出てから、おまえの修養に役だたぬかぎり、場内で起こったことについて多く話してはならぬ。さもなければ、おまえが演劇に感嘆しているということが、そのことからあらわれてくるからである。

（一二）いろんな連中[一三]の講演に、無思慮に、軽率に出かけてはならぬ。しかし出かける場合には、まじめな品位ある態度を持するがよい、ともかく、はたの者に迷惑をかけぬように。

（一三）おまえが誰かと話を交えようという場合、とくに高貴な身分の人と談話しようというときには、ソクラテスやゼノンがそういう場合にどんな態度を取ったかを、思い浮かべるがよい。そうすれば、どんな場合が出てきても、それに応じてふるまうことに困ることはないだろう。

(一四) 貴人のもとへ出かけるときは、るすに出くわすかもしれぬこと、あるいは面会を謝絶されるかもしれぬこと、自分の鼻先で扉《とびら》がしめられるかもしれぬこと、あるいは彼がおまえにあまり注意をはらわないかもしれぬ、といったことを頭の中においておくがよい。それでもその訪問がおまえの義務だと考えるなら、どんなめに出くわしてもがまんすべきであり、せっかく出かけたかいがなかったなど、けっして言ってはならない。それは、外面的なことに拘泥《こうでい》する無教養者の言い草だ。

(一五) 会合の席で、たびたび、しかもくだくだしく自分の行為や冒険の話をしないように注意するがよい。自分が切りぬけた冒険の数々を回想することは、たとえおまえにとっては愉快であっても、その話を聞くことは、他人にとっては、そう愉快なことではないからだ。

(一六) 同様に、人を笑わせることも避けるがよい。なぜならこれは、とかく卑俗に流れ、おまえの友人たちの尊敬の念を薄らげる、ややこしい性癖だからである。

(一七) 品のない話に立ち入るのも、これまた危険である。この種のことが、おまえの目の前で起こったら、事情が許すかぎりは、その責任者となる人に対して、非難を浴びせるがよく、そうでなかったら、黙りこくったり、赤面したり、ふきげんなまじめさによって、そういう話題に対するおまえの不快を示すがよい。

三四

感性的快楽の姿がおまえの頭に浮かんできたら、他の肉感的想像の場合と同様に、それに心を奪われることなく、事をしばらく延期させるがよい。しばし頭をめぐらす時を持て。そして、快楽を楽しむ時点と、享楽ののちに悔恨を感じて、自分自身をはげしく非難するに至る時点との二つのおもな時点を観察せよ。ついで、自分が抑制したあかつきに、いかに喜びを感じ、自分自身をどれほどほめたくなるかという考えを、これに対置するとよい。

それでもなお、事にたずさわることがおまえの目から見て許されるように思われるなら、事の甘美さと魅惑に圧倒されぬように用心し、そのことに対し勝利をかち得たという自意識のほうが、いかに数等まさっているかを、よく考えるがよい。

三五

このことはなされざるべからず、という確たる信念に従って、おまえが何事かをなす場合、たとえ世人（大衆）の考えるところが全然別であっても、それを公然と行なうことをはばかるな。なぜなら、おまえの行なうところが不正ならば、その行為自体をはばかるべきで、おまえの行なうことが正しい場合、何のゆえあって、不当にもおまえを非難する人たちをはばかる理由があろうか。

三六

この一節（原典第五巻第六章―訳者注）には、かなり煩雑な哲学的三段論法と、そのきわめて陳腐な応用とが含まれている。宴会のときには、自分の胃の腑《ふ》だけでなく、主人や合い客に対する礼儀も考えるべきだといったぐあいである。しかしかような例において、一般的礼儀作法の進歩せることは明らかに見てとられる。

三七

自分に適しない役割を引き受ければ、そのためにもおまえは不名誉をこうむるばかりでなく、おまえが（名誉をもって）はたしえたはずの他の役目をも、なおざりにすることになる。

三八

歩行のさいに、釘《くぎ》を踏んだり、足をたがえたりしないように気をつけるのと同様、おまえの自我の最もよき部分を損じないように気をつけよ。このことを、われわれがあらゆる行動のさいに眼中に置けば、より多くの確実さをもって、われわれは行動できるであろう。

三九

足が靴に対する尺度であるように、肉体の必要が所有に対する尺度である。おまえがそこにとどまっておれば、節度を守りうるであろうが、それを越えれば、必然的におまえは深淵《しんえん》に落ちこむように引きずりこまれる。それはまったく靴の場合と同様である、ひとたび足の必要を踏み越せば、まず鍍金《メッキ》された靴、次には真紅に染めた靴、次には刺繡《ししゅう》した靴というふうに順番に出てくることになる。というのは、ひとたび節度を越えたものにはすべて限界というものがもはやないからである。

四〇

女性は十四歳から、男たちによって淑女と呼ばれる。彼女たちは、自分が美以外の取りえをもたないことを知っているので、化粧に夢中になったり、その希望のすべてを外側の魅力にかけたりしはじめる。しかし彼女たちが名誉をかち得る道は、礼節、しとやかさ、しつけをおいてほかにないことを感じさせてやることは、当を得ているであろう。

四一

あまりに長く肉体上のことにかかずらうことは、たとえば、あまりに長く飲み食いすることなどにかかわっているのは、品性の卑しいしるしである。これらすべてのことは、余計なこととして取り扱わねばならぬ。精神にこそ時間と勤勉をふり向けよ。

四二

誰かがおまえに意地悪をしたり、あるいは陰口をきいたりしたら、こう思うがよい、彼は自分が正しいと思っているから、そんなふうに行なったり、あるいは言ったりするのだ、と。彼はだっておまえの考えに従うのではなくて、彼自身の考えに従うのだ。そしてその考えがまちがっていれば、彼はおのれを欺くことによって、その損害を受けるのである。なぜなら、もし誰かが正しい断定を誤りと考えるなら、それはその断定の対象を傷つけるのではなくて、考え違いをしたその男を傷つけるのであるから。

もしおまえが常にこのことを念頭におけば、おまえをあしざまに言う者に対して、柔和にふるまいうるであろう。それゆえ、そのようなことが起こるたびごとに、自分に言いきかすがよい、彼にはそういうふうに思われたのだ、と。（彼は彼の理解する程度で、言ったり行なったりするにすぎない）

四三

どんなものにも、[一四]それがつかまえられる二つの面がある。一方の側からすれば、それはがまんのできるものとなるが、他の側からでは堪えがたいものとなる。たとえばおまえの兄弟がおまえに不当なしうちをした場合、彼がおまえを侮辱したという側面から、それを取り上げてはならない——それは、おまえにはつかんでならぬ彼の取っ手なのだ——そうではなくて、彼がおまえの兄弟で幼な友達であるという側面から、取りあげるべきである。そうすれば、おまえはそのことを、それを持ち上げうる個所（取っ手）でつかんだことになる。

四四

次のような推論はまちがっている。「私はおまえより金持だ、だから私のほうがすぐれている」。あるいは「私はおまえよりも能弁だ、だから私のほうがすぐれている」。ただ次のように言うことだけが推論にかなっている。「私はおまえより金持だ、だから私の経済状態のほうが、お前のよりよい。私はおまえよりも能弁だ、だから私の話し方のほうが、おまえのそれよりよい」。ところでおまえは財産でもなければ、話し方でもないのである。

四五

ある人が普通よりか早く湯浴みを終えたとする。そのとき、彼のやり方はよくない、と言ってはならぬ。彼は早く湯浴みをした、と言うべきである。ある人がたくさん葡萄酒を飲んだとする。彼の行ないは正しくない、と言ってはならぬ。彼はたくさん飲んだ、と言うべきである。なぜなら、彼をそうさせるに至った訳を知らないうちに、どうしておまえは、彼の行ないが正しくなかったということがわかるのか。

こうすることによっておまえは、はっきりした観念を持つのは、事柄の一部分についてだけであって、他の部分については盲目的に追従するということを避けうるであろう。

四六

自分からけっして哲学者だと名のってはならない。また俗人の間で原則のことなど口にすべきではなく、原則に従って行動すべきである。たとえば宴会の席で、食事の作法のことなど口にすべきでなく、正しく食事すればよいのである。ソクラテスもまたこの手ですべての空理空論をしりぞけたことを、思い起こすがよい。哲学者の授業に案内してもらいたいという人々が彼のところへやってきたとき、彼はその連中を哲学者のところへ案内して行き、みずからは無視されることに甘んじていたのであった。

それゆえ俗人のもとで話が哲学上の原理に及んだら、たいがいは黙っているがよい。というのは、おまえがまだ消化しきれないものを吐き出すかもしれぬという、大きな危険があるからだ。すると誰かが、「君はなんにもわかっていないね」とおまえに言い、しかもおまえがそれを気にかけなければ、おまえが正しい道にあることを知るがよい。

羊がどんな草を食ったかを牧人に見せるために、草を吐き出してみせることはなく、飼料を消化して乳を出すように、おまえは俗人におまえの原理を示すべきではなく、真にそれを消化したかぎりにおいて、その原理に発する行為を示すべきである。

四七

簡素な生活法に慣れたといって、それを自慢するな。おまえが水しか飲まない場合、「おれの飲むのは水ばかりだ」とあらゆるおりに公言しないで、貧乏人たちがどんなにそれ以上困窮して暮らしているか、彼らのほうこそいかに多く堪え忍んでいるかを思うがよい。そしておまえがいつか勤労と忍耐の修業を積もうとするなら、自分ひとりでなすべきで、人前でやってはならぬ。彫像をいだくな[一五]。はげしく喉《のど》がかわいたら、口一杯に冷水を含み、また吐き出して——誰にもそのことを言うな。

四八

俗人（哲学者でない人）のやり方は、こうだ。彼は利害得失をけっしてわが身から期待せず、常に外物から求める。哲学者のしかたは、どのような利害でも自分自身から期待するのである。

誰かが（知恵の道において）進歩をとげたしるしは、次のごときものである。何人をも非難せず、何人をもほめず、何人についても不平を言わず、あたかも自分が何物かであり、あるいは何事かを知るかのように、自分について語ることをせぬことである。何かのことで妨害されたり、抵抗を受けても、みずからにその責を帰し、ほめてくれる者があっても、ひそかにその賞賛者を笑い、非難する者があっても、おのれを弁護しないことである。その歩くさまは、あたかもまだ身体の弱った人（病みあがりの人）のごとくであって、やっと今直ったばかりのものを、固まらぬ先に、また打ちこわしてはと、小心翼々のていたることである。欲望という欲望（願望）はこれを捨ててしまい、嫌悪の情をみずからに許すのは、われらの意のままになることの本性にもとる事柄についてだけであり、その意志活動は常に節度を持ち、愚者、あるいは無学者と思われることに煩わされないことである。一言にして言えば、敵や裏切り者に対するごとく、絶えず自己自身に対して警戒を怠らぬことである。

四九

クリシッポス[一六]の著書を理解でき解説できると言って得意になる人があったら、おまえは自分に向かってこう言うがよい。クリシッポスがわかりにくい書き方をしなかったとしたら、あの男にはいばりちらす種がなくなるところだった。ところで自分の求めているのは何か。自然を知り、これに従うことだ。そこで自分は尋ねる、自然を私に解き明かしてくれるものは誰か、と。するとクリシッポスこそそうってつけの男だ、ということを聞くので、彼の著書についてみるということになる。ところが彼の著書は自分にはわからない。しかたがない、そこでこの著書を解説してくれる人を捜すということになる。ここまでには、どこにも誇っていい理由がない。解説者が見つかったら、私はその説明を利用しなければならない。このことだけが重大なことなのだ。ところがもし私が解説そのもの（解説のさいに示される博識ぶり）だけに感嘆し（そして解説の手ぎわのよさだけを手に入れるとし）たら、そのときは私は哲学者となるかわりに、文法家となったにすぎず、ただその違いは、ホメロスのかわりにクリシッポスを解説できるというだけのこととなる。誰かにクリシッポスを講じてくれと言われて、彼の金言に類似した、またこれに一致した行為をなんら示しえないなら、自分はむしろ赤面することのほうを選ぼう。

五〇

ここに説かれること（ストア派の教義）を堅く守ること、法を守るがごとくであれ。そしてこれを犯すことがあれば、神をなみするふるまいをなしたかのごとくであれ。そのために世人がおまえについて何を言おうとも、意に介するな。それはもはやおまえにはなんのかかわりもないことだ。

この最大の財宝を所有するに値するとみずからを考え、もはや何事においても非理性的に行動せざること（分別する理性を傷つけざること）を、いつまでおまえは延ばしているのか。おまえは、よってもっておまえを修養すべき教理を聞いたのである――またそれを承認したのである。まだどんな教師を待とうというのか、そしてその教師の出現するまでおまえの改善を延期しようというのか。おまえはもはや青年ではない、おとなである。おまえが相かわらず自己のことをゆるがせにし、のんきにその日暮らしを続け、いつも猶予に猶予を重ね、計画に計画を積みかさねて、その日を出発点として自重しようという日を、一日一日と延ばしていては、おまえは知らず知らずなんの進歩にも到達することなく、無教養者として一生を終わるであろう。

それゆえ今やおまえは、自分が完全な人間として、また進歩する人として生くる資格ありとみずから見なさなければならぬ。おまえに正しいことだと思われることは、犯すべからざる法のごとくであらしめよ。艱難《かんなん》や恥辱に遭遇《そうぐう》したら、今こそ戦いの秋《とき》であり、オリンピアの競技はすでに始まって、一刻の猶予も許されぬこと、負けたりやめたりすれば、おまえの進歩ははばまれるが、しかし逆の場合には都合よく促進されることを思え。

ソクラテスはあらゆることにおいて、理性以外の何ものにも従わぬよう努めたので、あのように完全な人間になったのであった。しかしおまえとても、たとえいまだソクラテスたらずとも、ソクラテスのごとき人たらんとする者として、生きねばならぬのである。

五一

哲学の第一の、最も必要な部分は、処世の規則を含む部分である。たとえば「汝、偽るべからず」というようなものである。第二の部分は（これらの規則を）証明する部分であって、たとえば「なぜ人は偽ってはならないか」というようなものである。第三の部分は、前の二つの部分を確証し説明する部分であって、たとえば、なぜこれが一つの証明となるか、証明とは何であるか、推論とは、矛盾とは、正しい判断、あるいは誤った判断とは何であるか、といったことである。

それゆえ第三の部分は第二の部分のために、第二の部分は第一の部分のために存在するのであって、全体の帰着する最も必要な部分は第一の部分である。しかるにわれわれはこれを逆転させている。われわれは第三の部分に停滞して、いっさいの勤勉をこれに振り向け、第一の部分はまったく等閑に付している。だからこそ、なぜ人は偽ってはならないか、という証明は常に手もとに持ちながらも、偽るということが出てくるのだ。

われわれはいつも次のような考えを用意していなければならぬ[一七]。

五二

（一）「さらばわれわれを導け、おお、ゼウスよ、おお汝、運命よ、
汝らのまなざしのわれわれに行けと命ずる処に。
われに従う覚悟あり。われ、もし従わずんば、
卑怯《ひきよう》にてありなん、しかもなお、従わざるべけんや」

（二）「必然に随順する者、
これ賢者にして神を知る者なり」

（三）「クリトンよ、神々の御意《みこころ》ならば、起こるにまかせよう。
余を殺すことは　アニトス、メリトスもなしえよう、
されど余を害すること、これ　彼らのなしあたわざるところだ」

ストア哲学のこれらの原則は、われわれの見るところでは、ほとんど多く説明を要しないものである。少なくとも、単にこれを知るだけでなくて、みずから用いんがために考えてみようとする人にとっては、そうである。その主要命題とするところは、初めはもちろん信念であるけれども、後に至っては経験によって実証せられるところとなるのであるが、それは次のごときものである。徳はこの世における唯一の善であり、悪徳は唯一の真の災いであること、心のうちの財宝はけっして失われることなく、しかもわれわれの意のままになるものであるから、ありとあらゆる偶然にゆだねられている外的財宝よりも、はるかによしとさるべきものであることである。徳は知恵であり、悪徳は愚であって、両者の間には過渡的階段は存しない。人間における最高のものは、この理を洞察《どうきつ》する理性（nus）であり、これに次ぐものは、これを確把実行する意志力（thymos）であり、最後にあげられるのは、この二つの精神力によって正しい限界内にとどめられる欲求の能力である。

この崇高な、真に自主的な見解の弱点は、さしずめ次の点にある。この見解を容認するだけにも、すでに高い程度の悟性と意志力が求められるが、人生において絶えずこれを実行せんがためには、なおいっそうしかりであるということである。しかもこの力を人間は絶えず自己自身の内に新たに作り出して行かねばならないのだ。現代のわれわれだったら、こう言うところだろう、この機械の運転には、あまりに摩擦が多いから、その効用の半ばはただちになくなってしまうくらいだ、と。それは絶えざる骨折りに等しいわざであり、とかく人生に対する絶望に至りかねないのであるが、ストア主義者はそれをしも不当とは見ないのである。「出口ハ開イテイル」[一八]。なぜなら、荷物があまりに重くなれば、ひとはいつでも投げ出すことができるではないか。このような粗暴な要求に対応するのは、おのれひとり賢者をもって任ずる倨傲《きょごう》、この要求に堪えない者（愚者）を絶対に軽蔑閑却する態度であり、またその結果として——これは人情の自然として、ストア主義の立場に立たずとも、とかくそうなりがちなことではあるけれども——欠点ある人々や意見をことにする人々に対して、徹底的に苛酷《かこく》、冷淡、無情であることとである。ストア主義はさながら一種の哲学的兵営であって、そこでは人類の選ばれた一部の者が、不断の苛酷な義務の履行によって、一段と高い階級意識と他の人々に対する支配という報酬を受けるのである。

　これに対しキリスト教は、同一の終局的結果に到達せんがために、全然異なった道を前進するものである。それは、総じて人間が、教養のあるなしにかかわらず、そのような高い力を自分から出す能力を持っているとは見ないのであって、ある事実を信仰することの結果として、この力がむぞうさに外部から与えられると約束するのである。救いは歴史的なのであって、哲学的（思惟《しい》過程）ではなく、しかも他の歴史的事件と同様、ただ一度だけ、取り消しようもなく、人間の意見とは無関係に、与えられた純然たる事実にもとづくのである。そして救いは、この事実を承認すること、すなわち信仰にほかならず、それを求めて手を差し伸べる人には必ず与えられるある物なのであり、しかもすべての人に同様に、教養ある者にも、教養なき者にも賢者にも愚者にも、有徳と言っても相対的にとどまる普通の者にも、ひどい罪人にも与えられるのである。

キリスト教は自力による徳といったものを絶対信じない。神の御意《みこころ》に従う生活は、本性利己的にできていて（その精粗のごときなんら実質的区別とならぬ）人間自然のあり方を前もって完全に改造することを求めるのであり、この変化によって、以前には（実を結ばぬ）努力であったものが、今や新たな自然に順応することによって、自然となり、容易なこととなるのである。

この二つの見解の帰結は、とりわけ他人に対する態度においても、十分明瞭である。しかし、キリスト教の見解が主として独自の成熟した人生観の所産であり、人がその少年時代においてではなく、早くとも「人生の道の中ほどにおいて」[一九]経験する内的戦いの産物であるに相違ないことは、否定せられえないであろう。

その中間の時期において、青少年をして異教的な悪徳に陥らしめないゆえんのものは、一方では、青少年が無意識的ながらその中におい育った全キリスト教的雰《ふん》囲気《いき》のおかげであるが、他方、この時期こそ、古典哲学の学習、古典的教養と思考方法一般が始まる時期であり、不断の自己研磨と意志の鍛練を目的とする修養が始まる時に当たるわけである。かかる修養は、古典的教養を持たないキリスト者には往々気になるほど欠けているところであって、キリスト教そのものに、柔弱な、単に感情的な、時としてまことに哀れむべき外観を与えることとなる。これは真に毅《き》然《ぜん》たる、男らしい、したがってやや自覚的な人々の目に、概してキリスト教を非難の的たらしめるゆえんであるが、けっしてキリスト教本来の性質に応ずるものではなく、むしろ反対に、他の何ものにもまして男性的たるべきが、その本性なのである。

　キリスト教はまた、人類のえり抜きの人々ばかりでなく、その全体を、動物的状態から高めて、完全な自由と平等の一段と高い生活に至らしめることを約束しうる唯一の教えであり、しかもこの約束を、古典哲学よりもいっそう高い程度において、またいっそう広い範囲において、現に果たした唯一の教えでもある。

二つの教えに共通な点は、ともに人間の意志に高い価値を付与し、元来これのみが人間の真の所有である（したがって善にさえ強制されえないもの）としていること、またある倫理的世界秩序についての堅い確信を要求し、この倫理的世界秩序はその原理からの背離を許さず、人間のこの点に向けられた恣意《しい》に対しては、完全に確実な打ち勝ちがたい抵抗を差し向けるとしていることである。

以上の二点に両者の一致はもとづいているが、それは幾多の結論においてもあらわれてくることであって、とりわけ二つの信念に共通な見方、すなわち善をなしうるということ（それこそもとよりすべての人が心から願うところ）が善の報酬であり、悪をなすには（内心の反抗と戦慄《せんりつ》を伴って）なさざるを得ないということが、この世における悪の罰にほかならぬ、と見ることに示されている。

今日ではストア主義の道徳のほうが多くの人々には宗教的信仰よりかはるかに親しみやすい。それは往々人々が考えがちなように、信仰というものが、この俗世にとっては微妙すぎる光を帯びており、本来言いあらわしがたいものであるために、口に出して言えば（あるいは体系化すればなおさら）この宗教の本性たる光を曇らす危険があるのに——一方、道徳のほうは、一般の健全な常識や、共同生活の自然的要求や、また人間のある種の健全な利己主義にさえ、訴えることができるからである。

否、むしろ、われわれがすでに示唆《しさ》しておいたように、次のように問うことは、必ずしも全然不当とは思われないであろう。いわく、人間として急速に伸びる時期においては、さしずめ青少年を、力強い一撃によって、単なる物質的動物的存在に堕することから他にそらす必要があり、偉大で美しいものなら、その何たるかを問わないで、すべてこれを求めるような熱心な努力、否ある種の野心さえもが、必要な過程であるような人生の時期においては、ストア哲学は今日でもなお宗教よりか有効な教育手段ではなかろうか、と。

この意味において天使たちはファウストの終わりでうたっている。

「霊の世界のとうとい一人が悪から救われた。
不断に努力しつつ労苦する者を、私たちは救うことができるのだ」

自己自身の一段と高い天性に対する卑怯者、裏切り者として一生を終わった者は、救いがたく畜生界に落ちて、これと滅亡の運命を共にするのである。

今日古典的教養の完全な適格性と不可欠性とは、以前にもまして、一見実際上の理由から否定せられているが、経験に徴するとき、古典的教養によって、青少年の心の中に、高尚な素質を発達させる動機を与えうるのであるから、このような時にあたり、あまり周知されてもいないこの哲人の姿を、そのような努力精進をされる人々の眼前に示すことも、われわれにはあながち理由のないこととは思われなかったのである。如何《いかん》とならば、

「偉人の生涯《しょうがい》はわれらに教える、
われらの高貴に生活しうることを、
そしてこの世に暇乞いするとき、
時の砂上に足跡を残すということを。
足跡――おそらくは別の、
貧しい、助けをたのんでいる兄弟が、
人生の荒海を渡るときにこれを見て、
新しい勇気をつかみ取るだろう」

悪とたえず戦いながら、策略を使わないで世間を渡ることが、どうしてできるか

今日多くの人々に、きわめて好意的な人々においてさえも、根本的には疑うべからざる事実として通用している一つの事柄がある。それは理想主義というものが、なるほど大いに尊重すべき見方であり、とりわけ青年教育に使えば有益な見方であるけれども、しかし後年の実生活においては、しようのないものだ、ということである。彼らの言い分はこうだ——この見方は理論としては、また教育のためには、おそらく幾多の長所があろうが、しかし実践においては、事柄は「互いに激しくぶつかり合う」(シラー「ヴァレンシュタインの死」第二幕第二場——訳者注)のであって、事は全然別になる、というのである。すなわち彼らは人生を二分して、その一部分においては、うるわしい思想や感情にひたって眠り込んでさしつかえないし、それどころかそういうふうになるように奨励されるのであるけれども、他の部分においては、荒々しくそ

の夢からさまされて、できるだけ現実というものと妥協しなければならない、というふうに考えているのである。

しかしカントは彼の小論文の一つにおいて、すでに百年前に論証しているのであるが、当時すでに立てられていた命題「それはなるほど理論上は正しいかもしれないが、しかし実際には役だたぬ」ということは、およそ思考する人間にはふさわしからざる笑うべき背理を含んでいるのである。そして現代の筋金入りの「現実主義」は、だからこういう回りくどい屏風《びょうぶ》なんかも取り払ってしまって、情け容赦のない無遠慮と利己主義は天下ご免であり、それどころか、現実を勘定に入れる合理的世界観によって、多かれ少なかれ命ぜられているところだとする「生存競争」なる野蛮な考えに到達したのである。現代の「現実主義者」の言い分によれば——現在の生活物資は万人の需要を満たすにほど遠いのであるから、幸福に暮らしうるのは、ただ少数者に限られ、多くの者はいやでも不幸たらざるを得ないこの世界秩序が、万人にとって公平なよい秩序であるかどうかは、問題となりえず、むしろそれは冷酷不合理な不正な世界秩序と呼ばれねばならぬが、自己の意志なくしてこの世に置かれた個人によってはとうてい変革さるべくもなく、さてこそ個人は、せめて鉄槌《ハンマー》たるべく、鉄敷《かなし》きとならぬよう注意すべきだ、ということになるのである。

これが今日の教養人士多数の処世知の本来の核心である。

かくては畢竟《ひっきょう》するところ、道徳的教育の必要はなくなるわけで、学校における宗教ないし道徳の授業はこれを全廃し、たとえばサン・ジュストの天才的提案どおりに、毎日町かどにはり出される政府の風紀取り締まり上の指令をもって、これに代えてもよいことになろう。

この理論で行けば、若き世代は物すごくりこうで実際的になることであろう。そして素早くもうけ、うまく出世することばかりをねらい、じゃまっけの高尚な心情などさらりと打ち捨てることになろう。なるほどそのためにたいがいの者はすでに早期に、精神的にも肉体的にも倫理的にも、だめになってしまうであろうが、他の者たちは、うまくいっても努力するかいのなかったもの、すなわち不確実な財産のために、あたら青春を失ったことを後悔しても、おそらくは時おそきにすぎるはめに陥るであろう。けだしこの種の財産は、絶えず何千という競争者相手に守られねばならぬものであり、すべての人に、持てる者にも持たざる者にも、苦々しきあと味を残すからだ。――この場合、満足し、幸福である者はもともと一人もないのである。

以上が「実際」を主とした考え方の今日すでに表面化している終局的結果たるのである。

われわれとしては理想主義をもって、一種の信仰、一種の内的確信と見る者であって、これは世の存続のために絶対必要なものであるにもかかわらず、証明せられえないものであり、またもとよりこの信念を有する人にとっては、なんらの証明をも要せざるものであるが、教え説くことによっては、すなわち単に頭のうえでの方法によっては、絶対何人もこれに至りえないものであると見るのである。

これは本来なんら異とするに足らないことである。人間理性の論理的一貫性すら経験を通じてのみ証明せられうる。同様に、宗教の真実もまた、これを受け入れた結果たる倫理的力がその証明とならないかぎり、われわれにとってついに証明されえないであろう。力の力たるゆえんは、それがなんらかの実在的なものたらざるをえない点にある。実在性の別の証明はあるものでない。否、われわれの感官の知覚でさえも、なるほど無条件的にではないが、ある正常の状態においては、錯覚に陥るおそれなしに、これを信頼しうるということが、自他の経験によってわれわれに保証されなければ、けっしてわれわれを説き伏せえないであろう。人を説き伏せるのは、経験である。人々の心の中に自分で経験してみようという願望と精神的気分を産み出すものは、その経験をすでに経た人たちの証言である。「実際生活における理想主義」についての簡にして要を得たこの種の証言が、ゲーテの青年時代の友で、後にロシアの将軍となったフォン・クリンガーの小著に含まれているが、それは今はほとんど読まれなくなった彼の著作の中に、初めに掲げた表題で出ているのである。それは短い文章にすぎないが、次のような重大な内容をもっている。

「悪とたえず戦いながら、策略を使わないで世間を渡ることが、どうしてできるか」

(一) とりわけ彼（すなわち、表題のことを試みてみようと思う者）は、世人が幸運を作る（金持になる）と言っていることを全然考えてはならない。恐れることなく、自己の一身を顧みることなく、天下の公道において、きびしく力強くおのれの義務を果たさなければならない。すなわちその行為のどの一つも我欲の汚点でけがされぬよう、心の持ち方において純でなければならぬ。

正義と公正については、事の大小を問うてはならぬ。

(二) 第二に彼は、清廉潔白におのれを持するために、世間に輝かんとする欲望を捨て、むなしき虚栄心と心を乱す名誉心、権勢欲を去らねばならぬ。人々はこのような欲望に絶えずかられて、世間という舞台上でその愚行の大半を犯すのであり、権勢をふるおうとする相手、またその仲立ちになる人々を、手痛く深く傷つけることは、きわめて力強い、純潔きわまりない徳、それどころか最も果敢な徳そのものによるよりもはなはだしいのである。

(三)第三にこのような気持の人は、おのれの義務が要求する時と場合にだけ、世間の舞台に姿を見せるべきであって、他は世捨て人として、おのれの家庭の中に、少数の友人とともに、書物の中に、精神の王国のうちに暮らさねばならぬ。

彼はこのようにすることによってだけ、結局人々の行動の中心になっているくだらないことで他人と衝突することを避けうるのであり、またこうすることによってのみ彼は、自分の風変わりな行き方を世間から許してもらえることとなる。なぜなら彼は実際どのような席も占めず、自分の価値によって世間を圧迫することもなく、義務を果たしたのちはふたたび静かに暮らすこと以外、何ものも社会に求めていないからである。

それでも彼が羨望《せんぼう》の念をかき立て、憎悪の念を起こさせるならば、それはともに、非難者自身が口に出して言いたがらないこと、少なくとも非難される人に面と向かってあえて言いえないようなことにもとづいているのである。

さてそこまでこぎつけた人には、いろんなことがこの世でとんとん拍子にいくのである。そういう人には、彼が考えてみもしなかったこと、目的として意図しなかったことまでが、うまく取り運ぶのであって、ついには、人々が広い意味で幸福と呼んでいるものをかち得ることさえできるのである。

(四) 私はただ次のことだけを書き添えておく。彼はあらゆる(恣意的な)改革家と、その目印を警戒しなければならぬ。意見しか持たない人々と意見について論争してはならぬ。自分自身については、ただひそかに、すなわち自分の最も奥深い心の内部においてのみ、言ったり考えたりすべきである。

私は私の性格と心とを力のかぎり素質に応じて伸ばしてきた。しかも私はこのことをまじめにかつ誠実にやってきたから、世人が幸福と呼ぶもの、この世における立身出世と言いならわされているものが、おのずからやってきたのであった。

私は私自身を他人に対するよりか鋭く容赦なく観察し取り扱ってきた。……私はけっして芝居をしなかった。またそうしようという気も起こさなかった。そして常に私の獲得して保持してきた性格を恐るるところなく示してきたので、今や私は人が変わったり、あるいは違った行き方でふるまう可能性なんかをもはや懸念していない。ひとは自分自身を誘惑することをあえてなしえないようになって初めて、他人の誘惑に対して安全である。――多くの職務が私に託せられた。しかしそれを終えたのちは、残りの時間を最も深い孤独とあとうかぎりの制限のうちに送った。

＊

とりわけ政治生活にとって重要なこれらの経験的命題の提示者は、いかなる種類の哲学的基礎づけ一〇も試みていない。彼はそれを単に彼の変化多き、一部は冒険的ですらあった経歴の結果として差し出しているだけである。しかもこれらの命題はかかるものとして、実生活とはおそらくほんのわずかしか接触していない哲学者や科学者の書斎から出た場合以上に、われわれにとってはるかに大きい価値をもっているのである。

それゆえわれわれとしても、これを抽象的に書きかえてみたところで、われわれ自身を説き伏せることにもならないだろうから、そんなことをしてこれを希薄にするつもりはなく、ただ二、三の純実践的な注釈を添えるにとどめたいと思う。

第一節について。――真の理想主義は、われわれが現実からまったく引き下がって、自分の夢の世界に閉じこもることによって、現実をごまかしたり、わざと現実を無視することにあるのではなくて、普通行なわれる以上に深く世界を把握し、さしずめ自己において、これを克服することに存することは明らかである。なぜならわれわれは本来一個の小世界であり、さしずめこの小世界が確たる原理とよき習慣によって克服せられないかぎり、およそ世界なるものを克服する可能性はないからである。

　このことから、クリンガーがその第一命題で言おうとしている「成功」なるものについての正しい判断が生じてくる。現代の人のうちで成功をおさめたことを大いに誇りえた男の一人（ティエール）、彼はその生涯のある時期には相当熱をあげて成功に奉仕した部類の男であるが、それでもおりにふれて注目すべき言をなしたのであった、いわく、「主義の人は成功をおさめることから免除されている。世間的成功というのは、抜けめのない連中のための条件にすぎない」。このことばは一面において、次のことを言おうとするものだ、すなわち無事に世間を渡るということを、普通「成功」と言われているもの、あるいはもっと適切には succès《シュクセー》（成功、上首尾）というフランス語に当たるような、多数の人々の努力の目標になっているあのことと解してはならないということである。あれは全然別物なのだ。ああいうものを当てにして相場をするような者は、心のおちつきも自分および他人との平和も、たいがいの場合は自己尊重の念をも、初めからあきらめてかかるがよい。人生における真の成功、すなわち、最高の人間的完成と真実の有用な活動に達することには、相当頻繁《ひんぱん》な外的不成功すら必然的に伴うのである。

だからクリンガーが「世を渡る」と言っているのは、終局的には勝利をおさめる、あるいは全体としてみた場合に勝利を得ているていの生涯にわたる誠実な仕事のことなのであって、およそ勇敢で誠実な人はただそれのみを願い望んでいるわけである。のべつまくなしに成功しているというようなことは、臆病《おくびよう》者にとって必要なだけである。否、われわれはさらに一歩を進めて言うことができる、事柄自体が重大でありさえすれば、最大の成功の秘密は不成功にあり、と。最大の魅力を持ち、いつまでも全国民の消しがたい思い出に残っているような人たちは、けっして成功によってこのように壮大な人生の目標に到達したのではない。シーザーやナポレオンも、ブルータスや、ワルテルローの敗戦とセント・ヘレナがなかったならば、歴史においてただ暴君としてその名を残したにすぎまい。オルレアンの少女も、彼女の殉難がなかったならば、世間にいくらもいる勇壮活発な乙女《おとめ》として残ったにすぎないだろうし、ハンニバルも、もしカルタゴで勝っていたら、どうにもがまんできぬことになろう。スラ将軍やアウグストゥス帝は、ローマ史上最も成功せる人たちであるが、その伝記を読む者は内心に嫌悪《けんお》の情を禁じえない。ワシントンは大向こうをうならせるような英雄にはならなかった。ロバート・リー将軍は後々の世の歴史においても名誉の後光でとりまかれているであろうが、それはユリッセス・グラント将軍には欠けているものであり、アブラハム・リンカーンとてもその悲劇的最期によってそれを得たにすぎない。英国のチャールズ一世のような虚偽の裏切り者が、今日なお多くの人々の尊敬を受けている一方、近世史上の最も英雄的な人物であったクロムウェルはかえって憎まれている。もし後者が断頭台上で倒れ、前者が成功を得て死んだとしたら、その役割は逆に振り分けられていたろう。皇帝フリードリヒ三世の生涯もまたその一例であり、将来において、現代よりもいっそうよい時代において、いっそう好例となるであろう。あらゆる例のうち最大のものは、十字架という当時の死刑台を全世界に対する名誉の標《しるし》たらしめたのであり、ローマの世界帝国はそのために没落し去ったのである。キリスト教を全然人間的に非神学的に受け取るにしても、もし当時の学者たちがそれを認容しうるものと見なしたとすれば、キリスト教のおさめたあの類例のない成功もそれが可能であったとは考えられないのである。

すべて真の人生の目的には、何かこの種の不成功が付随する。若い読者よ、君が君の一生を日常性の月並みな道で失いたくなかったら、このことを覚悟していなければならない。ただしこの種の不運は、もはや不幸という普通の名を持つものではなく、「十字架」の荊棘《けいきょく》の冠をいただいているのだ。これはなんと言っても一つの冠であり、冠たる性質を失うものではない。

第二節について。――われわれはここでなお次のように付言してさしつかえなかろう、いかなる「野心家」もかつてその真の目的に達したためしがない、と。なるほど、ただ一点に集注した人間の注意と精力が時に達しうるところのものは、十分驚嘆に値することがあり、その実例は至るところに見られるのであるが、結局これらの人々は富や名誉や権力や学識を得ようとするのではなく、まさにこういう資格を幸福感の不可欠的前提と考えているのである。人間というものは富によって幸福となるものではなく、かえって気持のうえでは不幸になるのだ、というまともな信念を誰かに吹きこまれるなら、この手合いは十中八九そういう努力をやめるであろう。あらゆる野心家のうちで、教養のある手合いがいちばん不幸な野心家である。彼らがよじ登ろうとしている梯子《はしご》の下の方の段にいるときには、自分より高い所にいる人全部に対する嫉妬《しっと》が彼らを食いつくす。これは感情という感情の中で、最もみじめなものであり、これに取っつかまると自分の目にさえ自分が下劣に見えてくるものである。少し登るようになると、彼らはそのうえになお後進者に対する不断の恐怖によって苦しめられる。後進者が何を考え、何を意図しているかは、彼らはわが身の経験に照らして、百も承知だからだ。これに対して党派を組んで身の安全を計ろうとしても、落ちそうなやつなら誰彼かまわず落とそうという内輪からの裏切りに対しては、絶対安全というわけにはいかぬ。はてはいつも不安でならぬ気持を享楽でごまかそうとすれば、その位置を守るのにいちばん必要な資格を失うことになる。そのうえ、幸運の機会はざらにあるわけのものでもない。十人の野心家のうち、せいぜい一人が、求めているものを手に入れるのが関の山であり、しかもこれらの「幸運な人たち」のうち、まだまだその多数の者は、死なないさきには幸福という賛辞を呈するわけにはいかないのである。この種の例が、もしどんな新聞にも載っているほど、ありふれたものでなければわれわれも二つ三つは引用するところであろう。

二

　すでに古代イスラエルのある予言者は、この月並みな生活と努力とが少しも満足を与えない結果になることを、古典的なことばで述べているが、われわれは今日これをそのまままくりかえしうるのである。

「汝らおのれの行為《おこない》を省察《かんがう》べし。汝らは多く播《ま》けども収入《とりい》るるところは少なく、食《くら》えども飽くことを得ず、飲めども満足《たる》ことを得ず、衣《き》れども暖かきことを得ず、また工価《あたい》を得るものは、これを破れたる袋に入る」（ハガイ書一章五節、六節）

　人を疲れさすことと利己的努力にまさるものはない。そういう場合に出てくる力というものは、熱の上昇以外の何ものでもなく、これは力の資本を食ってしまうのである。

不断に更新される健全な力は、大義のために非利己的に働くことから出てくるのであって、しかもそういう場合にだけ、心から人々が助けてくれるものである。これがまた、なぜある人々は仕事をしながら保養などしないでも、健康を保って長寿に至りうるか、一方他の連中が年の半ばを、あるいは全部を、無益に温泉などで送ることになるかということの、真の理由である。われわれの時代の多くの「神経」病のよってきたるところは大半これであって、精神と意志を健全にしさえすれば治療せられるのである。

第三節について。――ある程度孤独を好む傾きがあるということは、落ち着いて精神を伸ばすにも、ほんとうの幸福一般のためにも、絶対に必要である。真に到達しうる幸福、人生のあらゆる偶発事と無関係な幸福は、大いなる思想に生きること、またそのための不断の落ち着いた仕事に生きることにある。これはおのずからあらゆる無用の「社交」を締め出すことになる。「その他のいっさいは畢竟するにむなしきことであり、むなしくするのみである」[一三]。このしかたによってのみ、人はしだいにあらゆる「気分」の支配を免れ、他人のことをもはや過度に重視せず、彼らの意見や好みの変化をおちついてながめ、彼らの間で尊重されているものを、自分の好みに関するかぎり、また自分の職務と矛盾しないかぎり、求めるよりはむしろ避けるようになるのである。

第四節について。――この最後の節は主としてクリンガーの人生哲学の概要を含んでいる。人間の人生行路は、個々に見れば、千差万別の趣を呈するかもしれないが、全体としては非常に驚くばかりの一致を示すものである。一部の者は、意識的にあるいは無意識的に、高い身分においても、あるいは低い身分においても、動物の生活を送るのであって、その短い一生の間、彼らは感能的自然によって指し示された道をたどり、それ以外の使命を全然知らないのである。他の一部の者は、このなんら満足感をあたえぬ人生観からのがれる道を求める。この種の何かもう少しましなものを求める人たちの人生行路は、ダンテによって『神曲』の第一歌に最も美しく描き出されているところであり、そしてこの種の発展は、偉人の内面的生活史すべてに通ずる題目となっている。その糸口になるのは、月並みな生活に対する不満、何かもう少しましなものに対するあこがれである。理性自体が迷路からの出口を捜す、そしてついに「奔命に疲れて」、平和に行き着くためには、どんな代償を支払っても世俗の道を去ろう、という決心をかためるのである。この決心ができれば、人間は自分を助かったと思い、正道に立ち帰ることと常に結びついている内面の快適感をいだくのである。彼はまた本質的な意味でも正道に立ち帰っているのだ。というのは、今や彼はこれまでそれに向かって自分の我意を張り通していた新しい精神的な力を、何ものにも妨げられないで受け入れる気構えになっているからである[一三]。事実次にはしかし第二段階として、使徒パウロが古き人と新しき人と呼んでいるところのものの間に、長い争覇戦が始まるのであって、この古き人と新しき人はともに並び存しているのであるから、後者を育成して、中途半端なものにとどまらしめないようにする必要がある。ところが、よりよきものを求めて努力する人たちも、多くはこの第二段階に生涯とどまっているのであり、これがまた、その志すところは正しいにもかかわらず、幾多の人生行路がそれでも他に働きかける点において不十分であり、たとえその点は時に軽視されるにしても、人間関係の高貴化には一般的にあまり寄与しない理由でもある。精神生活の第三段階が初めて、それが一般的に実現されたとき、すべての人間関係を正しく調整することになろう。

第三段階とは実を結ぶ段階であり、あるいは壮大な建築物に、あるいは厳粛な軍務にも比せられるのを常とする一つの精神的王国に対する共同作業である。これのみが、他のすべてはしからず、ただこれのみが、それゆえ個人的にも満ち足りた状態である。

人が自分だけのために暮らしているかぎり、本質的には、たとえいかに最高の高貴きわまる意味においてにせよ、自分だけの修養を眼中においているかぎりは、以前の利己主義の苦々しさを思わせるような何ものかを依然として感ずるのであって、それは、「人は努力するかぎり迷う」というゲーテのことばに言いあらわされているような、中途半端な暗さを思わせるもの、と言い換えてもよいのである。自分だけを眼中においたこの種の努力は、いつかは休止しなければならぬ。真理を求むる永遠の努力のほうが、真理の所有にまさる、という大いに感嘆されているレッシングの格言ほど、不真実で結局慰めなきものはこの世にない。それはあたかも、永遠に渇していること、あるいは永遠にこごえているほうが、渇をいやしてくれる泉を見いだすこと、あるいは万物に生命をあたえる太陽光線よりかありがたい、と主張するのと同様に筋の通らぬ話であろう。

以上のような休まるところを知らぬ宗教的ないし哲学的な状態と完全に対立する状態は、絶えず心に満ち足りたものがあり、力が満ちみちている状態である。ただしこの力はさしずめ著しい謙虚と自分自身に対するいっさいの快楽の放下のうちに示されるのであり、あらゆる種類の自然的苦難によく堪えうるものである。これが人間存在の達しうる最高の段階である。もとよりこの幸福を誰にでも理解させるということは、むずかしいであろう。この幸福は、もはや絶えず思いを自分自身にいたさなくてすむということ（ローテの言うように「なんらの私事を持たぬ」ということ）、自分の仕事を静かに、必ずしも目に見える効果とは限らないが、ある効果はあがるという完全な確信をもって行なうことのうちにあるのである。この全過程に伴う勇気は、この第三段階では、以前のような、一種の発熱状態にくらべられるような、また個々の場合にはそういう形をとることもある、あの興奮状態の形でもはやあらわれてくるのではなくて、むしろ外面的にはまったく冷静な、落ち着いた形をとるのであって、これは(おのれの道と運星に対する確たる信頼からくる)中心の不動の姿に似ており、あらゆる出来事、とりわけしかし他人のいっさいの批評によっては、いささかももはや動かされることはないのである。

以上の叙述は、同様な体験をいまだ経ていない人たちには、何か空想的なことだと思われるという不都合な点がある。青年教育において、このような話が出てくることが非常に少ないと言って、あながち責めるわけにもいかない。というのは、なんと言ってもこういう話にはとかく空想が混じりがちで、そしてこの種の事柄においては、あらゆる不純はきわめて決定的な邪路に人を導くからである。たしかにクリンガーもその一人であったような公明正大な人たちにだけ、この点を誤らないで成功することを神は許したもうのである。

多くのりこうな人たちは、「理想主義」のレッテルをはって事を初めからかたづけてしまっているが、以上に述べたことのすべてが「理想主義」と呼ばれるものかどうかは、不問に付しておこう。とにかくこの主義は、断固としてこの主義を奉じた人たちを、巷間《こうかん》に見られる他のいずれの人生観よりも、満足せしめているように思われるのであり、少なくともこれを確信するには、もともとたいした歴史的知識も人生に対する独自の洞察《どうさつ》も必要としないのである。しかしながら、われわれの気づかうことは、われわれの読者の多くが、実際の「成功」は、いささかもアグリッパ王に有利ではないにもかかわらず、クリンガーよりもむしろアグリッパ王[一四]に従わんことを欲するのではあるまいか、ということである。

　クリンガー流の人たちの豊かな内面生活は、多少手を加えてではあるがドイツのある詩人のことばによって、最も巧みに描き出されている。

　「光と影は常に結ばれてあり
　過《あやま》ちもまたないわけではない。
　しかし内にはたらく光が
　外の濁りを清めてくれる。
　完成を求める衝動に

この地上で完成が与えられたためしはない。
しかし完成を求めて格闘する
魂は満足を得るのだ」

よい習慣

考え深い人なら誰でも、自分の修養をつむに当たって、また他人を教育するさいに、おそかれ早かれ一度はなめるたいへん重要な経験があるが、それは次のようなことである。すなわち、どのような行動も、否、われわれはさらに一歩を進めて言わざるを得ないのだが、どんな思想でも、それが考えつくされるとすでに、一種の癖になるものであって、いわば物質的な印象をわれわれに残すものであり、これは次に行なう類似の思想行動を容易にするが、類似でない場合には、これを困難にするということである。「悪行の呪《のろ》いは、それが絶えず悪を生まざるを得ないところにある」[一五]のであって、ちょうど善行のはずれっこのないおもな報酬が、人を善ならしめることによって、行為する人自身に永続的な利益をもたらすという点にあるのと同様である。

人間生活の恐ろしい点は、一度起こったことは絶対に変えようがないということで、これはわれわれの生活の常に悲劇的な背景となる点である。一度起こってしまえば、いかにわれわれがそれを信じたくなくても、また認めたくなくても、どうにもならない。だから真実の歴史もまた著しく悲劇的性格を帯びるのであって、皆が相擁《あいよう》して和解をもって終わるというような喜劇的性格は持たないのである。

このようにわれわれがひとたび人生を厳粛に取りはじめると、問題は単に思想や信仰ではなく、いわんや人間の内部にいささかも触れないことだってありうる外面的な信仰告白や教会に所属していることなどではなくて、本来もっぱら習慣がたいせつなものであることを、ただちに気づくであろう。

教育においてその達成が問題である目標は、善への傾向を有する人間である。善と悪を絶えず思慮したうえで選択するというようなことは、当てにできない――そういうことは人間の激情に対しては起こりえない――、卒急に、熟慮を待たないで善を好む傾向にたよらねばならない。

人間存在の理想は、いっさいの善は習慣によって自明的となり、いっさいの悪は、肉体的に感ぜられるほどの不愉快な印象をあたえるまでに天性にもとる、というふうになった生活である。こうならないかぎり、すべてのいわゆる徳や信心も、なお善《よ》き志向というにとどまり、実行のうえでは、善へおもむく可能性があるのとまったく同様に、悪へ落ちる可能性もまたあるということにすぎないのである。

　ところで生活上でいちばんすぐれたよい習慣とは、いかなるものであるか。われわれはただそのうちの二、三のものを、まったく非体系的に列挙してみようと思う。というのは、今日の社会は、「体系的」道徳論にはいくらか飽き飽きしており、この種の純実践的経験的なことばに注意を向けさせやすいと考えられるからである。

（一）第一の主則とわれわれが見なすのは、消極的にある習慣をやめようとするよりか、むしろ常になんらかの習慣をつけようと心がけねばならぬことである。というのは、単なる抵抗はいたずらに力を浪費するだけにすぎないが、攻撃の場合は一つを得るごとに喜びの種が一つふえる、という理由からだけでも、単に防御的姿勢をとるよりか、攻撃的態度で臨んだほうが、気持のうえでも、はるかに楽であるからである。この場合肝心なことは、常に行動に出る気構えをもった即座の決心である。ヴォルテール[二六]が国家の運命について言ったことは、個人の生活行程に対しても高度に妥当する、「私は見てきた、すべての出来事において、その決定は一瞬間にかかっていることを」。

（二）第二の点は、恐怖心をいだかぬということである。このことが強く宗教的な根底なしに相当高い程度でできるかいなかは、われわれはここでは立ち入って論ずるつもりはない。とにかくまちがいのないことは、恐怖はあらゆる人間感情のうちで最も不快なもの、したがってどんな代償を支払ってもその習性から脱しなければならないものであるばかりでなく、かてて加えて最も無用な感情であることである。それは、恐れられている当のものが現われることをいっこう阻止するわけでもなく、これに対抗するに必要な力を先に食いつくしてしまう。われわれがこの世で出会うたいがいのことは、遠方から見えるほど、恐ろしいことはけっしてなく、堪え忍ばれうるものである。とりわけ人間の空想力は、苦痛の持続を実際よりか大きく長く描き出すものなのであって、何か災いが始まったときに、「続いても三日だ、それ以上は続かぬ」とあらかじめ簡単に自分に言いきかせておけば、たいていそれが当たるであろうし、いずれにしても気持を静めてその災いに立ち向かうことができるであろう。

哲学的根底に立っての最良の恐怖予防法は、あらゆる恐怖は同時にまた、われわれの心の中に何か正しくないものがある徴候だと確信することである。それを捜し出して取り除くがよい。そうすれば恐怖はたいがい姿を消すのである。

(三)　恐怖のきっかけになるのは、通常人生の財宝の問題である。それゆえわれわれは、なるべく若いときに、つまらぬ財宝よりか、少しでもましな宝を選ぶ習慣を身につけるべきであり、とりわけ互いに矛盾するものを同時に持とうとしないことに慣れるべきであろう。いわゆる「やりそこなった人生」すべてに通ずる欠陥はこの点に存するのである。

（われわれの見解に従えば）人間は自由にその生涯《しょうがい》の目標を選択しうるばかりでなく、彼がまじめに、専一に、これと相入れぬ他のすべての努力を犠牲にして得んと欲することは、すべてこれを得ることもできるのである。最上の、しかも思慮ある行動をもってすればきわめて容易に手に入れうる人生の財宝は確たる倫理的確信、精神のよき教養、愛、誠実、仕事の能力と仕事に対する熱意、身心の健康、そしてほどほどの財産、これである。他のすべてはなんらの価値を持たないか、あるいは以上のものとは全然比較にならぬ価値しかない。以上のものと結びつかぬものは、富、大なる名誉と権力、不断の享楽、これである。この三つのもの、すなわち普通の人が最も多く求め、そしてまた非常にしばしば手に入れることもあるが、しかし常に他の宝を放擲《ほうてき》してしか得られないこの三つのもの、すなわち金銭、名誉および享楽こそ、ただ一度のすみやかな決断をもって心のうちから捨て去るべきものであり、他の宝をもって代えねばならぬものである。さもなければ、宗教的あるいは哲学的基礎に立って内面的人間の教育を云々《うんぬん》することも、まったく無用のわざとなる。何もかも見せかけ、中途半端、ついには偽善となるだけである。しかしできのきわめていい人たちにおいてさえ、彼らの決心なるものはたいがい、やむをえず部分的に断念したというようなあきらめから成り立っているにすぎない。どうせそうなるに決まっていることをよく予見して、この永遠につきぬ悩みに代えるにただ一度のすみやかな壮大な決心をもってしたというような、年少時代から非常に賢明な人といったものは、少数しか見当たらぬのである。

(四) 名誉やいわゆる享楽は、それに捕えられているかぎり人は第三者に隷属する奴隷たるを免れないのであるから、われわれはただちに、これらのものと違って、絶えずわれわれの自由に処理できる愛をもって、これに代えなければならない。なぜなら、このように取り替えないかぎり、マタイ伝福音書十二章四十三節—四十五節に描かれているような、巨大な、まったく堪えがたい空虚が残るであろうからである。

ひとはいかなる値を払っても、おのれ自身のために、習慣的にすべての人を愛するように努めねばならぬ、彼らがそれに値するかどうかは問わないで。けだしそれを常に正しく決めることは、あまりに困難なわざだからである。なぜなら、愛のないとき、われわれの人生は、とりわけ青春の日が過ぎ去ったあとにおいては、あまりにも悲しいものとなるからであり、冷淡さがおりにふれてとかく移り変わって行く憎悪に至っては、全然死と選ぶところがなくなるほどに、人間存在を毒するからである。

始めから終わりまで憎み通さねばならぬというようなことは、物にあてはまるだけであって、人間にはあてはまらない。他人の善悪を完全に公平に判別するということは、あまりに困難なことである。そしてすべての不公平は、その判断において不公平である人自身を、いちばん苦しめるのである。

それゆえ諸君は何物によっても、理屈によっても経験によっても、愛から押し除《の》けられてはならない、そして愛に値するかどうかの問題はあっさりはねつけるがよい。これが、常住心奥を静かに保ち、さもなければしだいしだいにたいがいいやにならざるを得ないたぐいのあらゆる事物や人間に対して、興味を持ちうる唯一の手である。

ついでに言っておくが、愛はまたたいへんりこうなものである。愛はみずから欲せずして、すべての悪人をたえず欺くのである。しかし親愛なる友にして読者よ、もし君が詩人とともに、

「私を愛してくれる人はいとし

私を憎む人はこちらも憎んでやる。
そういうふうに私はいつもやってきた、
今さらそれをやめる気はない」

と言いたいならば、しばらくそれを試みてみるとよい。当たってみるほうが理屈を並べているよりかましだ。しかし君のすぐ行き着く先は、多くの憎悪ときわめて少ない愛のもとであろう。

(五) 以上あげたすべての点において、とりわけ最後の点において、なまはんかは不可である。いっさいの小細工は抜きにして、全面的な一大決心だけが実行を可能にする。ところで、この大きな習慣を支持し、いわばこれをいっそうしやすいものにする、幾多の小さい習慣なるものがある。

その一つは、すでに福音書も勧めているもので、「死にたる者に、その死にたる者を葬らせよ」(ルカ伝九章六十節)ということである。埋葬は死者自身がいちばんよくなしうるところ、もしわれわれが無用にしてあしきものと絶えず争うことからむしろ遠ざかるならば、単に破壊するかわりに、建設しうるのである。破壊は、たとえやむをえざる仕事ではあるにしても、常に従属的な仕事である。もとよりその必要なることは、幾多の偉大な破壊者が本来建設者にのみ与えられるはずの記念碑を得ているほどではあるにしても。

(六)　われわれはまたしかしながら、他人の計略にかかってはならない、表面上だけでもそれはいけない。むしろ狡猾《こうかつ》な人々には、われわれが彼らの考えを見すかしており、本来彼らが何を欲しているかを知っている、ということを常に見せてやらねばならぬ。この読心術においては、すでに述べたように、常に人の心をくらます利己主義さえ自分の心になければ、相当の域にこぎつけうるものである。

しかしこのようなやむをえない防衛は別として、他人をその善い側面からとらえ、彼らにも必ず善なるものがあるのだと仮定するほうが、全体としては、はるかに策を得ている。そうなると、彼らのほうもしばしばそうなろうと努めるようになり、実際に善良になるばかりでなく、われわれもまた不愉快な感じを避けうるのである。はっきり悪人と見ているような者と交わることは、精神的にも絶対に有害であり、繊細なたちの人においては、いやらしいと思うだけで身体にも障ることがあるから、いずれにしても不健全である。

(七) 悪は激しくしかったり非難したりするには及ばない。たいがいの場合は、明るみに持ち出すだけで十分である。そうすれば、たとえ表面上は抗弁しても、どんな人間にもある良心において、それはみずからを裁くのである。それゆえ、非難すべき人と話す場合には、落ち着いて静かに、事柄を包み隠すことなく、べつだん柔和を装うこともなく、あっさりと、おこらないで話さねばならぬ。おこってみてもいくらかでもよくなることなど、めったにないからである。

(八) 有徳であっても、深い愛情がなかったらとかく退屈なしろものになる。新教徒《プロテスタント》仲間によくある型で、礼儀正しいけれど、心の奥底では、とりわけ考えをことにする人に対しては、愛情を欠いている人が、どんなにひどく人を憤慨させるかは、言語に絶するものがある。こういう人にぶつかると、ことに若い人なんかは心から腹をたてて、道徳の権化《ごんげ》みたいなこんな冷たい人間と暮らすよりか、むしろどんなだらしない人とでも暮らしたほうがましだと思うくらいになる。

(九) すべての人間に対して一様に親切であることは、しょせんできぬ相談だ、と君には思われるかもしれない。よかろう、それでは安心して最初は区別をつけるがよい。しかし常に優先すべきは、この世の弱者、貧しき者、愚かな者、教養なき者、子供たち（動物や植物でさえも）であるべきで、けっして反対に上流人士であってはならない。そうやれば君は幸福であろう。とりわけ君が君の「へりくだり」に対する感謝など当てにせず、彼らの愛を君のそれと同様に高く評価するならばだ。

心の温度を目だつほど冷たく下げてもいっこうにさしつかえないのは、第一には人を感服させようとしたがる連中に対してであり、その次には、誰彼なしに「知り合い」になりたがるくせに、彼らの好奇心はみたされたが、ひょっとすると彼らの虚栄心はみたされなかったとなると、すぐまた見捨ててしまうような無数の文明的食人種の階級に対してである。最後は貴族、金持、そして――「貴夫人」に対してであって、この三つの階級の人たちは、いつでも親切な愛を誤解する傾きがあるのである。

このような小さいよい習慣は、まだまだたくさんあげようと思えばあげられるであろう。そして読者諸君の方から、まだまだたくさんあると言われるなら、われわれはそれをいささかも疑うものでなく、むしろ上にあげた項目を補足して自家用に用いられんことをお勧めするものである。

ただし、あらゆるよい習慣の完全な表をまずもって作るよりは、現実に一つのよい習慣をもって始めるほうが、はるかに目的にかなっていることは、読者諸君もすぐ気づかれるところであろう。

＊

そのさいの困難、本来唯一の困難は、天性自然の我欲を心から取り除くことである。我欲というものは、たとえ以上述べたことのいっさいを疑問視するようなことはないにしても、しかしなんと言っても現実には妨害になるのである。どんな人間にも——これは、みずからを知る人なら何人も異議を唱えないだろうが——好ききらいということになると、まことに片意地な点があるものであって、それは往々文字どおり「狂気の沙汰」に近づくことがある。これはある力によって退けられねばならぬ。そしてこれが本来あらゆる哲学、宗教の全問題たるのであり、世界とともに古く、しかも新たに生まれてくるすべての人の胸のうちに常に新たに次のような問いに形作られる問題である、「ほかならぬ正しい人生行路に求められる善と正に人を導き、人をして精神的に健康ならしめるこの力は、どこに見いだされるか」。

さてこの点については周知のように、今日でも実にさまざまの意見がある。ダンテはその『神曲』煉獄《れんごく》編の有名な第二十七歌において、正道を求めるかの主人公を、熟慮する理性の導きによって、天国の門まで至らしめているばかりでなく、浄火の山の頂にさえ立たせているが、そこは地上の生活の目的たるこの世の楽園が始まる所であり、それから先の探究はすべて無用となる場所である。しかしながら、そしてここにわれわれは偉大なる中世紀の詩人兼哲学者のはなはだしい矛盾を発見するのであるが、一人の天使が世の常の鬼どもを大洋を越えてこの山のふもとまで連れて来るばかりでなくて、他の天使がそれらの魂の引き返そうとする試みを、「恩寵《おんちょう》の門」を通り越した先においてさえ、再三制止しなければならないのであり、そしてただただ神の全能の奇跡によって（したがってこのさい案内役の理性は、最も控えめに言って、はなはだ余計な役を演ずるにすぎぬ）、かの魂どもは、第三の天使が金剛石の閾《しきい》の上にすわっていて、その許しを得なければ何人もこれを越えることのできない地点に到達するのである。

　しかしこの倫理的力学の大問題は、この論文の主題ではないし、またそれが各自のそれぞれの経験以外の方法によって徹底的に理解せられるかどうか、われわれの疑問とするところである。

すべて自己教育というものは、ある重大な生活目的を専心追求し、これに反するいっさいのものから遠ざかろうという意欲、決定的決断とともに始まるものである。そのうえでそこからおのずとただちに能力の探究が始まる。そのように捜せば見つかるのであって、用捨なくあらゆる道においてこれを尋ね、そしてわき起こってくる力を、道の正しいことの唯一の証左と認めようと決心するかぎりにおいて、それは見つかるのである。

長持ちのする、平静で倫理的な力を与えてくれないもの、それは本物ではなく、そしてこのような力を賦与するものは、少なくとも真実を内に蔵しているにきまっている、これこそ、従来の哲学以上に人類にとって価値多きあらゆる未来の哲学の冒頭に立つべき命題である。他のすべては、なんらまともな点に行きつかぬのである。

*

「死はなるほど生の苦しみを終わらせるが、
しかし生は死の前に恐れおののく。
生はただ死の暗い手を見るのみで、
それが差し出す杯をば見ないのだ。

そのように心もまた愛の前におののく、
まるで没落におびやかされているかのように。
なぜなら愛のめざめるとき、
暗き暴君、自我は死ぬのだ。
彼をして死なしめるがよい　夜のうちに、
そして自由に闊歩《かっぽ》するがよい　朝焼けのうちに」

この世の子らは光の子らよりも利口である

二七

われわれはこのことばのまったく真実であることをあえて疑うものではないが、それにしても指摘せざるを得ないことは、しばしば聞かれる理想主義非難の声、すなわち理想主義は理論としてはなるほど美しいが、実際には行ないがたいという文句が、他のいかなる権威よりもこの聖書の句にもとづいているということである。世才と理想主義が一致しがたいと、ひとたび確定してしまえば、この世で生きることを余儀なくされ、またこの娑婆《しゃば》を渡っていくことを余儀なくされているたいがいの人たちは、理想主義をまったく残念そうに横目でにらみながらも見殺しにして、やむをえぬものとして世才のほうを取ることになろう。世才はこの世のため、光はほかならぬあの世のためだけだ！　そういうわけで、このつまずきの石には、享楽的利己主義という人間普通の岩礁《がんしょう》をとっくに克服してしまった人たちも、なおたくさんつまずくのである。

さしずめこの危険なことばに含まれているのは、いわゆる世俗の子らを大いに認めていることである。彼らはキリストのことばのどこにおいても、職業的僧侶《そうりょ》やパリサイの信者のように辛辣《しんらつ》には取り扱われていない。マタイ伝福音書二十一章三十一節[二八]に吐かれているようなことばが、世俗の子らに向けられてはいないかと捜しても徒労であろう。彼らは、自分が何を求めているかをたいがい心得ている人たちであり、また自分の得ようと企てたものを、勤勉と忍耐とをもって、いっさいの障害を排除して追究する人たちなのである、――この点では、「光の子ら」は、少なくともその初期の段階においては、彼らに及ばないことがある。彼らはまた、何かより高いもの、よりよいものを受け入れる能力がからきしないというわけでもなく、その心は、善の種子が落ちても全然むだだというような堅い岩ではなくて、他の雑木《ぞうき》が繁茂していて、芽を吹くことは吹くが、ほんとうには育たないといった土壌であるにすぎない。ともかく彼らは、歴史上真理の信奉者たちを十字架につけ火刑に処したのは主として彼らではなかったということを楯《たて》に取っても、それは理由のあることなのだ。

それゆえわれわれは、世俗の子らを一も二もなく悪い人だとか、あるいは徳と呼ばれるものに鈍感な人たちだとか思ってはならない。それどころか彼らはたいがいその見かけよりも善良な人たちなのであって、その最もよい考えを隠している「逆の偽善者」さえ、彼らの中には非常に多いのである。彼らに欠けているのは、一般にただ善良であることに対する勇気である。すなわち倫理的世界秩序なるものが厳存して、これを信頼する者には手をかして「生存競争」の困難を切りぬけさせてくれるという十分な信頼が欠けているのだ。事実そういう確かな見込みが目に見えてあるわけではない。かえって世間の道を捨てる者がさしずめ目前にする確かなことといえば、自分もまた世間から捨てられ、そしておそらくはこれから先の生活の大部分を、はたして自分はいいほうの割り前を選んだのかどうかしらという疑問に迷いながら送らねばならない、ということである。現実にこの道を歩んだ者、単にそれを聞きかじっただけの人や説教するだけにとどまった人でない人が、皆この道を少なくともそういうふうに描いている。だから世俗の子と言えば、そういう異常な道がなるほど理論的にはまことに美しく壮大に見えるけれども、さて実際となれば、なかなか行けそうにもないと思われるところからして、むしろ通常の周知の道を行こうと思う人たちにすぎないのである。

「光の子ら」が何であるかを言うことは、さらにむつかしい。なるほど福音書はそれについての二、三の暗示を含んでいるが、しかしこの意味における「光」自体は何であるのか。そしてその源泉はどこにあるのか。そしてどうしてそれが[一九]人間にはいって来るのか。かくてわれわれはたちまち「宇宙の解かれざる七つのなぞ」の最大のものに直面するのである。「人間はどこから来てどこへ行くのか。あの天上の金に光る星々には、何者が住んでいるのか」[三〇]。一般にわかりやすく言うなら、われわれはこう言えるだけだ、光の子らといわれているのは、たぶん求める人たち、尋常ならぬある物に対して敏感な人たちのことであって、さしあたっては、飲み、食い、そして明日は死んでしまうということよりか、もう少しましなものがこの世にあることを願うにとどまるが、このやみがたい願望と意志から発して、しだいに信仰にたどりつき、最後には確信に至りつく人たちのことだ、と。光に行きつくこの道をさらに示唆《しさ》している個所は、マタイ伝五章八節にあり、特にルカ伝十一章三十六節にあるが、この個所はいまだ何人もこれを正しく解釈した者がない。しかし普通にはこれ以上論証を進めてはならないのであって、そうでないと、世俗の子らは、事実その心構えもなく、何もかもが彼らには少なくとも誇張と思われるところから、うまくいっても、総督フェリクスやアテネ人たちと同様「今度また先を伺いましょう」というのが落ちで、かえってこの彼らの先輩たちと同様、こういう不愉快な、気持の平静をかき乱すだけで「結局何ひとつ確実な結論の出ぬ」説明がふたたび持ち出されないように警戒することになろう。実際、いかにも悲しい言いぐさだが、宗教を教え説くということは明らかに極度に実りなきわざなのだ。世に宗教と呼ばれるところのもの、そして本来まったく、何か知りえないある物に対する信頼とこのような物の見方の代表者たちに対する好愛の念に基礎を置いているところのものは、現にどうにも教ええないものなのであって、せいぜい人々に一種の素地を与え、少なくとも嫌厭《けんえん》と積極的不能とを取り除き、この素地を教導によって維持できるだけなのである。しかしこのような不能が生ずるのは、一般に理想的なものを受け入れることに逆らう生活様式によるばかりではなくて、これに劣らず宗教をもって一種の教説、否それどころか講ぜられ学ばれうる一種の科学とさえ見るあの見解のためなのである。

しかし、と諸君は問うであろう、そう言われるけれども世才はなんと言っても確かなものであり、他の方法では容易に得がたい多くの財宝を獲得せしめるものであってみれば、いったいいわゆるその光なるものがこの世才にまさる利点はどの点にあるのか、と。それは第一には、ひとがそれによって真理を得、そのために心のうちにおいて完全に不安となる点にある。それは、レッシングがあの有名なことば、すなわち真理は人間の願うべからざるものである、と言ったときに、彼の念頭に浮かんでいた人生の幸福とは反対に、真の幸福の充実であり、口に出してはなんとも言えぬものであり、その一かけらでも持ったことのある人なら、もはや地上のいかなる財宝とも換えたがらないていいのものなのである。なぜなら、結局たいせつなことは、なんらかの財宝を所有することではなくて、それを持つことによって幸福感が得られるかどうかであるからである。貪欲《どんよく》な人も野心家も耽溺《たんでき》する人も、彼らの求めているものを、目的として欲しているのではなくて、彼らの目から見て目的のために欠くことのできない手段として、欲しているのであり、しかもその目的とは幸福感にほかならない。

しかしその点で彼らは思い違いをしている。なるほど彼らはそのまさに欲するものを得ることに成功するけれども、しかしそれは彼らに満足を与えるには足らないのであって、これこそ世界秩序における真に壮大な点であり、これを成心なく見る人には、世界秩序の存在は明らかとなるのである。彼らが成功するというそのこと、彼らの成功自体が、彼らの罰である。これはおそらくやや理解しにくいことかもしれない。しかし親愛なる読者よ、このことを今一度よく考えてもらいたい、あるいは、さしずめこれを科学的仮説として認容し、はたしてそれが真実であるかどうかを、人生において観察してもらいたい。なぜならそういう行き方は、自然科学においても最も容易に真理にたどりつく方法であるからである。

第二の利点は、この真理の霊――われわれは「光」をそう書き換えてもよかろう――が、あらゆるりこうさにまさってはるかに賢いものであることであって、それはこの霊のみが世界の現実の法則と一致するからである。世故にたけぬ人たちがそれにもかかわらず世の中を渡ってゆく、しかもたいがいはりこう者よりかはるかにじょうずに無事に渡ってゆくゆえんは、ここに由来するのである。すなわち彼らにおいては、生存の最上の喜びをも毒するきわめて不快な感情であるところの良心の不安もかえって少なく、人間や出来事に対して焦燥、恐怖、憂慮をいだくことがともかくはるかに少ないのであって、この種の感情は彼らのような心の持ち方でなければ、どうしても避けえないところである。最後に彼らのほうが、ただにおのれ自身のうちにおいてのみならず、他人に対してもまた、大いなる平和をもっているのであるが、それは生活を絶えず苦くする怒り、憎悪、嫉妬《しっと》の心がないからである。このような気持の持ち方に従うことを欲せず、また従うこともできない人たちでさえ、ほんとうはつきつめたところ、自分たちの仲間以上にこの種の「理想主義者」を愛している。理想主義者にとってはそれが真剣なことなのであって、単に何かその反対のものをおおい隠すマントなのではないということ、また侮蔑《ぶべつ》的な高慢さがそれに伴っているのでもないということが、その人たちにわかるやいなや、彼らは理想主義者を愛するのである。そのような愛、それは昔のフリューエのニコラウスや、アッシジのフランチェスコや、シエナのカテリナや、あるいはまた近時のゴルドン・パシャが全国民の間に得たものであり、それは、彼らの生活にならうなどとは夢にも思わなかった数千の人々が、彼らの死を深くいたみ、彼らの死をもって国民の不幸と見なしたくらいであったのであるが、このような愛は、現代の最大の、最も成功した政治家の受ける尊敬などとは、とうてい比較にならないのである。彼らはこの世の大部分の宝をあきらめ、またその点での競争を放棄したがゆえにこそ、彼らの国民の真実の王となり、全人類の英雄となったのであった。

真理をもち、幸福で、恐怖や心配の種がなく、自分とも他人とも平和で、すべての人から誠実な尊敬と親愛の念を寄せられること――これこそなんと言おうと宝であると、われわれは考えるべきではあるまいか。しかもこの宝は、いくらそれ以上に金を積んでも、それ以上に名誉があっても、それ以上に外面的な楽しみがあっても、これを秤《はかり》にかければ、この宝のほうが、どっしりした重みを持ちうるのである。富、名誉、享楽の結果が、この宝と同様に確実で、上にあげた恐怖や心配、一般的競争といった苦痛な付加物なしにこれを得ることができる場合においてさえ――しかもそういうことは実際にはけっしてありえない――、この宝のほうが重いのである。

さらにこの観念上の宝には、それがまったく確実で、誰でも近づきうるというよい点がある。われわれはただそれをほしがりさえすればよいのである。ただし真剣に、それのみを欲し、中途半端に世才や俗世の競争に精を出さなければ、多数の証人が自分の体験から証言しているように、この宝はまちがいなく得られるのである。――ただしもちろん一気に得られるわけではなく、たいがいの場合は、一度ないし数度の人生行路の危機を越して初めて得られるのである。この危機は事実、他のいかなるものよりも死に似ており、そこで人は従来のあらゆる人生の希望を断念するのである。ところでこれがこの道でいちばん困難なことでもある。その他の点ではこの人生の道は、世俗の道よりはるかに楽であり快適である。そしてまちがいなく、よりよき仲間に出会えるのである。この道はなるほど（キリストのたとえたとおり）一種のくびきたることを常に変えないのであるが、しかしそれが比較的に柔らかい、たいへん軽いくびきであることは、みずからこのくびきをかけたすべての人が、事実例外なしに証言しているところであり、たとえ外面的にはそれがどのように見えようとも、このような生活の終わりにおいて、他の道のほうが、よりよい、より幸福な道だったと後悔の念にみちて言った人は、ただの一人もいまだ発見されていないのである。これに反して、ソロモン王の時代いらい、いかに多くの人が、処世知の普通の意味での最も成功した、最も苦労の少なかった生涯の終わりに臨んで、結局いっさいはただ「空の空」であったということを見いだしたことであろう！　もしわれわれが、ほかならぬ人間の普通のりこうさというものが、この種の一段と高い知恵――それは普通の賭《か》けよりかもっと大きな賭博《とばく》を、もっと高い賭け物をかけて打つことを選ぶものである——を身につけることにおいて、いかにはなはだしく人々を妨害するものであるかを知っていなかったとしたら、このただ一つの経験的事実だけでも、すでに決定的な作用をもつに相違ないと考えたいところである。

単純にりこうな人たちを非難する勇気を、われわれは持ち合わさない。そして、以上にあげた根拠を自分で十分に吟味し、また人間がその存在の普通の諸条件によって置かれている状況全体を観察したうえで、単純なりこうさを選ぶか、それともやや純化された知恵を選んだほうがよいかどうかは、これをまったく読者自身にゆだねようと思う。世に最も愚かな人は、次のごとき人であることは議論の余地がない。すなわち人生を七十年も八十年も巡歴して、しかも一度も、この二つのうちのどれを欲しているのか、自分でもきまらなかったような人々である。ところが注目すべきことは、実際また普通にはそのいずれにも行きつかぬこれら愚人の仲間に、今日の「教養ある」社会の大部分が属しているのである。

暇を見つける工夫

暇がない。これは、べつだん正式でもない義務や仕事を免れようとするときに使われるいちばんありふれた、最も普通の逃げ口上であるばかりでなく、事実また――このことまで否定するのはむちゃだろう――いかにもほんとうらしい中身と見かけを多分にもっている言いぐさである。

それにもかかわらず、やっぱりそれは一種の口実だと言うのか？　この疑問に対し、私は条件づきの「しかり」をもって答えるのに躊躇《ちゅうちょ》しない。そこで同時に、主としてどういう理由から時間が不足してくるのか、またいかなる手を使えば、せめていくらかでも、必要な時間を作り出せるものであるかを、示すこころみをやってみようと思うのである。だから私の説教は、神学者諸君のそれのように、三段から成り立っているわけではなくて、二段しかない。このことを、これを読む暇さえない人たちのご安心を乞うために、言っておく。

誰も彼もが時間が足らぬという最も手近な理由は、もちろん時代そのもののせいである。現代は、何かおちつかぬ、休まぬ、絶えずいらいらするような要素を持っていて、世捨て人でもないかぎり、これからまったくのがれることは容易でない。時代とともに生きようと思う者は、時代とともに走らざるを得ないのだ。もしかりに今の世界を空から適当に見渡して、しかも同時に個々のものまで精確に見られるとしたら、それは気ぜわしく動いている蟻《あり》の群れのような光景を示すであろうし、その絶え間ない動きの中にあっては、夜昼なしに入り乱れてかけ回っている無数の列車を見ただけで、もう見る人の頭を混乱させるに違いあるまい。そしてこの種の呆然自失に似たものは、強力に現代の動きに参加するほとんどすべての人々に、事実いくらか乗り移るのである。

しかし世間には、なぜこんなに一日中忙しいのか、訳もわからずにあくせくしている人が非常に多いかと思えば、また閑人《ひまじん》のくせに、まるで家には偉い仕事が自分を待っているかのように、急いで町を駆けぬけたり、列車や劇場で人を押しのける手合いもなかなかあるのである。彼らはただ時代の一般的な流れに従っているにすぎない。それを見ると、時が地上で最も貴重な、きわめてまれなものであると、ほんとうに信じたくなるくらいだ。というのも、現代では、よく時と比較される金ならしこたま持っている人たちでさえも、時間のほうはもはや持たないからであって、使徒パウロのように金を軽蔑《けいべつ》する人たちまでが、しょっちゅうわれわれに「時間を買い占めする」（十分に利用する）ように勧告し、しばしばその人柄全体に何かせきたてるようなものがあって、これにはわれわれもほんの子供時代からいやな思いをさせられてきたのである。

かくて現今の社会には、あらゆる労働者にとって無慈悲な点がある。人間は馬のように倒れるまで追い立てられる。倒れてしまえば、「利用しつくされた」というわけで、しかも新手はいつでも腐るほどいるのだ！

しかもこの焦燥と不安の結果はと言えば、全体として見る場合、法外に大きいというわけではない。現代のように皆が皆休む暇もなく、したがって過労に陥るというようなことにならないで、現代以上にはるかに大きい仕事を、人間活動の幾多の方面においてなしとげた時代と人間とがあったのである。今日どこにルター（三二）のような人がいるか。彼はあのように信ぜられないくらいの短期間に、しかもあのような仕事を終えたあとにも参ってしまわず、あるいは少なくとも半年なり一年なりのいわゆる「息抜き」や「休養」をも必要としないで、この種のものとしてはいまだ凌駕《りょうが》されていない聖書翻訳をなしとげたではないか。今日の学者中、どこにその述作がついには何百巻の大形本をみたすに足るような者がいるか。あるいは芸術家のうち、ミケランジェロ三二やラファエロ三三のように、絵を描くことも、建築することも、彫刻することも、詩作することも、同時にできるような者がいるか。あるいはまたティツィアーノ三四のように、毎年温泉や療養地のごやっかいにならないで、九十代でなお働き盛りであったような人がどこにいるか。かく見てくるとき、今日の性急さと神経質のよってきたるところは、近代人が過去の人たちよりか、より多く、またよりよいものを作り出して行っているためだとすることは、全然できないのであって、おそらくはあまりに多くの息抜きをしないでも、しかもなおあせらずに暮らして、相当の仕事をするということが、可能であるに違いないのである。

そうするために必要な第一の要件は、たしかに次のごとき決心を固めることである。すなわち、意志なきもののごとく一般の流れに押し流されないで、反対する決意であり、仕事の奴隷にもならず快楽の奴隷ともならないで、自由な人間として生きようとする決意である。

この場合否定せらるべくもないことは、今日の労働の割り当て方全体と、さらにこれに劣らず、きたるべき世代のために金を集めることを目ざした用意周到な「資本主義的な」考え方の全体が、これを非常に困難にしているということである。

したがってわれわれの問題もまた、文明をもつに至った人類が、ふたたび労働と所有の平等に至りつく前に、切りぬけざるを得ない革命と密接に関連しており、これがこの問題の大きな背景なのであるが、われわれはここにこれ以上立ち入って触れるつもりはない。

働かねばならないときにだけ働き、そしてできるだけ早く、自己および家族をこの重荷から解放せんがためにのみ働く人たちが、とりわけ教養ある階級に、まだ存在するかぎり、また「私は羽根（ペンに通ず）と言えば帽子にしかいらない家の出です」と誇らしげに言う別の人たちが存在するかぎり、まさに少数の者が時間を持ちすぎるために、時間を持つこと少なきにすぎる多数の人々が依然として存在するであろう。したがってわれわれの時代としては、主として比較的小さな手段をもってする防御的な行き方だけが問題となるにすぎないが、それは次のようなものである。

（一）暇を見つける最もすぐれた方法は、規則正しく仕事することである。すなわち間欠的にやらないで、一定の時間をきめ、ただし日中の時間で（夜の時間ではない）、一週間のうち六日働くことである、これは五日でも七日でも不可である。――夜を昼とまちがえたり、日曜日を仕事日にしたりすることは、絶対に時間と働く気力とを得ない最上の方法である。何週間も何か月にもわたるいわゆる「骨休め」も、それをまったく文字どおりに取って、いっさいの仕事を完全にやめるという意味ならば、むしろ考えものであろう。

私は医学において、次のような命題が、今日よりいっそう明確に出され証明されるような時代が到来するであろうことを望むものである。すなわち、規則正しい仕事こそ、ことに中年期においては、身心の健康を保持するとびきり最上の方法であるということ、なお婦人がたのために、「美を」保つためにも、と申し添えておきたい。有閑は仕事以上に、はるかに人を疲らせ神経質にし、もともといっさいの健康の基礎である抵抗力を弱めるのである。

もちろん仕事をやり過ごす場合もありうるのであって、これはとりわけ仕事をする場合に、効果だけに、すなわちでき上がりだけに愛着をもって、働くこと自体に愛着を持たない場合には、いつでもそうなるのである。こうなると正しい節度を守ることは、非常に困難になるのであって、すでに大昔の説教者が嘆息して言っている、「各人には仕事がその分に応じて課せられている。しかるにこれを守りえないのが人の心である」と。それはそうと、自然はその点ではわれわれのそばに一人の警告者を置いてくれている。それは自然な疲労、仕事から生ずる疲労であって、たいして頭をひねらなくても、この尺度を絶えず手もとに置くためには、われわれはこの警告者に注意しさえすればよいのであり、これを刺激物によって、ごまかしてはならないのである。

(二) 規則正しい仕事を非常に楽にするのは、もちろん一定の職業である。これはまったく特定の仕事上の義務を伴うからである。だから国家小説や社会主義的著作家が、仕事の一般的組織を一種の軍隊の形で表象するということ、すなわち仕事の秩序や義務的な点が最もやかましく言われる生活形態を借りているということは、きわめて当を得た考え方である。軍隊生活を自分で体験した人なら誰でも知っているように、軍務に服するときほど、身体の調子が快適である場所は、もちろん過度の骨折りは除いての話だが、どこにもないのであって、そこでは、毎日毎日のどの時間にも、秩序立った、適正にふりあてられた、しようかしまいかという反省に煩わされない任務があり、誰も前もって明日の日の仕事を考える暇なぞ持たないのである。

現代の多くの金持の不幸は、たとえ——世間の言いぐさによれば——その必要がないにしても、彼らが定職をもたぬことにある。ドイツの王侯で眼科医になった者があるが、この実例がもう少しまねられるようになれば、それは彼らのうちの多くの者にとっては、常に不満な好事家的道楽からの救いであろう。私はまた、今日女性を捕えている好学心の一部が、職業上の仕事をもとめる人間の本性に深くもとづいていると信ぜざるを得ないのである。

（三）もう一つの、今日しばしば論ぜられている問題は、仕事に対して一日をどういうふうに区分するかということである。非常に距離の遠い大都会や、多少とも機械的な仕事にたずさわる独身者や、あるいはまた、仕事をできるだけすばやくかたづけなければならない重荷と見ているような人たちにとっては、いわゆるイギリス流の、間《ま》を置かない労働時間が目的にそわないわけではない。しかしこれでは、昼休みをほんとうに取るスイス流のやり方でのように、真の精神的労働をたくさんやりとげることは不可能である。のべつまくなしに、あるいはほんのちょっと休憩するだけでは、誰も六時間ないし八時間もの間、真に精神的に生産的に仕事するということはできるものでない。しかし休憩時間が一時間ないしそれ以上に延びては、後半の労働時間が著しく短縮されるから、ただ名が違うだけで事態は同一である。これに反しわれわれの今のやり方で行けば、十時間ないし十一時間働くことは、まったくたやすいことである。すなわち午前中に四時間、午後に四時間、晩に二時間ないし三時間働くのである。ところで私たち文筆業者は普通「労働者」と呼ばれる名誉をもたないけれども、私たちのうちのたいがいの者は、えらい評判の八時間労働制では、とうてい間に合わないであろう。

(四) 次に重要な点は、自分自身でぎょうさんにしないことである。ことばを換えて言えば、時間、場所、位置、気分なんかについて暇をかけた準備は不要だということである。

やりかけてしまえば、自然に気が乗ってくる。そして初めによくある何かぐったりした気分も、それが実際身体の原因からくるものでなければ、われわれが仕事に対して単に受け身的でなく、攻撃的身構えで臨めば、消えてなくなるのである。

「できそうなことは決心が
すぐにも敢然とその前髪をつかむべきだ。
そうなったら金輪際《こんりんざい》放しはしない、
そして前進するのだ、そうせずにはいられないのだから[三五]」

もし人が人生において、今何をしたいか、今は何をしたくないかと、自分の中に巣食っている怠け者、使徒パウロのいわゆる「古き人」にいちいちたずねることに掛かり合っていたら、どんなときでも「古き人」はまじめな仕事に賛成投票することはなく、宗教的ないし道徳的な結構な原理で満足していることになろう。——人間のよりあしき部分は、ぶつぶつ言わないで、よりよき部分の至上命令に従うことに慣れねばならぬ。軍隊的規律でそれができるようになれば、人間は正しい道にあるのであり、それ以前においてはしからずである。そうなればこの道によって初めて、自分の生活がわが物にされたのであって、失われないということがわかるのである。

　あらかじめ考えをまとめようとか、仕事についてよく考えてみようということもまた、たいがいは口実であって、そのうえ葉巻に火でもつけるに至っては、とりわけまったくそうである。

　いちばんいい着想は、仕事の最中に、しかもしばしば全然別の問題にたずさわっているときに起こってくるのであって、現代のある有名な説教者は、一風変わった、ただし全面的に当たっているわけではないが、次のようなことばを吐いている、いわく、聖書の中では、仕事をしていない人に天使があらわれた場合は数えあげられない、と。

(五)　これと直接関連することは、小さい時間のこまぎれを利用することである。多くの人たちがなぜ時間を持たないかと言うと、彼らは仕事に取りかかる前に、他の何ものによっても妨げられない、見はるかすこともできないような大きな時間の平面を、常に眼前に見ようと欲するからなのである。このことには、さしあたり二重の自己欺《ぎ》瞞《まん》がひそんでいる。というのは、そうしたことは、たいていの生活環境では、めったに実現されないことであるばかりでなく、人の仕事する力は、大きな時間を間断なくみたしうるほどの無限の力でもないからである。とりわけ何ものかをほんとうに生産しようという精神労働の場合には、最初の一時間、あるいは往々最初の半時間がいちばんいい時間であると、誇張なしに言えるのである。

しかし、実際に相当大がかりな仕事は別としても、どんな仕事にも、準備的な、整理的な、機械的にできるような性質の無数の副次的作業がつきものであって、それは十五分もあれば足りるものなのだが、もしそれが、そんなことにでも当てなければならなくなってしまうことになる。こまぎれの時間に移されないと、肝心の労働時間と仕事をする精力とを食ってしまうことになる。こまぎれの時間を利用し、「今日は始めてもむだだ」という考えをきれいさっぱり捨てれば、それである人の全業績の半分はできたも同然であると、主張してさしつかえないのである。

（六）さらに時間節約の一つの主要手段は、仕事の対象を変えて行くことである。対象を変えることは、完全な休息とほとんど匹敵する。そしてこのやり方のこつをのみこめば――それは考えることよりも、むしろ練習によって得られるのだが――、ほとんど終日働き続けることができるのである。

いつでも一つの仕事をまず完全に仕上げてから、他の仕事に着手しようとするのも、少なくとも私の経験によれば、まちがっている。これに反し、往々非常にたくさんの計画や手を着けた仕事にとりかこまれていて、その時その時の気分で――これはどうにもままならぬものだ――、あるときは甲の仕事に、あるときは乙の仕事に向かう芸術家のやり方は、まさに本領を発揮したものである。

ついでに言うが、これがまた自分で自分を御して行くすぐれた方法である。というのは、往々「古き人」がわれわれのうちなるよりよき人間を説き伏せて、「自分は元来怠け者ではないのだが、ちょうど今、この仕事、あるいはあの仕事にも気が向かないだけなのだ」と言うことがあるからである。そのときには、われわれは自分にこう言わねばならぬ、「よし、それなら別の仕事に取りかかれ」。こうやれば、気が向かないのは、ただ特定の仕事に対してであるか――この場合には、それに従ってもよい――、それとも仕事そのものに対してであるかが、すぐわかるだろう。われわれはまさに自分自身によって、だまされてはならぬのである。

（七）もう一つの点は、迅速に仕事をすること、そして単なる外形にはあまり重きを置かないで、常に内容に重点をおくことである。いちばんいい、いちばん効果のある仕事は、迅速《じんそく》に仕上げられた仕事であると私が主張するとき、仕事をするたいがいの人たちは経験から私と意見の一致を見るであろう。もちろん私は、ホラティウス[三六]が、九年間も詩に彫琢《ちょうたく》を加えることを勤めていることを知っているが、そのためには、自分の詩を、どえらく尊重するような人が必要なわけだ。

徹底するということは、うんと徹底して調べられねばならぬ真理に関するかぎりでは、まことに結構な、そして必要なことである。しかし世にはまちがった徹底ということもあるのであって、それは骨折って調べる価値のないような、あるいは全然知ることのできないような、ありとあらゆる些《さ》末事《まつじ》や枝葉のことに迷いこみ、したがって終わるところを知らないといったことである。もとより、ほかならぬそういうことが往々学者的だという最大の後光を持つこともある。というのは、その取り扱う対象が、具体的な目的なり有用性なりをいささかも持たなくなって初めて、あるいは著者が全生涯をかけてただ一冊きりの本に思いをこらしたということになって初めて、ほんとうに学者的なのだというのが、一般に多くの人々の見解であるからである。

どの部門でも真理というものは概して非常に簡単であって、さっぱり学問的に見えないことが往々あり、これに体裁のいいアカデミックな性格を与えるには、本来これに必然的に属しているものに付け加えて、何か他のものを足さねばならないくらいのものである。そのうえ学者仲間にはいるには、たいがいまず、どの世紀かのこれまで人に知られていない埋め草的底荷をかき集めた、自分にも他人にも無用な仕事をもってしなければならない。そして誰も彼もが、暗き人ヘラクレイトス[三七]についての有名な述作をなし終えたのちにも、なお一生涯、知力と見識を保持したラッサル[三八]のようにゆくわけのものでもない。それどころか多くの人々は、このような身分証明的な仕事のために、ただに視力のみならず、いっそう価値ある内面の光までも失い、その目的を達したあかつきには、もう全然物の用に立たなくなっているのである。

（八）時間を大いに節約するもう一つの補助手段は、すべてのことを、単に「まにあわせ」的に、一時的の仮のこととしてやらないで、ただちに本式にやることである。

これは今日無類にまれなことで、私の考えでは、その責任は大いに新聞にある。新聞は人々に表面だけをざっと見渡すという習慣をつけさせるからである。「われわれはおりがあったらこの問題に立ち帰るであろう」と、そのような論説の終わりには書いてあるが、それが行なわれたためしはなく、現代の読者もまたその伝にならうのである。そこでかつて読んだものを使おうとすれば、初めからやり直さねばならなくなる。今では一種の術語になっている例のすばやく「読みとる《アンレーゼン》」式の読書からは、何一つ残っていないからだ。しかし、そのために使われた時間は失われた時間である。したがって人々は今日、なんにも徹底的に知っておらず、事あるごとに、すでに十遍も学んだことを、またしても十一遍めに研究せざるを得ないのである。それどころか、せめて自分の書いたものだけでも、全部知っていたら、たいへん嬉《うれ》しいんだが、といった人々もある始末である。

(九)外面的にこれと関連するのは、秩序立っているということと、原典を直接読むということである。秩序がうまく立っていれば、捜しまわる必要がない。周知のように、ものを捜すのは、時間ばかりでなく、仕事する気までなくしてしまう。それからよき秩序は、対象を次から次と頭の中から追い出して行くことを可能にするのである。原典を読むおもな利益は、そうして初めて完全にのみこめ、それについての自分の徹底的な判断が得られることであるが、これに加えて、次のような副次的な利益がある。

すなわちたいがいの場合原典のほうが、それについて書かれたものよりかはるかに簡潔であるばかりでなく、はるかにおもしろく、また記憶にとどめやすいことである。受け売りの知識は、原本[三九]そのもののような勇気と自信とをけっして与えない。そして（すでにウィンケルマンが言っているように）、現代の学問が多くの場合において、他人がその問題について何を知っていたか、何を考えたか、ということを知ることに尽きている点こそ、古代の学問にくらべて一大欠点たるのである。

*

しかし暇を見つける工夫の肝心なことは、以上でつきたわけではない。それは、無用なことのいっさいを自分の生活から追放することにある。しかも、近代文明が要求するように見える無類に多くのことが、この中にはいるのである。で私は、以下列挙するところを読者が個人的に適宜選択して用いられるならば、完全に満足するものである。たとえば次のごとし。

時間を選ばずビールを飲むことは無用である。とくにビスマルク公[四〇]によってサロンに用いられるようになった朝酒は完全に無用である。ビール醸造者はおそらく今世紀最大の時盗人である。そして別の形ですでにアルコールに対してなされているように、まったく同様の断固さをもって、度をすぎたビール飲酒に反対せざるを得ない時が、きっと来るに相違あるまい。

次には、押しなべて皆が皆、新聞を読みすぎることである。今日「教養ある」人たちで、新聞以外にはもうなんにも読まぬ人があり、ありとあらゆる変てこな様式で建てられ装飾された彼らの家には、良書は十冊と見当たらぬのである。彼らはその思想上の必要全部を、新聞雑誌のたぐいでみたしており、新聞雑誌のほうでも、このような読者に応ずるように、いよいよ調子を合わせていっている。

このように新聞を読みすぎること、あるいはもっぱら新聞だけしか読まぬ言い訳に、わが国ではしばしば政治的関心ということが持ち出される。しかしそれがどの程度にほんとうであるかを知るには、新聞においても何が好んで読まれているかを、見さえすればよいのである。——新聞を読むことに当てられる時間もまた、全然どうでもよいというわけにはいかぬ。朝のいい最初の時間をただちに一つ、あるいは二つの新聞で始める人々は、その日一日中、ほんとうに仕事する気をなくしてしまうのである。

そのうえ、祝祭と会が加わってくる。今日何かの会のおんどを取っているような人は、ほんとうに仕事するための時間をもはやひねり出せない。もちろんそういう人はその必要もあまりないのである。というのは、自分自身の力の代わりに、彼らは、彼らをその肩にになっている大衆の力を使うからである。さらに祝祭に対しては、およそ考えられるかぎりのあらゆる機会が前もって捜し出されるばかりでなく、祭典そのものがふくれあがって、そのお祭り自体のために半週間ないし数週間、その準備には数か月かけてももはや十分ではないというふうになっている。ところがその場合になされるいわゆる「仕事」は、半日で完全にかたづけられるであろう。だから一部には、最も有能な人たちがしだいに手を引くようになり、ほんとうの「お祭り屋」だけしか残らないということも起こってくるのであって、この手合いは暇が十分あるから、お祭り自体もそれに調子を合わせて催されるということになるのである。

われわれの同時代人の一部において、体裁のいい口実でひどく時間つぶしになっているのは芸術であるが、しかもそれは、音楽などはいくらか別だが、いっこう自分でやるのではなくて、単に受け身的に受け入れられるだけなのである。このいくらか洗練された享楽欲のうちに、今日多数の人々において、ただの煙となって消えて行くのが何であるかと言えば、彼らが心の中に持っているいっさいの理想主義的なもの、偉大なものと美的なものに対するセンスのすべてなのである。

現代の婦人界の一部の者は、ありていに言えば、実際まさに芸術の単なる享受を目的として教育される。したがってこういう教育の結果として、あとから、人間を心から満足させる唯一のものである何か有用な仕事につこうとすると、大きな戦いと回り道をしなければ、そこへ行きつけないのである。

そのうえなお、多くの社交とそれに結びついたまったく意味のない訪問の習慣が加わってくるが、これはともに、昔はほんとうに意味があった、すなわち個人的交際によって得られる精神的刺激とほんとうの友情の意味をもっていたのであるが、今日ではただそのむなしい影たるにすぎないのである。

演劇については、多く触れたくない。これがその真の目的を果たすためには、今日の状態のいわば面影をとどめぬまでの徹底的改革が必要であろう。別の種類の現代のいわゆる教養要素については、私はただその中から唯物論哲学の浅薄ないわゆる通俗的な産物と拙劣なフランスの小説と戯曲をあげるにとどめておくが、こういうものについては、現代の最も教養ある人たち、特に大学関係の人たちは、われわれはそういうものは知らぬと宣言する勇気をもつべきであろう。

そうすればたぶん、何かまじめなもの、真に一般的教養に寄与するものを毎日読むだけの暇は見つかるであろう。このことは、精神を強めるために必要なことであり、またそれによって時代の精神的動きと真に接触を保ちうるゆえんであるのである。

さて諸君が「大学の公開講演は暇つぶしだ」と訴えないように、ただ二つの点だけあげておきたい。第一の点はローテが次のように言いあらわしている、「私事を持たぬということは、特に努力に値する目標である」と。ともかくわれわれは、その気になりさえすれば、自分の私的利害とその処理を大いに減らしうるのであって、その代わりに、もっと一般のことを考えて生活できるのであり、そうすれば幸福なのだ。

第二の点は、これはむしろ効果に関係することなのだが、「おまえが学んだこと、おまえにゆだねられていることから出るな」ということである。そのためには諸君はほとんど常に十分の時間を持つであろう。古代イスラエルのある格言は、このことをもっとどぎつく言い表わしている、「自分の畑を耕す者は、ふんだんにパンを持つであろう。しかし無用の業に従う者はばか者である」と。

自分には全然無関係だが、ともかく社会においてなんらかの意味を持ち、教養のためにはいくらか必要であるといったことについては、一生に一度はその本質と核心に関する明瞭《めいりょう》な概観を、最上の源泉から得ようと努めねばならないが、そのうえは、それ以上手出しをしないで、静かにさしおかねばならない。

私はこの暇つぶしの章を、次のことばで結びたい、いわく、「無用な仕事を背負うなかれ」と。ところが今日、このたぐいのものは無数にあるのであって、通信や、委員会や、報告や、またこれに劣らず——講演といった形においてであるが、これらは暇を食うくせに十中八九全然なんの結果も出てこないのである。

使徒パウロでさえも、アテネ人に説教したとき、彼らがただ「何か珍しいこと」を聞きたがるだけで、まじめなことや、真に彼らの心を内面からゆさぶるものには、できれば全然耳を貸したくない心構えであったことを経験せざるを得なかったのであり、彼の説教の全効果は、多数の者は嘲笑《ちょうしょう》し、いちばん友好的な人々でさえ「いずれまたお話を伺いましょう」と親切ごかしの後援者づらで言ったことに、つきたのであった。

この事件の報告者は、だから強調して、使徒の演説を聞いた聴衆の中で、その地の参事官の一人と貴婦人が一人だけ、あとあとまで残る利益を得たということに言及する必要を感じたのであった。

さて私は諸君らに尋ねる、われわれの時代の「講演」なるものもまた、はたして諸君らを導いて、永続的な見識となんらかの方向における決断に至らせるものであるのか、それとも単に「アカデミック」であり、「アカデミック」たることを変えないものにすぎないのか、と。

以上は、今日の状況において現に存在し、また用うるべき時間節約の手段である。

しかしもしこれを用うる人があるならば、私はこう付言しておく。すなわち、あまり時間を持たないということこそ、地上において得られるわれわれの幸福の最も本質的な構成要素である、と。人間幸福の最大部分は、不断に継続される仕事から成り立つのであって、それには仕事にもとづく祝福、仕事をして結局は楽しみに変える祝福を伴っている。人間の心は、正しい仕事を見いだしたときほど、晴れやかな気分になることはない。諸君が幸福たらんと欲するなら、何をおいても仕事を求めたまえ。たいがいのやりそこなった人生は、全然仕事を持たないか、仕事を持つことあまりに少なすぎるか、あるいは正しい仕事を持たないというところに根本原因があるのであって、とかく波立ちやすい人間の心臓は、活発な、しかし心の満足をあたえてくれる活動の自然な不安静《ウンルーエ》（運動、仕事）におけるときほど、安静に鼓動するためしはないのである。ただしわれわれは労働を自分の仕える偶像にすべきではなく、労働によって真の神に仕えるのでなければならない。このことを顧みない人はすべて、年老いてのち、精神的あるいは肉体的の混乱動揺に陥るのである。

しかしそのほかに、いかなる信念信仰の人にも、生涯彼を見捨てず、あらゆる不幸にさいして常に慰めてくれるただ二つのものがある、仕事と愛、これである。これを放棄する者は、自殺以上のことを犯す者である。彼らは、自分から投げ出したものが何であるかを、全然知らないのだ。われわれはこの世において労働を伴わない安静に堪ええない。人生に対して与えられる最上の約束は、アセル[四二]に与えたモーゼの最後の祝福におけるそれである、「汝の足跡は鉄と銅とに刻みしごとく残らん、汝の力は汝の生くる日の限り衰えまじ」[四三]。人はこれ以上のものを望むべきではなく、もしこれ以上のものを持つならば、それに対して感謝すべきである。しかし不断の仕事におけるこの満足は、もとより野心がない場合にのみ与えられるのであって、野心とは本来つきつめたところ仕事をしようというのではなくて、ただできるだけ早く、たとえ外見だけの成功にすぎなくても、成功を見ようと欲するものにほかならない。これはわれわれの時代の真のモロッホ[四四]であり、われわれはその子を犠牲にささげざるを得なくなっているが、他のいかなる原因にもまして、年若い犠牲を肉体的にも精神的にもだめにしてしまうのである。そのうえ野心というものには、たいがいそうなのだが、人生は短く、しかも純物質的な基礎の上に立つものであるという考え方が結びついているのであって、それは、いちばん強い者しか勝てない無慈悲な不断の生存競争が求めるかに見えるいっさいのことを、わずかの年月の間にしようとするものである以上、おちついた、祝福にみちた仕事というようなことは、全然もはや問題にならぬのである。

そうなれば実際、時はあまりに短く、いかなる業もあまりに長いということにならざるを得ない。

ほんとうの仕事というものは、余計なものや無益なことにふりむける暇は全然ないが、しかし正しく真実なことに対してならいつでも十分時間があるということになるものであって、その最もすみやかにおい立つ地盤と言えば、自分のした仕事が永久に続くものだと考えることを可能にするような世界観、この地上の生活はただ生の一部分にすぎないとする世界観にほかならない。

ここから最高の使命に対する勇気も、個人的あるいは一時的な性質の最大の困難や障害に対する忍耐も生じてくるのであり、ある一つの世界観においては非常に正しいと見えるかもしれないけれども、永遠の相下において見られれば、たちまちいっさいの価値を失うような多くのものを静かに拒否することもできるのである。

それはまた、ゲルリッツの哲人[四五]の、美しい、このわれわれの動乱の時代には二重に人の心をしずめてくれることばの意味でもある。

「今が永遠であり、
永遠が今であるような人、

そのような人は免れているのだ、
あらゆる争いから」

幸福

一

哲学上の立場からは、いかようにも異論を唱えることができようが、人間が意識に目ざめた最初のときから、その意識が消え去るときまで、最も熱心に求めてやまないものは、なんと言っても単純な幸福感にほかならない。そして人間が体験する最もいたいたしい瞬間と言えば、実際は地上において幸福は見いだされえぬ、と、完全に確信するに至った瞬間である。

この一つの問題は、人類のあらゆる時代に、それぞれの根本性格を、いわばその時代その時代の色調を付与するものでもある。若い新興の民族がなお幸福を希望している時代や、あるいはまた全人類が、新しい哲学的、宗教的方式において、ひょっとすれば経済的方式においてさえ、世界改善の秘密を発見したと信じた時代は、快活である。しかし、われわれの時代のように、すでにしばしば用いられたこれらの方式がすべて幻想にすぎなかったという経験が、広範図の大衆層にのしかかっているかに見える時代は、陰鬱《いんうつ》である。なぜならこの時代においては、最も見識ある人々でさえ、われわれに告げるところは下のごとくであるからだ。「幸福」ということばには、何か「憂鬱な調子」がある。それを口にするとき、すでにそれは逃げ去っている。だから幸福は本来無意識のうちにあるばかりだ[四六]、と。

われわれはこれと所見をことにする、そして幸福は見いだされうる、と信ずるものである。もしそうでないなら、われわれはむしろ沈黙してその反対の不幸を受け入れ、わざわざこれに触れることによって、不幸の感じを強めるの愚をなさないであろう。ただまちがいのないことは、なんと言っても幸福が論ぜられるときにはいつでも、はたしてそれが手にはいるものかどうかという点に疑いをさしはさんでいることを暗示する、かすかな嘆息が伴っているように見えることであり、同様に確かなことは、幸福についての誤った個々の観念も一時的には必要であるように思われることである、なぜなら、そうでなかったら、個人も社会も、真の幸福の基底として求められる程度の、精神的物質的発展のある度合いに達することもできないであろうからである。

この点に、われわれがこの問題で出会う最大の矛盾がある。われわれはおのれ自身の経験から、幸福をもたらさない幾多のものを、前もって知っておかねばならぬのであって、いわばあらゆる詩人の中での最大の詩人とともに、「いとも多くの枝によりて、現《うつ》し身の心のあこがれ求むるかの甘き果《このみ》」が、ついに「すべての願いという願いを沈黙せしめる」までには、苦悩の町を通ずる陰惨な小路を、浄化の山の険阻な道を、みずからたどり終えなければならないのである。四七

すべての願いが沈黙するに至る境地は、なるほど教えるには困難であるけれども、しかし到達できる境地である。この道は、とりわけその最後の部分は、各人がめいめいただ一人で、どのような方面からも目に見える援助を受けることなく、行かねばならぬのであるが、この道中の個々の大きな困難、独力ではおそらく克服しえないであろう困難をも、まどろんでいるうちに越えさせてくれるのは、大きな内面的危機の終わりにあらわれる「金色の翼もつ鷲《わし》」のみであろう。四八

われわれがほんとうに考察できるのは、人間世代のすべてがまたしてもまたしても満たされぬ憧憬《どうけい》のうちにさまよう幸福への多くの誤った道だけなのである。

人類が幸福を求めるこれらの道は、外的か内的かのいずれかにわかれるが、外的な道としては、富、名誉、生の享楽一般、健康、教養、科学、芸術等があり、内的の道としては、やましくない良心、徳、仕事、隣人愛、宗教、偉大な思想や事業における生活等がある。外的手段すべてに通ずる非常に大きな欠点は、それが万人の近づきう

るものと言うにはほど遠く、したがって人類全体の幸福を基礎づけえないばかりでなく、気高い気性の人たちにおいては、良心のやましさを伴う享楽以外の何ものをも与ええないという点である。今日、このような人生の財宝を享楽しながら、日々彼のかたわらで零落して行く同胞数百万人のことを平然と考えうる人はすべて、天性賤《いや》しい人であるか、それとも心の奥底では騒然としているか、いずれかである。このような感じから発して、キリストも「不義の」金《マモン》について語っているのであり、富める者の天国に入ることは困難であり、他人から名誉を受ける者は信仰に至りえず、人間の間で尊重されているいっさいのものも「神の前で唾棄《だき》すべきもの」四九にすぎないと、端的に言ってのけているゆえんである。これがアッシジのフランチェスコや、彼以前および彼以後の、なお多くの他の人々を動かして、どのような値を払っても、この富の桎《しっ》梏《こく》だけはのがれたいと考えさせたゆえんであり、またそれのみが完全に論理的な思考の運びであったのである、事実、富の桎梏は精神にとってもまた巨大な制限をなすものであり、これを完全に免れている者は、ごく少数にすぎない。真に大きな財産を所有、管理することは、大きな名誉や権力を伴うあらゆる地位と同様、ほとんど絶対的必然性をもって、まさに幸福とは正反対の、無情冷酷なる心の持主たらしめるのであり、われわれは彼らの姿を、せめて一時的にでも心のむなしさを満たそうとして、年々漸増的にスイスの山々をみたしている心むなしき多くの人々のうちに、戦慄《せんりつ》をもって認めうるのである。

単なる物質的享楽よりか、いくらか高貴な筋の生まれだと言っている美的享楽についても、事態はけっして上に述べた「最も実質的な」幸福の要素の場合よりか、はるかにいいわけではない。そのうえ両者の間に限界を引くことは、そうたやすいことではなくて、美的享楽者も時おり——彼らの大宗であるゲーテがすでにその文学と自己の生活において説明したように——物質的享楽という他の考えをまじえるのである(ファウスト参照)。それどころか彼らの新派は、せんじつめれば美的でもないような数々のことまで、理論的に美的だと強弁するいかがわしい道をたどっている。ただわれわれがこの種の幸福追求者に向かってご注意までに叫びたいのは、事実[五〇]この種の幸福のあらゆる条件を並みはずれてまれに見るほど持っていた彼らの偶像の独特なことばである。

「結局私の生活は労苦と労作とにすぎなかった。そしておそらく、わが七十五年間を通じて、真に楽しかったのは、四週間となかったと言ってもいいだろう。くりかえし[五一]くりかえし上にあげようとして、一つの石を絶えずころがしていたようなものだ」

それなら、七十五年間に二十八日の幸福しかないわけだ！　美的享楽の人から見ればみじめさだけから成っていると思われ、また現実に労苦の多い生涯《しょうがい》の終わりに臨んでも、こんな貧弱な証言をするけなげな日雇い人夫はほとんどあるまい。人間の天性は不思議にも享楽に向くようにはできておらず、まったく活動向きにできているのであって、その場合享楽というものは、たとえそれがきわめて高い程度の、えりぬきの享楽であっても、それを過度に使う人はみな手痛い幻滅を味わわされるといったぐあいに、ほんの適度に用いらるべき一種の薬味と変化にすぎないようになっているのである。人間に心からの楽しみを与えるものはすべて、その天性の実際の要求なのであって、それはたいがい理性にかなった活動によってのみひき起こされ、それ以外にはかってに起こされえないものなのである。人間の運命がいかに人様々であっても差引勘定すれば償われているところがあるという考え方の大部分がこの点に基礎を置いているのであるが、今時の人はこういうことをもはやあまり信じないけれども、昔はこの単純自然な人生の喜びをほめたたえる点において、おそらく感傷的な意味で誇張しすぎるくらいであった。のみならず現代の文学ならびに芸術全体の美的水準が落ちていることはあまりに明々白々であって、このままではとうてい今日の文化国民の真に教養ある階層を満足せしめうるとは思われない、やがて彼らはこのいわゆる「開花期」の科学、文学、芸術からのがれることを望み、その代わりに一片の健康な野蛮さを背負いこむことも辞さないような時が来るであろう。オーストリアの詩人ローゼッガーはこの点について、次のような未来の想像を描いているが、理由がないわけではない。

「今日すでに年々、都会からいなかや山岳地方への民族移動が行なわれている。今のところはまだ、木の葉が色づくころには、彼らはふたたびその都会の城壁の中に帰って行くけれども、やがては、裕福な都会人は百姓の土地を買ってみずから耕作し、労働者たちは原野を開墾して耕地とする時が来るであろう。彼らは物知り顔をすることをあきらめ、肉体労働に喜びと活力を見いだすであろう。彼らは、また昔の独立した名誉ある農民社会の存立しうるような法律を作り出すであろう。そして『無学文盲の百姓』ということばを、ひとはもはや聞かなくなるだろう」

　自然への復帰と素朴《そぼく》なものに対する趣味の時代がふたたびきたりつつあることだけは、少なくとも確かである。それは前々世紀の末にもあったことで、王后マリー・アントアネット[五二]はトリアノン宮で廷臣たちを相手に羊飼いの役を演じたものであった。その戯画的まねごとはすでに、今日紳士淑女の間で行なわれている。すなわち彼らは夏になると粗毛の服を着こみ、釘《くぎ》を打った山靴をはいて、自然的人生観を試みてみるのであって、事実このような扮装《ふんそう》で農民やアルプス地方の人々の生活の仕方に接することにおいて、彼らのすりきれた神経にもまだ許される程度の幸福感を味わっているのである。

実際なんの心配もないということでさえ結局、精確に言えば、生涯心配を知らなかった人の理想にすぎない。人間幸福のきわめて本質的な部分は、適度の心配（これは本来心配とは言えない）と、そしてそれから解放されることとから成り立っているのである。人生においていちばん堪えがたいことは、世の経験を積んだ多くの人々の言うところによれば、悪い天気の日が続くことではなくて、雲一つない日が続くことなのだ[五三]。

このような物質的に傾いた幸福追求者よりも、はるかに筋の通った行き方をしているのは、「青い花」を捜すのに、義務の履行、徳、晴れやかな良心、仕事、公共のための活動、愛国、善行、広い意味の人間愛、あるいはまた最後に教会的なものの考え方等の道を取っている人たちである。

しかし現代の厭世《えんせい》的気分の基調の大部分は、これらの道のどれを取ってみても、幸福はとかく逸しがちであるか、あるいは思ったほどには見いだされぬ、という経験にもとづいている。今日至るところにのさばっている徹底した「現実主義」の大部分も、それで幸福になれるという確信の結果ではけっしてなくて、あらゆる他の道に対する絶望の結果にすぎないと考えても、おそらく見当違いではあるまい。というのは、もし仕事もいわゆる徳も、魂の平和をもたらすことができず、公共的活動も善行も愛国も山師仕事であり、宗教も大部分、たとえ全然空語でないにしても、なんら客観的確実性をもたぬ形式にすぎないとすれば、すなわち結局それらすべては空の空にすぎないとなれば、そうなれば、「飲んだり食ったりしようじゃないか、どうせ明日は死ぬのだから」となるわけである。

われわれは、道学者の普通の論法と違って、以上の言い分の結論だけを反駁《はんばく》しようとするのであって、現代の長所までも誤認する気はさらさらない。それは、あらゆる単なる空語をはねつける、やや強調ぎみの真理愛に存する。この真理に対する愛は幸福を求めている、しかしそれはどんな人にも得られる具体的事実としての、客観的な（単に考えられただけのものでない）幸福なのであって、この点で過去二千年間のあらゆる先駆者とくらべて、完全に正しい立場なのである。われわれもまたこの幸福を欲するものであり、正しい人生の道につこうとする者は誰でも、あらゆる偶像を容赦なく投げ出すことから始めねばならない。生まれや境遇や習慣によって得た偏見をすべて捨てることは、真の幸福への一歩前進であり、現代の非常に数少ない幸福者の一人（メキシコ王マクシミリアン）が言っているように、なんらかの種類の非真理あるいは偏見を捨てれば、ただちに幸福感が続いてあらわれるというのは、まったく正しいのである。これもまたこの暗い道におけるわれわれの道標であって、このような先達がいなければ、われわれはおそらくこの道しるべを見つけなかったであろう。

「幸福というものはあるのだ。だが私たちはそれを認めない。たまたま認めても、その価値《ねうち》を知らないのだ」五四

徳は幸福ではない。清廉なロベスピエール五五のこの偶像をまっ先にかたづけたまえ。それは自然のままの人間の心に住むものではなく、常に自分自身に満足しているためには、徳の観念はごくわずかしかいらないか、あるいはきわめて狭い頭脳しかいらないのである。見えをはること最もはなはだしい人でさえ、つきつめたところ自分自身に満足しているわけではない。見えというのは、むしろ大部分、自分自身の価値についての判断の不確かさであり、それは絶えず他人から自分の価値を確証してもらうことを必要とするのである。

常に義務に忠実な人の晴れやかな良心は、諺《ことわざ》によれば、柔らかい休息の枕《まくら》であると

言う。われわれはそのような良心を持っている人には祝福を送るけれども、そういう人にお目にかかったためしはないのである。われわれの意見に従えば、ただの一日でもいいから、かつてその義務を完全に果たした人は一人もないのである。このことについては、これ以上言うつもりはない。これに対して、もし私の読者の一人が、「否、おれこそその人だ」と言うなら、あるいはそうかもしれない。しかしわれわれは彼と懇意になりたいとは思わぬのである。人はその義務履行の点で進めば進むほど、それに対するセンスと識別力は精緻《せいち》の度を増すのであり、事実義務の範囲自体もまた彼にとって客観的に広がっていくから、使徒パウロが自分自身について、まったく打ち明けて、いつわりの謙遜《けんそん》からでないことはまちがいないが、罪人のうちの最大の者と言っているのも、完全に理解されるほどなのである。

　愛、ならびにこれにつながる公私のいわゆる善行、まことにこれはりっぱなことばであって、これまた使徒パウロがその書簡の最も有名な個所で[五六]、愛はあらゆる真の生活の初めであり終わりであると述べている気持は、よくわかるのである。しかし彼が同時に、たとえ天使の舌《した》をもって語り、その持てるものをすべて貧者に施し、それどころか人類のためにおのれの身を焼かせることがあっても、愛を持たないことがありうるとなしていることは、他のあらゆることばにもまして、愛の何たるかを示すものである。それは神の本体の一部であって、いかなる人間の心にもおい立たぬものなのである。愛を持つ人は、それが自分の所有でないことを、はっきり知っているであろう。しかしその色あせた人間的写しもなるほど幸福を与えるが、しかしそれは時たまのことであり、他人の意志に左右される愛の返しというきわめて不確実な条件下に常にあるのである。そしておのれの心と信頼のすべてを愛に置く者は、ふとある日、心の奥底でユダヤの予言者の恐ろしいことば（エレミヤ記十七章五節）を聞きとり、愛から憎しみに移っていくということに、とかくなりがちなのである。われわれが今日多くの人々の口から聞く憎悪の賛美は、幾百万の人々が愛について日々なめている手痛い経験の結果にすぎないのである。

仕事は人間の幸福の一大要素である。否、それどころか、単なる陶酔でない真の幸福感が、仕事なしには人間に絶対に拒まれているという意味においては、最大の要素でさえある。人間は、幸福たりえんがためには、「週に六日働き」「額に汗してそのパンを食わ」ねばならぬ。成功のこの二つの前提を回避する者は、あらゆる幸福追求者中最大の愚者である。仕事なしには実際、この世に幸福なるものはない。消極的に解すれば、この命題は完全に正しい。しかし、仕事がそのまま幸福であり、あるいは、どんな仕事も幸福感をいだかせるとするなら、それはまた一つの誤謬《ごびゅう》である。人間の空想は別のところに理想を置いているばかりでなく、おそらく誰も、絶え間のない労働にみちみちているような天国なり地上の楽園なりを想像できまいし、なおまた——このほうがもっと重要なことだが——自分の仕事に満足するような者は、ばかに決まっているからである。否、われわれはこう言ってさしつかえないであろう。賢明な人ほどよく自分の仕事の欠点を見抜いており、その日の仕事を終えて、「どうだ、何もかもうまくいったではないか！」と言いえた人は、ただの一人もかつていたためしがない、と。したがって、声高い労働賛美の陰には、自分なり他人なりを、労働にかり立てずにはおかない拍車あるいは鞭《むち》のようなものがたいがい隠れているのであって、最大の誇りをもって「労働者」を自称する人たちも、せんじつめれば、皆「正規の労働時間」をできるだけ引き下げることを考えているのである。もし労働がそれ自体幸福と同義なら、彼らはできるだけ大幅にそれを増加しようと努めるだろう。

幸福追求者の中で最も奇妙な存在は、おそらくペシミズム（最悪観）にこれを求める人たちである。しかもこの手合いは少なくないのであり、しばしばそれが最も卑しい人たちというわけでもないのである。しかしたいがいこれには一種の誇大妄想《もうそう》がからんでいるのであって、何もかも捨ててしまって、いっさいを、自分自身も含めて、悪と言い切ることは、壮大な響きを持っている。このことを洞察《どうさつ》し告白する者は、少なくとも悪人の中ではいちばんましな人間ではないか。そしてこの人が実際正直に、人から悪人と思われていることに満足しているとすれば、彼はなんらかよりよきものへの正しい通路にあることになろう。しかし最悪観は永続的状態としては、たいがいその穴から人間臭い見えをのぞかせている破れほうだいの哲学者のマントにすぎず、この大食の怪物に絶えず何かを食わせなければ、幸福という目標からははるかにほど遠いのである。

あらゆる者のなかでいちばん不幸なのは、単になんらかの宗派に属することによって幸福を求め、しかも結局ひどくだまされたと感じている人たちである。しかも今日このような人々はなかなか多い。というのは、あらゆる宗教団体には、守れもしない約束をする傾向があり、同じ手であらゆる種類の魚を捕える網に似たところがあるからである。故ゲルツァー教授が、彼の著書のある個所で言うには、「たいていの教会人の神仕えは、一週に一回最高の愛顧を乞いに行く一種の宮仕えにすぎない。人類に対してもまた、同様な宮仕えがある。すなわち人々は、彼ら自身の表現に従えば、ときどき人類に奉仕をし、社会のために善行をなすけれども、それはただ、それ以外の余った時間に、いっそう気楽に自愛を発揮せんがためにすぎないからである」。われわれは、まさにこの領域でのすぐれた人物の豊かな経験に異議を唱えようとは思わぬけれども、私は私なりに次のように信じている。すなわち、たとえどんなに「混乱した」[五七]しかたにおいてにせよ、いやしくも人が神に仕え、ともかくも神にすがっているかぎり、神は彼を見捨てたもうことなく、宗教上のいかに貧弱な試みでも、あるいはあらゆる種類の不純にとりかこまれた試みでさえも、たとえ一時的にもせよある程度の正直さをもって宗教に愛着した人に対しては、どんなに気のきいた無神論よりも、より多くの幸福をもたらすものであるということである。しかし、このような「神の寛容のもとに漫歩する」たぐいの素朴な人たちに与えられている特権は、もう少し高い見識を持ちうる人々にまで完全に及ぼされるものではない。このような人々に負わされていることは、とりわけキリスト教的宗教を、それがすでに二千年来煩っている不徹底の病から解放することに手を借し、教会の形式や儀式、あるいは宗教の「科学」なんかには満足しないことを表明することであろう。けだし宗教の科学なぞは、いまだかつて何人をも幸福にしたことはなく、これを解しない民衆にパンの代わりに石を与えるものにほかならないからである。

　事態かくのごとくであるかぎり、幸福へのこの道もまた、偽りにみちた道である。しかもこの偽りは、普通誰も自分に対しても他人に対しても、あえて告白することがないために、いっこう軽減されるところがない。なぜならこの地点からは、いかなる小道ももはや平和と幸福へ帰り行かないからである。

以上述べきたったところに若干重要ならざる修正を加え、またその二、三を結びつければ、有史以来人間が幸福を求めてきた道は、以上につきている。たとえわれわれが歴史上の知識からこれらの道を知らないとしても、多かれ少なかれ自分自身の人生体験がこれを示してくれるであろう。しかし人間はこれらの道によってはついに幸福を発見しなかったのである。

二

幸福の第一の必要欠くべからざる条件は、倫理的世界秩序に対する堅き信仰である。この秩序なしに、もし世界が偶然によって支配され、あるいは仮借《かしゃく》なき自然法則、弱者に対するその行き方において残酷でさえある自然法則によって支配され、あるいはまた最後に人間の策略と暴力によって支配されるものならば、個人にとっての幸福はもはや論外たらざるを得ない。そのような世界の秩序においては、個人に残されていることは、暴力をふるうかそれとも暴力を受けるか、鉄槌《てっつい》となるかそれとも鉄敷《かなし》きとなるかであり、両者のうちいずれが、よりみじめな、高尚な人にとってよりふさわしくない状態であるかは、ほとんどいずれとも決しかねることであろう。また国民相互の交際においては、絶え間のない戦争もしくはその準備が、このような人生観の結果であり、その政治の教科書は、マキアヴェリの『君主論』である。こうなれば不完全ながら唯一の可能な解決策は、鉄の暴力によって支配される世界国家であろう。それはいわゆる文化国民の全部を包含し、そのことによって少なくとも彼らの間の戦争を不可能にするものであって、皇帝時代のローマ帝国、あるいはナポレオン一世の主導理念が描いていたものに類するのである。

人間を個人的には動物におとしめ、政治的には「臣民」にひき下げるこのような人生観が真であるかいなかは、もし歴史があのように明瞭《めいりよう》なことばでときどきくりかえしその無意義と愚劣とを告げていないと仮にしたところで、ただ胸の奥の感情の抗議からだけでも、少しく心ある人ならば誰しも、否と答えざるを得ないはずではないか。それにもかかわらず、倫理的世界秩序が彼らにとって十分には証明されていないように見えるという理由から、かかる人生観を固持せざるを得ないと信じている人々に対しては、われわれはただダンテの地獄の門に記されていることばを告げうるのみである。

我は悲しみの市《まち》への入口なり、
我は永久《とこしえ》なる悩みへの入口なり、
我は滅びの民への入口なり、
汝らここに入らんもの、いっさいの望みを捨てよ。[五八]

ところで倫理的世界秩序を教義の形にすることは不可能なことである。すでに古代の見解によっても、神を見ることは人間にはできない。キリスト教もまた、この種のあらゆる立ち入った説明を断固として退けている。開放されている唯一の道は山上の垂訓《すいくん》（マタイ伝福音書五章八節）にあげられている道である。これならば誰でも、心のうちに試みてみようという勇気さえあれば、試みることができる。しかしこれ以外の、単に知識を求めるにすぎない人々によっては、神的なものはけっしてむりやりそのヴェールをはがされることはないのである。

ここを出発点とすれば、幸福への道は開いている。戸はあけられてあり、「これを閉じうる者はない」[五九]のである。爾後《じご》、心の奥底にゆるがぬ個所が一点できて、不断の平静と信頼があり、それは外界の嵐《あらし》においても常に多かれ少なかれ存続し、いよいよその度を高めていく。以前には傲慢《ごうまん》であったり、あるいは臆《おく》していた心そのものが、今や確固となったのである。これから先ただ気をつけねばならぬことといえば、日々のいろいろな感情や出来事にいちじるしい重みを置かぬことであって、むしろ、確固たる心構えのうちに毅然《きぜん》として生活し、幸福感という日々の報酬を、けっして感情のうちにではなく、活動のうちに求めるよう努めなければならない。かくて初めて正しい仕事というものが出てくる。それはもはや絶え間のない心労を伴って奉仕せられる偶像でもなければ、あるいはそれを手段として自分自身を崇拝する偶像でもなくて、人間の最も自然な、最も健康な生活なのである。かかる生活は、怠惰にもとづく多くの精神的障害から一挙にして人を救うばかりでなく、怠惰に原因する無数の肉体的疾患からも人を解放するものである。このような楽しい仕事は、この世にあるかぎりの最も健康なものであり、「これによって枯骨も芽を出す」くらいである。正しく額に汗することは、日々常に新たになりゆく不断の力と精神の爽快《そうかい》との秘密であって、両者合して初めて幸福感をなすゆえんのものである。最近の医学の研究によって知られるように、実に健康そのものが元来、抵抗力のほうが不可避的な敵より高い程度を維持しているということにほかならない。ところでこの抵抗力は――やがて明らかになるであろうが――純粋に肉体的な性質のものではなくて、同様に道徳的な性質のもの、あるいはもろもろの道徳的性質によって影響せられるものなのである。

以上二つの点、すなわち互いに内的に不可分の関係にあることであるが、倫理的世界秩序が厳存することを確信して生きていくことと、この秩序の中で働いていくことの二点、ならびに後に述べる第三の点を除いた爾余《じょ》のいっさいのことは、枝葉のことであり、この三点についてほんとうのまじめさがありさえすれば、それぞれの生活においてその種々の必要に応じてまったくひとりでに出てくるものである。個々の人生行路のたいがいのものにあてはまると思われる二、三の経験的命題をあげれば、次のごときものである。

われわれは世に処するに常に勇気《ムート》と謙遜《デームート》をあわせ持つ必要がある。これが、使徒パウロの奇異なことば、「我は弱きときに強し」（コリント後書十二章十節）の意味である。一方だけでは人々に好影響を及ぼさない。

喜びはこれを求めてはならない。正しく生活すれば、それはまったくひとりでに起こってくる。最も単純な、あまり費用のかからぬ、必要にもとづいている喜びが、最上の喜びである。

人はどんなことにでもすべて堪えうる、ただし二つのことを除いて。憂いと罪とである。

すべてほんとうの善は小より始まる。どんな善でも、すぐ始めにいちばんいい顔を見せてくれるものではない。そして正しく導かれた人が通って行くべきすべての道は、開かれた戸を通じている。

人と交わることは、きわめて練達した人々にとっても、なかなかむずかしい点があり、気づかわしいものである。われわれは他人をけっして憎んではならぬが、またこれを自分の神とまであがめてはならず、その意見なり要求なり判断なりをあまり重要視しすぎるのは不可で、裁かず、裁かれないようにしなければならない。交際の相手としては、彼のうちの高慢な人、否、一般的に（特別の職業は別として）こう言ってさしつかえないと思うが、身分の高い人、貴族、金持、婦人を選ぶべきではなく、はねつけるというのではなくて、むしろ敬遠すべきである。小さな物事に対する喜び、またあらゆる種類の身分の低い人たちに対する喜びは、最上の喜びの一つであって、常に下の方を向いていることは、多くの苦々しい感情から免れうるゆえんである。絶えず世間に満足していられる最上の方法は、世間から多くを期待せず、またけっして世間を恐れることなく、そのよい点は認め（もちろん自己欺瞞《ぎまん》なしに）、その悪い点は、やがて自滅する無力なもの、長続きせぬものと見ることである。

一般に結論的に言えば、俗世のことはすべて[六〇]、これを重要視しすぎてはならぬ、と言ってよかろう。われわれが「頭を天において」生きておれば、その多くはただちにどうでもいいものに思われてくるのであり、肝心のことさえうまくいっておれば、枝葉のことには重きを置くにも及ばないのである。つまらぬことを重視すること、とりわけ世人と世評を重視することに心を労している者が、きわめてすぐれた人たちの中にも非常に多く、彼らはそのために彼らの日々の仕事を、気にかけない場合よりかははるかに難儀なものにしているのである。

このようないわゆる「処世訓」は、いくらでもふやすことができるだろう。しかし先にも述べたように、これは元来よけいなものである。というのは、それは上にあげた[六一]土台からまったくおのずからにして、しかも各人の個人的必要に応じて出てくるものであり、この場合たいせつなのは、やはりなんと言っても土台であって、これがなければ処世訓も実行できないからである。

われわれはすべてのいわゆる「教訓」ならびに結構な教訓的著述のいっさいを重んじない。それはある志操の自明的な流露であるか、それとも美辞麗句《れいく》であるかであって、前の場合においては、その志操というのが、またしてもある人生観の帰結であり、そういう人生観にこぎつけるには、（しばしば一種の真の死を通して）何をおいてもそこに突き進まねばだめだということになり、あとの場合においては、なるほど俗耳《ぞくじ》には入りやすく、日記や標語に書けばりっぱには見えるが、人間の心を変えるものではないからである。

われわれは、格言収集者のために材料をふやしてやる代わりに、むしろ読者にもう一つの大きな真理を告げたいと思う。それは、人間の生活には不幸というものが必然的につきまとうものだということ、否、いくらか逆説を弄《ろう》するなら、不幸は幸福に属している、ということである。一方不幸というものは、事実上の人生体験が示しているように、不可避的であり、すでにそれだけの理由からでも、われわれはなんとかこれと折れ合っていかざるを得ないのである。人間生活で達しうるのは、ただ自己の運命との完全な和解だけであり、「みなぎる流れ」[六二]にも等しいあの内面の不断の平和のみであって、キリストもまた彼の使徒たちに約束しているのはこれだけであり、使徒パウロがその外面的にはつらかった生涯の終わりに臨んで、あのように深い情感をこめて語っているのも、それである。

それゆえ、真の幸福感にとっては、外面的境遇のごときは、たしかに高い程度までどうでもいいことになりうるのであり、この境遇に処するに無感覚をもって解決策とせんとして失敗したストア主義[六三]の問題も、他の方法によって現に解決されうるのであるが、しかし、苦悩や不幸は人間が地上において持たざるを得ないものであり、どうあってもそれと妥協せざるを得ないのである。ここでもさしずめ役にたつのは、よく考えることであり、一時の感情を制して確固たる志操を立てることである。不幸には三つの意義があり、それは同時に三つの段階をなしている。第一は行為の自然的帰結たる罰であって、行為そのものに内在し、したがって行為に続いて確実にあらわれきたらざるを得ないことは、あたかも論理的帰結が論理的に確実であるのと同様である。第二は浄化であって、不幸によって、より大いなるまじめさを呼びさまされ、真理に対する感受性を、より大ならしむることによるものである。第三は、自己の力と神の力とを経験することによってなされる自己検討と強化であるが、このような経験をしばしばなめることによってのみ、正しい勇気がわき起こってくるのであるが、それは傲慢とはほど遠く、謙遜に近いものである。

一言で言えば人間が深くなること、そしてまた幾多の人々においてわれわれにすぐ気づかれる点で、しかも余人には、いくら「高げたをはい」てもまねのできない、あの独特な人間の大きさというものは、不幸をりっぱに堪え通した場合にだけできてくるのである。「患難をも喜ぶ」(ロマ書五章三節)という使徒パウロのことばは、彼のことばの幾多のものと同様、不幸のうちにはどのような力が、どのように深く内面的な幸福が隠れているかを、みずから経験しなかった人には、そのほんとうの意味は絶対にわかりようがない。その幸福は、生涯に一度でもほんとうに感じたら、もう絶対忘れられないものなのだ。

善人がこの世では、彼らがそうあってしかるべきだと思うほどには幸運でないということこそ、まことに人生のなぞと言うべく、多くの人々をつまずかせて正道を逸せしめるゆえんである。

「かつては信仰の兵《つわもの》なりし
イエスの証人《あかしびと》、
貧困と憂苦と危険との中に
彷徨《さまよ》うを人は見たり。
この世に過ぎたる者ら、
悲惨のうちに日を送り、
そのともがらの頭なる者を
人は十字架につけたるなり」

実際このとおりなのだ、そして親愛なる読者よ、君はそれどころか、このことを当然なことだと思い、覚悟するところがなければならぬ。さもなければ君にとって、この人生に幸福は見つかるすべもないのだ。幸福、それは君の「行く手に横たわる獅《し》子《し》」である。たいがいの人たちはそれを見て引き返してしまう。そして幸福に及びもつかないような何かつまらぬもので、満足してしまうのだ。

　しかしさしずめわれわれは経験からこう言うことができる、この場合においても、享楽の場合と同じように、人間の想像ははるかに現実の先を越すものであって、想像が描き出すほど苦痛が大きかったためしはないということ、それからまた、苦痛こそ「あらゆる大きな幸福への入口」であるということである。欲しようが欲しまいが、ねばならぬのだ、とみずからに言いきかせうるていの自己自身に対するある仮借なさが、まさに真の生活には必要である。真理に対する愛と正義に対する勇気こそ、あらゆる真の教育の支柱であって、これを欠くときには、教育もなんの役にもたたない。それどころか天国に入るにさえ力がいるのであって、「力を用うる者、そは入るなり」である。

　これは絶対まちがいのないことだが、勇気こそ、あらゆる人間の特性中、幸福に至るに最も必要なものである。

　かくてわれわれは、現代の一才女[六四]の遺稿に見えることばをもって、結論と目するものである、いわく、「幸福は神とともにあること、それに至る力は、魂の響きなる勇気」と。この地上にはこれ以外の幸福は存しない。たとえこの徴候《しるし》を持たぬ幸福があったにしても、われわれはそんなものをほしがらないであろう。

利己心より目ざめ、
永遠なるものをつかみ、
愛に導かれて、
地上のものを手段と解して、これに克《か》つ、
これこそ地上にありうる唯一の幸福の状態である。

そしてこの幸福は一つの現実であり、一つの事実であって、他のすべての幸福の夢のように、人々が年老いたときには、たとえそれ以前ではないにしても、必ずさめざるを得ない単なる空想の絵空事ではないのである。

この幸福はまた、われわれが絶えず自分で努め行なわねばならぬようなもの、絶えず自己をこれに至るよう鞭撻《べんたつ》し強制しなければならぬようなものにあるのではなくて、ひとたびわれわれがこの世界観に身をゆだね、もはや他のものを顧みることなく、この世界観に手を置いて（しかし堅く）誓った場合、われわれに出来（しゅったい）するあるものなのであり、内的平和の流れなのであって、これは年を経るとともにいよいよ強さを増し、われわれ自身の精神を実らせたのちには、はては他人にも注ぐことのできるものなのである。

われわれの生活がなんらかの価値を持ったと言いうるには、われわれはこの目標に到達しなければならぬのであり、また到達しうるのである。それどころか、ひとたび決心が固められ、第一の段階が克服されれば、われわれはダンテのことばどおり、六五登《とう》攀《はん》自体に歓喜を見いだすであろう。「浄罪の山」のふもとの登り口で人間に求められることは、真の幸福のためには、求められるがままにどんな値でも支払うという堅き決意と断固たる宣言とであって、これなしには入ることは許されぬ。そしてこれより安易な道では、いまだ何人も幸福に達した者はないのである。

他の道で幸福を求めた人たちの師表であるゲーテは、その七十五年間の労苦の間に四週間以上の安楽は見いださなかったのであるが、何人もその生涯の終わりに臨んで、良心に問われた場合、かかることを主張するようなことがあってはならぬのである。

しかしわれわれは言おう、人生七十年、あるいは高齢に達する場合、八十年の長きに及ぶが、たとえそれが辛苦と勤労の生涯であっても、貴重な人生であったのだ、と。

これが幸福というものだ！

人間とは何か？

人間はどこから来て、どこへ行くのか、あの天上の
金《きん》に光る星々には、だれが住んでいるのか？

これは問いの中での問いである。まったく表面的あるいは動物的でないかぎり、すべての人がその生涯《しょうがい》に少なくとも一度は、この問いの答えを捜す。そして——さっそくこう言わねばならぬことは悲しいことだが——たいがいの人がその答えを見つけないままに、今日人生から去って行くのである。

ある人たちは時にまた、中世紀のある思想家の憂鬱《ゆううつ》な探るようなことばに行きつくであろう、「私は生きている、しかしいつまでかは知らぬ。私は死ぬ、しかしいつ死ぬかはわからぬ。私は行く、しかしどこへ行くのか知らぬ。それでも欣然《きんぜん》としているということが、どうしてできようか！」

他の人たちは、このような陰気な「結局なんにもならぬ」考えはいっさいすぐに金《こん》輪際《りんざい》、頭からたたき出し、そして言うのである、「飲んだり食ったりしようじゃない

か、どうせ明日は死ぬのだから」

今日この手合いは非常に多い。しかも教育のおかげで、相当深い人生観についてのある程度の知識は得られたはずの、いわゆる知識階級にも少なくないのである。彼らはその教養にもかかわらず結局——時にはすでに若いころから——二、三表面的なむなしい試みをしたのちに、こういう哀れな人生の最後的プログラムに行きついてしまったのである。

すると彼らはできるだけ長くこのプログラムを実行しようとする。ところがしょっちゅうそれに絶対必要な身体のほうが長い間には言うことをきかなくなってくる。そこで彼らは大挙して——例によって婦人を先頭にして——クナイプ牧師やメッガー博士、その他、現代のお医者の神様のところへ巡礼して行き、できるだけ早く健康を回復して、新規まき直しにこれを乱用しようとかかるわけである。

他の人たちには、この生活プランを実行する元手がない。すると彼らは、何かほかの「運動」でこの元手を調達する自信がなければ、「胃の腑《ふ》の問題」を人間存在の唯一の「現実的」問題として提出し、新しい「社会政策」によって万人を満足せしめるていの解決にもって行こうとする。

以上すべての道によっても、人間の苦悩をすべて救うことはできるものでないと見ぬいたいくらか洞察力《どうさつりょく》のある、また別の冥想家型《めいそうか》の人たちは、いろいろ中途半端な試みをしたあげくに、王の中での最も賢明な王（ソロモン）のことば、「いっさいは空だ」に至りつき、そこから転じて、存在と生そのものに対する絶望、無の崇拝に向かうのである。涅槃《ねはん》、寂滅《じゃくめつ》、生の忘却が、彼らにとっては生活の目的となる。そしてかかる明白な生の否定に対して、絶えず抗議を発する彼ら自身の健全な常識の悪戦苦闘したあげく、長い年月ののちにようやく、次のようにインド最大の賢者（釈迦《しゃか》）の口真似ができるようになれば、すごくたいしたことをやりとげたと彼らは信ずるのである。

「私の捜している建築の巨匠に出会えなかったとしたら、
私の後生にあるのは、無限の輪廻《りんね》であったでしょう。
まことに、果てしもない転生は苦痛です！
建築の巨匠よ、あなたは見抜いていらっしゃる。
二度とふたたびあなたは家を建てられないでしょう、
あなたには、梁《はり》も折れてしまっており、破風《はふ》も落ちてしまっています。
無の境地にはいったかたが

私の煩悩《ぼんのう》の渇をすっかりいやしてくださったのです」六六

かくてこれがこの哲学の結語である。人間存在には光も希望も存在しない。いちばんいいことは、この理を早く洞察して、できるだけ早く生を終わることだ。

しかし人間の精神は生活力旺盛《おうせい》で生命に渇しているところがあるから、今日「世紀末」という言い方が発明されるに至った一時的衰弱状態六七は別として、このような全般的な破産宣告にはけっして長く満足するものではない。むしろこの闇の中にやはり光を持ちこむことが、常に哲学の永遠の使命と見られるであろう。もちろん哲学はあまりにしばしばこのことを、なんら具体的な意味をもたず、鬱《うっ》している心になんら実際の慰めを与えぬことばでやったにすぎなかった。だから、このような単なる形式主義の近代における頂点が、ヘーゲルにおいて達せられて以来、さしあたり、まったくいわれがないとも言えぬ哲学軽蔑《けいべつ》の風潮が起きてきたのである。

哲学は昔から、おもに世界をそれ自身から説明しようと試みてきた。そしてこれが哲学の必要な前提であるということは、今日もなおだいたい、反対を許さないその根本原理の一つと見なされている。というのは、説明の根拠を他から持ってくれば、独立の科学としての哲学を成り立たしめなくなるに相違ないからである。これはおそらく論理的にはまさにそうであろうが、しかしそうなったところで、不運と嘆くには及ぶまい。というのは、人間が自分自身についての光を、その生活目的、その過去および未来についての光を求めるのは、自分自身のためであって、なんらかの科学の存立のためではないからである。人間の生活関係を解明し、これを改善するという目的を長く満たさないようなあらゆる科学を、人が軽蔑することはむしろ正当である。かくてわれわれが哲学から要求してさしつかえないことは、哲学がこの目的にそい、しかもある程度まで一般にもわかりやすいようにすること、そして生存の最高の問題についての真理と解明を求めている人間の魂の飢えを、単に空虚な、したがって曖昧《あいまい》なことばでごまかそうと試みてはならないということである。ところがこれが、「神のごとき」プラトンをはじめとして、ヘーゲル、ショーペンハウエル、あるいはニーチェに至るまで、しばしば彼らの本質的な仕事だったのであり、このおおわれた女神《めがみ》から、往々その陰に哲学の力と気高さの全体がひそんでいたヴェールをはぎ取るには、まるで突きぬけられない垣根《かきね》のように、普通の人間の理解力や用語法の領域から哲学を締め出している、あのかって気ままに作り出された術語を、日常普通の用語法に翻訳しさえすればよいであろう。普通の用語法では、なんと言ってもことばというものは、必ず何かを表わしていて、何もないものなどを表わす符号なんかではありえないのだ。

抽象的哲学は事実これまで「存在」も「生成」も満足に説明しえなかったし、ましてこの二つの根本概念を互いに結びつけて、ただ一つの統一的根源からこれを解明することは、なおさらできなかった。そうする代わりに、いつもただ、なんら真の説明を含まぬことばで、これを書き換えてきたにすぎない。しかし哲学は、人間の科学として存立してきたこの数千年間にこの課題を解きえたはずであり、解きえないなら、自分はもはやこれらの根本概念にこれ以上の光を与ええないということ、ここで自分の能力の終点にぶつかった以上、いっさいの存在と生成に、人間の知識では絶対に近づけぬ一つの根源を仮定せざるを得ないと、告白しなければならぬところであろう。

　こういう説明の代わりに、われわれがいつも哲学的思想系列の冒頭で見いだすのは、証明されてもいないし、また証明されることもできないようななんらかの単なる仮定である。たとえば「生ける実体」というものが仮定されている。それが唯一不変であるとされるにせよ、無数の小さい構成要素（原子）であるとされるにせよ——ともかくおよそ不可解きわまるものであり、何よりもまず問いに対する答えに全然なっていない。なぜならわれわれがまさに知りたいと思うのは、その物質が、大きかろうと小さかろうと、どこから来たのか、そしていったいどうしてある物質が生命を得、生命を生むことができるか、ということだからだ。そのうえ、原子の単なる運動から、感覚、思想、意志に至る飛躍を、かつて何人も説明せんと試みたことさえないのだ。そこにはあらゆるつながりが欠けており、その代わりに、最も有名な研究者の著書においてさえ、憂鬱な「我々ハ知ラナイ、我々ハケッシテ知ルコトガナイデアロウ[六八]」が書かれているのである。——あるいはまたわれわれは、すでに古代以来、多くのぎょうぎょうしいことばを費やして、有と非有の間には、少なくとも考えられた、また考えうる対立が存するということを、聞かされてきている。しかしわれわれが知りたいのはそんなことではなくて、それのみがわれわれの関心事たりうる存在、すなわち、われわれの眼前に横たわるこの世界が、もし単なる見せかけや、われわれ自身の思惟《しい》の幻像や、単にわれわれの想像の中にあるにすぎないあるものでないとしたら——もっともそういう絶望的な手がすでに事実取られてはいるが——、どうしてそれが成立したかということである。「非有」に対しては、われわれはなんら筋の通った関心を有しない。これはただ、どうにもまともにつかまえられない観念、対立概念にすぎず、なるほど一応定立できるけれども、それ以上に証明することはできず、いわんや人生に利用することはなおさらできるものでない。

　しかしわれわれが、その周囲に見ながらも、その究極の根拠を発見できなかった事物から出発するかわりに、他の哲学者たちとともに、なんと言っても直接端的に、別段の哲学を要することなく確実だと信ぜられる、このわれわれ自身の、疑うべくもない自覚的自我から出発するならば、そのとき、ほかならぬこの貧しい自我は、もしそれが今やこの自意識から出て世界へ一歩踏み出そうと試みるか、あるいは自分に立脚して世界のなぞを窮めようとする場合、いかにはなはだしく自分が、自己以外に存する、よりよき説明の根拠を求めているものであるかを、最もよく知っているのである。

あるいは哲学が完全に単なる自然科学の前に平身低頭し、いっさいの生命を「発展、進化、血統、自然淘汰《とうた》」などによって説明しようとし、いっさいの存在物がある原始粘液から、おそらくはそれどころか唯一の原細胞から、自然に発生したものであると主張しようとする場合、いったい何者がこの細胞を作り出し、これに無限の生命力と発展力とを与えたのか、という昔からの問いが、やはり依然として残るのである。

これは、常に鋭くかつ実際的にものを考えたナポレオンが百年前に発した問いにほかならぬ。すなわち彼はエジプトの星空を仰いで、学者モンジュに、「何者がこのすべてを作ったのか」と尋ねたのであったが、この問いに対しては、抽象的哲学も実証的博物学も今日までなんら答えるところはなかったし、おそらく将来もけっして答えることはないであろう。

世界をそれ自身から、それ自身によって説明することは、究極の根拠が見つからぬから、不可能である。現代の哲学は、今のところ人間自身をみずから神にしているか、あるいは他から神に祭り上げられているかっこうに落ち着いているが、しかしいくらか怜悧《れいり》な人であれば、人間の力なり寿命なりが非常に限られたものであるという痛ましい自覚において、また他人からほめられたからと言って、自分自身の欠点がなくなるわけでもないといったおのれの不完全さについてのいなみがたい感情において、また自分自身を自分の生活内容から理解することがてんでできないという点において、このような思いあがりに陥らないように絶えず有効に働いている一種の制限を見いだすであろう。

スピノザ以来哲学界を支配し、ヘーゲル、ショーペンハウエルおよびゲーテ以来、知識階級が抽象哲学にまだ手を出していた間これを一般に支配していた、普通の汎神論的と呼ばれるこの最後の哲学的人生観の形式は、実にあらゆる人生観の中でいちばん道徳的に有害なものである。それは「倫理的な力を蒸発せしめ」、善を実現し悪を征服する意志を喪失せしめる。したがってこの哲学には早晩なんらかの形で、粗野な、しかし強力な、迷信が伴ってくるのであって、すでにわれわれは催眠術や降神説や、その他二、三の常規を逸した教会的信仰において、明らかにふたたびこの迷信に近づいているのであり、この迷信から新たに次々と哲学的思弁が始まり、二、三百年後にはふたたびまったく同一の出発点に帰ってくるというわけである。それゆえ、およそ真理の究極の形式は、常に欺瞞《ぎまん》的で不満足な、個々人の抽象哲学的、もしくは神学的思弁ではおそらくなく、あらゆる民族の運命のうちに明々白々にあらわれている歴史的経験であろう。そして事実このような形において、抽象哲学にまさる、よりよい哲学が、それと並んで、とっくの昔から存在したのである。

＊

万物の根源を万物それ自身から思弁的に説明しようとしない哲学は、イスラエルの哲学と、今日ではキリスト教の哲学である。この哲学は、人生の経験に導かれて、世界全体ならびに各個人の創造者でもあり維持者でもあるところの、真に生気ある霊的存在に、万物の根源を置くものである。もちろんこれは、一般に行なわれている見解に従えば、哲学的説明ではない。哲学的説明だとすれば、ほかならぬこの根拠もまた説明せられえなければならぬはずだからである。特に「神の学」と大胆にも自称した科学は、事実、神を証明することの不可能に挫折《ざせつ》している。ちょうど哲学が、世界なり人間なりをそれ自身から説明しようとする試みにおいて挫折したのと同様である。

一般に本体論、あるいは神の存在の証明と呼ばれているものは、現にきわめて薄弱であり、進んで承認する気のない人はただの一人も説得できない始末である。説明できないということが神の本質であり、説明されるような神は神でなく、それが説明できるような人間は人間でないと言うほうが、もともとはるかに自然なのだ（出埃及《エジプト》記三十三章二十節、ヨハネ伝一章十八節）。神を見ることではなく、地上のもの、人間のことを正しいしかたにおいて、いわば神の目をもって見、そして理解することが、明らかにわれわれの生活目標である。したがって、字義どおりの科学的神学なるものがおよそありうるものかどうかという疑いが、つとに表明せられているのである。たとえばキリストは、そのようなものがあるという意見ではなく（マタイ伝十一章二十七節、ヨハネ伝三章、ルカ伝十章二十二節参照）、実際また神学的思弁は元来キリストに発するものでなく、パウロに発するものである。彼はあまりにも特別にユダヤ的な鋭敏と、ユダヤ教においてすでに整っていた教義論とをキリスト教の論証に用いたのであり、それはまた明らかに、生来神学的傾向の強い彼の同族を説き伏せるのに、往々彼には必要だったのである。

いっさいの存在および生成の根源としての神は、説明あるいは証明せられえないし、またさるべきでもなく、まずもって信ぜられ、次いで個人的に経験せられねばならない。これは、ふたたびはっきり言っておかねばならぬ命題である。しかしそれはまた同時に、万物のよりよき科学的説明を求める多くの人たちが、そこで踵《きびす》を返すつまずきと憤懣《ふんまん》の石でもある。そういう人たちは救いがたい、いわんや迎えるわけにはいかない。断固たる無神論者は、われわれも哲学的にはこれを見捨てなければならない。このような要求は、哲学宗教の畑においてのみならず、実際的政治的領域においても、やがて従来よりもいっそう影をひそめるであろう。信ずるか信じないかというこの点において、しかもこの点にだけ、越えることのできない障壁があるのであって、これが国籍を等しくし、教養の程度を等しくし、時代を同じゅうする人たち、時には同一家族中の人々をも、その根本のものの見方において相わかつところのものなのである。その他のすべての差異はならすことのできるものであり、その和解調停の道があるであろう。

信仰の有無というこの差異は、それが人間の意志の自由という本性にもとづいているところから、けっしてなくなるものでない。「人間の魂は本性キリスト者である」というテルトゥリアヌスのことばは、それを文字どおりに取れば、完全にまちがっている。あらゆる偉人の生活がその反証である。人の魂は単にキリスト者たるべく召されているだけであり、自分の生活経験を通じて、それになりうるというだけの話なのであって、おそらくテルトゥリアヌスの意味もそこにあったであろう。本性から言えば人の魂は宗教的に無差別主義的であり、けっして無神論をきらうものではない。神を知らず、神を経験しえなければ、逆に信仰のほうが実際一種の神経系統の興奮ということになろうし、パウロに対してローマの太守（「汝狂せり」と言った）の言い分のほうが正しいことになろう。同様に、理性と良心によって不可解なことは拒否する義務があると考えた、あらゆる時代の、かの太守の無数の後継者たちも正しいことになろう。しかし神は人間から彼ら自身の経験にもとづく以外の行き方では、けっして信仰を求めるものではなく、彼ら自身の経験と人類の全歴史とのうちに、人間に対して、その存在をきわめて豊かに証示しているのであるから、彼らはその不信仰の罪を自らになわねばならぬのであって、これこそまことの罪（責）であり、普通は本人自身以外の何人かがそれを知りうる以上に、本人の責任なのである。

すでにイスラエルの予言が「回心」というきわめて適切な表現でわれわれに要求しているのは、この一歩である。すなわち、おのれの決心を吟味し、場合によっては経験に従うことであるが、これは人間の一つの意志行為である以上、何人もこれをやめさせることができないと同時に、また何人も、当人自身の生活経験にある以上の確信の契機でこれを楽にしてやることはできない。イスラエルの予言はしかし、この回心ののち、ただちに、おのずからにしてあらわれるであろう完全な内的満足と確信を約束している。そして爾来《じらい》この回心をやりとげた幾千万の人々は、このような働きがあることを身をもって証明しているのであるが、一方、神に誠から帰依《きえ》した者で、いつまでも神から闇のうちに残されたままであったとか、あるいは全然見捨てられたというような例は、今日までただの一つも知られていないのである。この自由な決心のうちに、人間の「正しさ」もまた存するのであり、この正しさによってのみ、かの予言者のことばに従えば、人間は解放されうるのである。イザヤ書一章二十七節、四十九章九節および二十四節。またロマ書十章四節、ヤコブ書四章八節をも参照。人間はそのためには、また何事かをなさねばならぬのであるが、しかしそのうえは一種の要求の権利をも得るのであって、これは聖書のいずれの個所においても、あるときは与えられあるときは与えられない単なる恩寵《おんちょう》に帰せられておらず、むしろ積極的に約束されているものである。イザヤ書二十八章十六節、三十章十九節、三十一章五節、四十章三十一節、四十三章一節、四十九章十五節、六十五章二十四節。

それゆえ旧約聖書はこの関係を常に、双方に権利のある契約にたとえている。ただし自分の方からこの契約を正直に守るつもりの人は、別にかさにかかって自分の権利を主張する必要はほとんどないのであって、むしろ自分のほうが何時でもその義務の分担をはるかに下回っており――その義務というのは契約者への純一不動の信頼というにすぎないのであるが[六九]――、したがって常に相手の純なる恩恵を要するであろうということを、十分心得ているのである。ルターは原典以上にこの（ロマ書三章二十八節）、恩恵を強調しているが、これは、人間が悪から完全に救われるためには人間の側において欠くことのできない回心の不断の精力と、その地盤を自由意志的に維持する力とを、往々いくらか減殺するものである。

　この点からすれば、世界は、個人の生活と同様、明瞭《めいりょう》かつ理解しうるものとなる。世界を創造支配する神は一個の自由なる意志であって、それ自体いわゆる「自然法則」になんら拘束されえないけれども、しかし「秩序の神」たる本質からして、法則として、気ままに支配せんと欲するものではけっしてない。これに対する人間の自由な意志は、神に従うことも従わぬこともできるのであって、自己の責任において、悪、すなわち神にもとれることをも行なう完全な自由が許容されてはいるが、しかし神の秩序を破壊する力は与えられていないのである。この神の秩序は、故意に悪を行なって悔いない者は別として、むしろいっさいの悪を善に向け変えるものなのである。人間の生活は正しい形をとった場合には、永遠不変の神の法則に従う自由な服従であり、かくてまたいよいよ高き精神的な生活秩序への自己教育であるが、さもなければ、そのような能力をしだいに失っていく自己責任的な堕落、一種の自己判決となる。人生の幸福は神の世界秩序と内面的に一致することであり、かくてまた神に近いという感情であるが、不幸とは、神から遠ざかること、絶え間なき内的不安であり、全生涯に結局なんら実《み》を結ぶところがないことである。そんなことを言ったところで、いっさいの感覚的に知覚できないものは、結局単なる「形而上学《けいじじょう》」じゃないか、つまり人間と人間の生活目的とのためにでっちあげられた空想ではないかと、ときどき異議を唱えるあるものが、それでもまだ依然としてわれわれの心に残る場合には、われわれはそれを泰然として退けなければならない。ちょうど、漸次まれとなりしだいに弱くなってはいくが、利己主義とちっぽけな考え方に対する誘惑を、人が泰然と拒否すると同様にである。このより高き世界は、あくまでも一つの信仰であるけれども、しかししだいに、一種の内的直観に似た信頼すべく慰め多い信仰となっていくのであるが、他方、単なる感官の活動にもとづく低い世界は、うまくいってさえなんら完全な知識を与えず、そしていずれの場合においても、信頼すべき、魂に静けさをもたらす知識をなんら得させないのであって、高貴で思索的なすべての人々においては、平和のない懐疑と解き放ちがたくからみ合った、苦々しい知識を得させるだけなのである。

もともと神についての最もすぐれた認識を持っていた人たちの、歴史のうえで認められる宗教は、実際またこのように単純であった。それが後には繁雑な形式におおわれてしまったのであるが、最初はその形式さえも、災いを防ぎやすくするための「禁則」にすぎなかったのであって、本来自由であり、精神であり、生命たるべきものを、機械的に強制する意図から出た戒律ではなかったのである。

このこと（宗教が自由、精神、生命たるべきこと）こそキリスト教の発した歴史的宣言であり、キリストの事業である。それは（その後のあらゆる改革と同様）、神信仰の根源的本質への復帰であったのであるが、ユダヤ民族は全体としてこの復帰の決意を固めることができなかったのであって、さもなければ彼らは、その卓越した精神によって世界を支配した最初の民族となっていたであろう。おそらく世界史の最大の悲劇であると同時に、世界史上における人間の意志の自由の最大の証明と言っていいことは、ユダヤの民のためにのみつかわされたと宣言したキリストでさえ、由来人間がそれに傾きやすく、またその後ますます整備せられるに至った、あの漸次発生しきたれる形式主義の制縛から彼《か》の民族を解放して、純粋に精神的な神の奉仕に高めえなかったことであり、また「このつちかい養われし原樹《もとき》の橄欖《かんらん》に接ぎ木されたる野の枝」である他の諸民族もまた、やや性質をことにするけれども同様な形式主義に陥らざるを得なかったことであって、ために彼らは常にくり返して、わずかにこの歴史的土台にたよってキリストの哲学を知ることにこぎつけた個々人の魂において、この形式主義脱却の過程を経なければならぬのである。

しかるに、キリスト教がゆるがすべからざる真理と巨大な生命力を持っていることの一つの証拠ともなることは、それが当面の敵に常に打ち勝ってきたことばかりではない——これはむしろたいしたことではなく、すべて真に真理であるものにおいて当然自明のことである——、ただそれだけではなくて、キリスト教が、あるいは真の永続的人間共同社会の存立に欠くことのできぬ政治的自由の教えとして、あるいは人間存在のあらゆる問題をほんとうに解決するただ一つの真なる哲学として、あるいは種類のいかんを問わずいかに大なる人生の不幸にもみごとにたち打ちできるていの、各個人の心に常に与えられる慰めとして、常にくりかえしその金色《こんじき》の明瞭さと心気を爽《そう》快《かい》ならしめる力とをもって、しだいに蓄積しきたる人間的教説や、なくもがなの説明や、不健全な臆説《おくせつ》の濃霧と、これにもとづくあらゆる種類の人間的隷属を突き破って出てくるということなのである。

それゆえここにこそ「道と真理と生命《いのち》」がある。ここにこそ、単に妄想にもとづくのではないところの現実的な、歴史的に基礎づけられた哲学があるのである。ついでながら言っておくが、あまりたくさんの案内人や道連れのないほうが、この道は行きやすいであろう。つまり個々の魂が若いときから受けるあまりに複雑すぎる「手引き」は、とかくかえって当人をおっかながらせるだけの点があるから、そういうののないほうが、かえってこの道は見つけよいであろう。この道のさしずめ第一の行き先は、安心であって、これはさらに自分で道を窮める勇気と、いかなる場合にも生活が無益に過ごされないであろうという大きな確信とを与えてくれるのである。次の到達点は精神的健康であって、またしばしばそのために肉体的にも健康となることである。今日の医学は逆に考えているけれども、肉体の健康はむしろより多く精神的健康に依存する。だいたい医学というものは、単に物質的手段をもってするだけでは、人間を健康にしかつ健康に保つというその任務に、けっして添いえないのだ。

この道はまた社会の健康に行きつくのである。ただしなんらかの目的のために大衆を絶えず扇動することによってではなくて、大衆を構成する各個人が健康になるためなのであって、かくて初めて全体の真の「治療」がなされるのである。さもなければ、これはたいがいの場合において欺瞞的な希望にすぎない。

またこの道は、真理を欲しかつ誠実にあらゆる値を払ってこれを求めるすべての人に、その内的満足を通じて、常にまったく争う余地のないくらいにみずからを証するのである。

世界をこのように解することによってのみ、さらに進んで大規模な正義と平和が一般に可能となる。このような世界観がなければ、実に不断の惨憺《さんたん》たる生存競争と、国民的利己主義の自然の主張とが必然となるであろうし、その場合は、常にただ最も強き者のみが勝利をおさめうることとなり、しばらくは暴力的に支配しうるであろう。それはまことに貧しき者、弱き者にとっての地獄である――しかし強き者にとっての天国でもないのである。なぜなら、強き者も絶えずその勢力の失墜を恐れて暮らさざるを得ず、万一そのような場合ともなればただちに、その隣の者に狼《おおかみ》の流儀に従って、かたづけられるからである。

しかし事実はそうでないということは、神が明らかにその世界史のあらゆる新しいページに示しているところであり、また日常生活においても、すべての悪者が結局最後にその至れる者を見いだすのは彼ら自身の中庸においてであること、そして常にくりかえし「柔和なる者は地を継ぎ」祝福のうちにあることをわれわれは観察しうるのである。人間社会にはなんと言っても、より善《よ》きものへの不断の進歩が起こっているということ、これこそ神の存在の最も強力な証明なのであって、もし神が存在しなければ、人間社会は、比較的ましなローマ皇帝の流儀による知的な専制政治によってのみ支配されうるであろうが、しかしそのために必然的に歩一歩悪化におちざるを得ないであろう。

したがって、歴史的教養を積んだ自由の友で、神に対する信仰を欠いている人というのは、いくらか筋の通らぬ存在なのである。神に対する信仰を持って初めて、彼は自由の道における人類の進歩を堅く信ずることができるのであり、新時代の到来を喜んで迎えることができるのである。さもなければ、大衆に対する恐怖と、したがってまた教会あるいは国家における人為的支配権への帰依とが、かかる自由の友のおそらくはおちつく先であろう。

独裁君主国のただ中に、民主主義的共和国がひとり存しているというようなことも、もし神がなかったならば、不可能事であったろうし、しかもこのことは以前にもましてそうなのである。アーラウで開かれたスイス連邦会議の開会の辞、「天地を創造したまいし主のみ名において、我らは加護を有す」という一句は、しごく単純素朴《そぼく》ではあるが、深い真実を含むことばである。

政治上の自由がなければ、宗教上の自由もまた長く維持されないのであって、やはり人間的隷属に移って行く。「教会と国家」は一つの解きがたい矛盾であるが、これに反し、信教の自由をもった自治団体と政治的自由をもったそれとは最もよく互いに補足し、それのみが完全に適当な制度であり、たしかにキリスト教の将来の形式でもあろう。

世界は一般にどの方向においても、なんらかの種類の強制や暴力によってではなく、自由によって完成の域に達するに相違ない。壮大な倫理的世界秩序に対する各個人の、やがては世界の全国民の、自由意志による服従こそ、世界史の目的であり目標である。しかしながら人類のこの唯一の真なる進歩は、まさに歴史的に、生活によって達成せられるのであって、単なる思惟によって、哲学的に行なわれるのではない。

さて以上のことが実現される前に、さしずめ君の目の前に控えていることは、親愛なる諸者よ、以上すべての道のいずれを選ぶかということである――これは君自身が個人的に真理を認識するためにであり、君自身が個人として真に幸福とならんがため、また君の置かれた社会の幸福のためにである――、これらの道は哲学と呼ばれあるいは宗教と呼ばれるものなのであるが、もしこれらのものが、その手引きとならない場合は、すべてなんら具体的な価値を持たない。もし君にして正しい道を誤り、内的満足を欠く場合においても、君の運命を嘆いたり、おもしろくないなど思ってはならぬ。むしろ君の徹底的に軽蔑すべきは、たいがいの場合倫理的欠陥あるいは道徳的弱点にもとづき、けっしてなんら偉大なものでもなんでもない近代の厭世《えんせい》主義である。もし君がここに勧められた道をなおおそらくは本気に信ずることができないにしても、それは私にはよくわかることである。つまり君はまだ真剣にこの道を試みておらず、その帰結のいっさいをみずから引き受ける決心が、おそらくまだできていないからなのである。

もちろん、もっと楽な行き方がある。ただときどき思い出したようにちょっとばかり哲学的冥想《めいそう》にふけって、今日ではもはやなんらむつかしい道徳的義務を伴わなくなっているその種の「体系」を奉じたり、健康に満ち満ちて人生を享楽したり、自分で人生のあらゆる大問題をとっくり考え、そこに独自の信念を作り出すかわりに、今日多くの人々がやっているように、ただ表面的に、なんの矛盾もなく、どこかの教会に所属したりすることなどがそれだ。しかし、自分で考えるという道をしんぼう強くたどったすべての人がもれなく告白していることは、彼らがついにこの道によって生死に対する喜びと力、自己自身との完全な一致、そして彼らの求めていた世界全体に対する正しい位置を見いだすに至ったということであって——これは、君の魂もまた、意識的にかあるいは無意識的に求めているものにほかならず、それなしには、この世のいかなる他の財宝や享楽をもってしても、君の魂は満たされることはないのだ。

君は、ただ肉体の健康のためにだけでもすでに、いわんや君の内外の幸福全体のためともなれば、試みざるところなしというふうではないか。はだしで歩き回ったり、ぬれた布にくるまって寝床についたり、あるいは巡礼したり、祈禱《きとう》週間を守ったり、そのほか、この種の案外楽にしんぼうできる「宗教的苦行」は、君の企てることとの中でも、まだばからしいくらい単純な最も取るにたらぬ部類のことだ。それこそすでに幾千の人々がその魂の救済のためには、どんな現実の苦労もいとわないものはなく、どんなばかばかしいことも試みないものはなく、精神および肉体をどれほど苦しめてみたか知れず、拷問や死の危険も冒さないものはないのである。しかし魂の救済に至る道は、もっと手近なところにあり、はるかに簡単なのだ。最後に、宗教改革時代のある学問のある人が、この道について君に告げているところを聞きたまえ。ただし、この人自身はこの道を完全には最後まで歩き通さなかった。それこそ、道を知ることが問題でなく、その道を歩くこと自体が問題であることを示すりっぱな証拠であり記念碑でもあるわけだ。（この人はキリストの口を借って、次のように言っているのだ）

「どうしておまえたち人間は、そんなに愚かなのであろう、
神のことばを信じないとは！
私は私の約束をかたく守るのだし、

それを果たす力も十分に持っているのだ。
なんと愚かな人たちなのであろうか、
いつも私を信じないとは。

慈悲心から私はおまえに好意を寄せているのだ。
なぜおまえは私の所へ逃げてこないのか、
私こそ、あらゆる罪を許す
確実な、自由な場所であるのに。

だから、おお人間よ、おまえが私を忘れて、
おまえの盲目のために死に行きついても、
私のせいにしてはならない、私を責めてはいけない、
おまえがおまえ自身でかってにやったことなのだから」

注解

仕事の要領

一　『旧約聖書』詩篇第九十篇十節の原文は、次のとおりである。「われらの齢《よわい》は七十年にすぎません。あるいはすこやかであっても八十年でしょう。しかしその一生はただ、骨折りと悩みであって、その過ぎゆくことははやく、われらは飛び去るのです」。つまり原文では、「貴重な人生であったにしても、辛苦と勤労（骨折りと悩み）にすぎなかったのだ」という否定的な意味になるのを、ヒルティは逆にして、人生を肯定しているのである。

二　パウロ。原始キリスト教時代の伝道者。

三　『新約聖書』エペソ人《びと》への手紙第四章二十二節以下で、パウロは次のように書いている。「あなたがたは、以前の生活に属する、情欲に迷って滅びゆく古き人を脱《ぬ》ぎ捨て、心の深みまで新たにされて、真の義と聖とをそなえた神にかたどってつくられた新しき人を着《き》るべきである」。ヒルティの文章では怠《なま》け根性《こんじょう》を持っている人をさしている。

四　『新約聖書』マタイによる福音書第六章三十四節。

五　この論文はある師範学校の校長のもとめに応じて、その学校機関誌のために書かれたものである。（原著者注）

エピクテートス

六　これはアウグストゥス帝によって、アクティウムの大勝を記念するために建設された町である。

七　われわれ自身がわれわれの意志をもってそれに関与しうるいっさいのものをさす。

八　すなわちストア主義者の最高の幸福たる不断の魂の平和。

九　「アパティア」と「アタラクシア」。ここからストア学者が彼らの原理を一括して述べるならわしの合いことば「〔苦痛ヲ〕堪エヨ而シテ〔快楽ヲ〕捨テヨ」が出てくるのである。

一〇　当時のシリアのストア学者。

一一　剣術、競走、跳躍、投擲《とうてき》、レスリングの五競技。

一二　ストア主義の善福。

一三　ソフィストや修辞学者をさす。いろんな種類の教師や「説教者」も、現代ならここへ数え入れねばなるまい。

一四　持ち上げうる、つかみうる。

一五　評判をあげたい一心のストア主義者たちが、彼らがいかに寒気に堪えうるかを見せびらかすために、冬のさなかに彫像を抱いたのである。

一六　相当難解なストア学者、ゼノンおよびクレアンテスの弟子。七百巻に及ぶと称せられる著書のうち、われわれに伝えられたものは、わずかに二、三の断篇あるのみ。彼の本領は有名な弁証学者であったことで、もし神々が弁証法を用うるとせば、それはクリシッポスのそれをおいてほかにあるまいと、当時の人々は言うのを常としたくらいであった。

一七　これらの詩句のうち、第一のものは、ゼノンの弟子でクリシッポスの師であるストア学者クレアンテスのもの、次のものはエウリピデスの失われたある悲劇のなかのことば、そして最後のものは、ソクラテスの有名なことばである。アニトス、メリトス、およびリコンは、ソクラテスを訴えた人々である。

一八　人生からの「出口ハ開イテイル」。すなわち、自殺は許されている、の意味（訳者注）

一九　ダンテ『神曲』地獄篇第一歌。

二〇

悪とたえず戦いながら、策略を使わないで世間を渡ることが、どうしてできるか

フリードリヒ・マックス・フォン・クリンガーは、一七五二年マイン河畔のフランクフルトにおいてある貧しい家に生まれた。ギーセンでかろうじて大学の課程を終えたのち、まず旅回りの演劇団の座付作者となった。その後、バイエルン継承戦争のさいに義勇軍に加入し、ついでロシアのパウル大公（後の皇帝）の侍講兼旅行随員となり、貴族幼年生徒団、帝室侍童団および貴族女学校の長となり、アレキサンダー一世のもとにおいてはドルバード大学の管理者も勤めた。これらすべての最上級に困難な地位において、俳優、皇子、独裁君主、貴族の侍童、高貴な身分の令嬢、外交官や教授等、すべてつき合いにくい人種との交際において、カタリ十二世の宮廷のごときまったく腐敗しきった、いちばんたちの悪い野心家の充満している宮廷において、クリンガーは常に彼の公明正大な性格と道徳的勇気を保持していた

ので、時人の厚い尊敬をかち得たのであった。ゲーテは『詩と真実』の中でなかんずく次のようなことばで彼に言及している。「非凡の性格のこの堅忍力はしかし、それが世間的、実務的生活を貫いて維持され、また因習に対する取り扱い方が、多くの人に厳酷に、否、無理に思われたらしいとしても、適当の時機に使用され、最も確実に目的を達するならば、ますます価値多きものとなるのである。クリンガーの場合がそうであった。というのは、彼は柔撓性というものをもたずに（これは生来のドイツ国民の徳目ではけっしてなかったのだ）重要な地位に昇進し、この地位を維持することができ、最高の庇護者《ひごしゃ》の賛成と恩恵とを受けて活動を続けたが、同時に彼の旧友や彼が踏みきたった道をけっして忘れなかった」。ゲーテはその晩年にもクリンガーの著作を研究したが、「それは私にある特異な人物の不撓不屈の活動をまったく特徴的に思い出させたのであった」。このような生活に終始一貫伴ってみごとな名誉ある成果をあげた哲学は、まことに珍重するに足るのである。

ドイツの詩人の中でクリンガーは、シュトルム・ウント・ドラング期の一人であり、彼の戯曲『シュトルム・ウント・ドラング』によってこの名があるしだいである。しかし彼の作品はほとんどもはや読まれることなく、文学史に属するのみである。

せめてその代わりに、現代のある政治家のりっぱな手紙をここに添えることをわれわれはあきらめるわけにはゆかない。

二

一八三五年ベルギーのレオポルド一世がコーブルクのエルンスト公にあてた手紙

人生の最も美しい目的は、できるだけ多く善をなすことである。キリスト教の真精神の求めるところは、飾りけなく、人生のあらゆる瞬間において、好意をもって、また神と人とに対する謙虚をもって、他人の運命に働きかけよということである。キリスト者の名に値するのは、その自分のうるわしい柔和な宗教の教えを絶えず実際にも生活の上にあらわす人だけである。これが完全にできるということは、人間の天性に多くの欠陥があるから無類の難事ではあるが、それでも幾多のことはなされうるし、またなされねばならぬのである。公人にとって無類にたいせつなことが二つある。誠実で正直だということである……今日教育は普及しており、したがって頭や教養の点で他人をしのごうとしても、大いに骨折らなければ容易でない。しかしあらゆる時に同じであり、ひとのたよりうる誠実正直な人間というものは、厳密に吟味すれば非常にまれである。それゆえ善良にして誠実正直な人物は、この特性によってある安全な地位を保証され、そのために同胞の高き尊敬を受け、同時に何ものにもまして人生の幾多の嵐においてきわめて必要な魂の平和を与えられるのである。この魂の平和がなければ、いかに大なる成功を納めても、みじめな気持がするであろう。（コーブルク公爵の回想録）
十九世紀の最もすぐれた最も成功した政治家の一人が吐いたこのことば、ただ教養を得んと努め、そしてこの道における卓越のみを念とする現代において、十分に考えられてよかろう。

二二　ゲーテは周知のようにこういうことばで、実質的なものは「事物に対する関心」であって、他のすべてのものは「むなしきことであり、むなしくするのみである」と言っている。しかしわれわれの思うのに、この思想が全面的に正当であるためには、この「事物」がもう少し詳細に規定されなければならない。

二三　『新約聖書』エペソ人への手紙第四章二十二節二十四節参照（訳者注）

二四　『新約聖書』使徒行伝第二十六章二十八節。

よい習慣

二五　シラー『ヴァレンシュタイン』ピッコロミニ父子第五幕第一場。

二六　ヴォルテール。十八世紀フランス最大の文豪。偉大な啓蒙《けいもう》思想家。

この世の子らは光の子らよりも利口である

二七　『新約聖書』ルカ伝による福音書十六章八節。

二八　「まことに汝らに告ぐ、取税人と遊女《あそびめ》とは汝らに先だちて神の国に入るなり」（訳者注）

二九　デュボア・レイモンの『宇宙の七つの謎』参照。

三〇　ハイネの詩「問い」、本書最後の論文ならびに注五一参照（訳者注）

暇を見つける工夫

三一　ルター。ドイツの宗教改革者。聖書のドイツ語訳を完成したが、新約聖書の浄書を二か月間で完了するほどの精力家であった。その出版物だけでも千百三十七種、七百十五巻に達し、生涯の最後の六週間にさえ、三十一種の著述をなしている。

三二　ミケランジェロ。十六世紀イタリアの芸術家。彫刻家としては、「ダビデ像」などの巨像があり、画家としては、ヴァティカン宮殿のシスティナ礼拝堂の大天井画や「最後の審判」などの雄作がある。建築家としてもすぐれており、また詩人としても多くのソネット（十四行詩）を残している。

三三　ラファエロ。十六世紀イタリアの画家。三十七歳の若さで死んだにもかかわらず、盛期ルネサンスの古典的様式を完成した。

三四　ティツィアーノ。一五七六年にヴェネツィアで亡くなったイタリアの画家。生年については、一四七七年説、一四七六—八五年説などがあるが、一四九〇年とするのが定説のようである。

三五　ゲーテ『ファウスト』二二七行以下。なお「前髪をつかむ」というのは、ギリシアの幸運の神・機会の神カイロスは後頭部に髪がないので前髪でつかまねばならぬことをいう。

三六　ホラティウス。ローマの桂冠詩人。

三七　ヘラクレイトス。紀元前五〇〇年ごろのギリシアの哲学者。その文章が難解なため「暗き人」と呼ばれた。

三八　ラッサル。十九世紀ドイツの社会主義者。労働運動の実践にはいる前に『ヘラクレイトスの哲学』を書いている。

三九　ヴィンケルマン。十八世紀ドイツの美術史家。

四〇　ビスマルク。十九世紀ドイツの政治家。

四一　ローテ。十九世紀ドイツのプロテスタント神学者。

四二　アセル。ヤコブと、その妻レアの侍女ジルパのあいだに生まれた子。イスラエル十二支族の先祖のひとり。

四三　『旧約聖書』申命記《しんめいき》第三十三章十五節。この引用は邦訳聖書といくらか違っている。

四四　モロッホ。フェニキア人が奉じた牛身の神の名。人身御供《ひとみごくう》を要求する神などで、人命の犠牲を要求するものの象徴に使われる。

四五　ヤーコプ・ベーメのこと。十七世紀ドイツの神秘的な哲学者。『曙光《アウローラ》』の著者。

幸福

四六　十九世紀スイスの哲学者スクレタンの著書『幸福』からの引用。

四七　ダンテのこと。『神曲』煉獄篇第二十七歌一一五行以下に「多くの枝をかきわけて、人間がしきりに探し求める甘い果実（幸福のこと）は、今日こそ君のすべての願いをしずめるであろう」と歌われている。

四八　『神曲』煉獄篇第九歌一九行以下に、「私（ダンテ）は夢の中で、羽根をひろげて天にかかっていた一羽の黄金の翼のワシが、まさに舞いおりようとしているのを見たような気がした」と歌われている。このワシは、ダンテを、さらに高い世界へさらって行くのである。

四九　アッシジのフランシスコ。キリスト教会史上第一級の聖者。フランシスコ教団の創設者。

五〇　「彼らの偶像」とはゲーテをさす。

五一　エッカーマン『ゲーテとの対話』一八二四年一月二十七日ごろ。

五二　マリー・アントアネット。フランス王ルイ十六世の妃《きさき》。

五三　ゲーテの格言風の二行詩に、「この世の何でも我慢できるが、すばらしい日がつづくことだけは、ごめんだ」というのがある。

五四　ゲーテ『タッソー』第三幕二場。

五五　ロベスピエール。十八世紀フランスの政治家。ジャコバン・クラブ指導者として「清廉潔白

五六　者」とあだ名された。

五七　『新約聖書』コリント人への第一の手紙第十三章。

五八　『ファウスト』三〇八行。

五九　『神曲』地獄篇第三歌一行以下。

六〇　『新約聖書』ヨハネの黙示録第三章八節。

六一　スクレタン（注四六）の表現による（原著者注）。この世のことにかまけないで、永遠の生命にあずかる「天国」を念頭におく、という意味。

六二　倫理的世界秩序に対する確信。

六三　『旧約聖書』イザヤ書第六十六章十二節。どんな不幸に出会っても、信仰によって与えられる魂の安らぎは、「みなぎる流れ」のように強力なものがあるというのである。

六四　ヘレニズム・ローマ時代の代表的哲学。学祖ゼノンが、アテナイのストア・ポイキレーという講堂で自分の学校を開いたことから、ストア主義と呼ばれる。富や名誉や生死も、真の幸福にとっては「無関係なもの」で、あらゆる情念の束縛を脱した「無感動」の状態こそ、賢人の理想であると説いた。

六五　全体としては奇妙な、しかしこの種のひらめきに満ちた戯曲『古代スコットランド』の作者であるギゼラ・グリム（旧性フォン・アルニム）。（原著者注）

六六　『神曲』地獄篇第四歌八八行以下。この山は裾野《すその》の登り出しはいつも苦しむようにできているが、登るにしたがって苦労も減ってくるのだ。それゆえ、この山歩きが君に容易になるとき、まるで小舟に乗って流れを下るような感じがするだろう。（原著者注）

人間とは何か?

六六 いわゆる仏陀《ブッダ》の感恩祈禱《きとう》である。楽天的なギリシア人にもまた、たとえば「神々に愛せられる者は夭折《ようせつ》す」ということばに言いあらわされているように、このような深い世界苦の痕跡《こんせき》がある。(原注)

石川県小松《こまつ》市常磐文庫の橘隆氏から訳者は次のようなご教示を得た。「あの詩は『法句経』老品の一五三、一五四の頌句《しょうく》であります。南伝大蔵経、第二十三巻、小部経典一、所収の『法句経』では、福島直四郎訳で次のごとくあります。(一五三)われ屋舎を作るもの(輪廻の原因)を求めて(これを)見いださず、多生の流転を経たり。生を享くること数次(みな)苦あり。(一五四)屋舎を作るものよ。汝は見いだされたり。ふたたび屋舎を作ることなけん。汝のすべての椽桷はこぼたれ、棟梁《とうりょう》は摧《くだ》かれたり。心は万象を離れて愛欲を滅尽しえたり」。

六七 われわれの青年時代にはそれは「世界苦」と呼ばれて、非常におもしろいものとされていた。レーナウの「三人のジプシー」はその古典的表現であり、ハイネの最もよい詩もまた、彼の不断の軽薄さが、精神的な、より深い苦痛を許しているかぎりにおいて、やはりそうである。たとえば「問い」と題する詩のごときであって、この論文の表題も、この詩に従ってつけられている。ロマン派ではレオパルディやミュッセのものが世界苦の古典的表現である。

六八 デュボア・レイモン『宇宙の七つの謎』参照。

六九 ヘブル書十一章。

人生論

人生の諸段階

われわれの内面生活をいくつかの段階に区分したり、あるいはまた、いくつもの宿駅や滞在地を通りすぎ、いろんな障害にも出会うことのある旅にたとえて描こうとすることは、昔からあったし、事実たいへん尤《もっと》もな考え方でもある。しかしそれにもかかわらず、この種の記述で現代の要求に合致した、とりわけ教養ある階級の要求をみたすようなものは、見あたらない。また、人間の行きつける理想的状態を描くことにかけては、相当詳細なわりに、そこへ行く道筋のこととなると、あまりはっきりしないというのが、古来たいがいの説教に見られる欠点であった。しかし、理想に至る道筋を示すこと、しかも個人個人に応じて道案内をしてやることこそ、教会が現代の人々に対して果たすべき務めであろう——「魂の面倒をみる」という言い方は、われわれにはいただきかねるけれども。しかも現状では、営業《ビジネス》に堕していると言わないまでも、それはあまりに職業化してしまっている。自由と個性を生命とするこのような内面的な事柄においてさえ、一種の技術ができあがっている。それに使われる言葉なども、もとは大いに意味があったにしても、今は大多数の人々にとってその意味がなくなっており、ゆくゆくは別の用語にかえられる必要があるだろう。

われわれは魂の内面の発展を段階的に記述したいろいろな著述を持っているが、その中で古典的古代に由来するものが、一篇だけある。それは（今日の言葉づかいでいえば）ギリシアの哲学の教授だったプルタークの論文である。プルタークは紀元五〇年頃ボイオティアのカイロネイアに生まれ、紀元一二〇年と一三〇年の間にローマで没しているが、そこで彼はとりわけ後の皇帝ハドリアヌスの師であったと伝えられている。彼の大小百以上にのぼる著述のうち、今日ではほとんど『比較英雄伝』しか読まれておらず、それも学校あたりでもっと読まれて然《しか》るべきだと思うが、あまり読まれてはいない。その他の著述は一括して『プルターク道徳論集』と呼びならわされているが、その中で一番読むに値するものの一つが、トラヤヌス時代の執政官ソシウス・セネキオにささげられた『ひとはいかにしてその道徳的進歩を認め得るや』という論文である。ストア主義者は原理上、完全な賢者とその反対の悪人だけしか認めず、その中間の過渡的段階を認めないのであるが、このようなストア主義の教えに対して、プルタークのこの論文は、全体として、彼がキケロの折衷主義《せっちゅうしゅぎ》の意味における折衷主義者であったことを示している。とりわけこの論文には、一読して誰でもすぐ気づくように、深さが欠けているが、これは当時まだあまり知られていなかったキリスト教によって始めて道徳に入ってきたものであり、またつねにキリスト教によってのみ加わってくるものにほかならない。しかしこの論文には、人生の比較的高尚な面をめざす健全自然な常識がゆたかに盛られているのであって、このような常識を青年の心のなかで伸ばしてやることこそ、いわゆる「古典的教養」の代えがたい主要目的なのである。

この種の著述の比較的後代のもののうちで最もすぐれているのは、イギリスの偉大な清教徒時《ピューリタンじ》代《だい》の所産であるバニヤンの『天路歴程』と、約百年前に書かれたユング＝シュティリング（ゲーテの友人）の『望郷』とである。もともと俊《すぐ》れた人々の伝記は、その時代や後代の人々に対して道案内の役目をはたすべきはずのものであるが、残念なことには完全に真実なこの種の良書は少ない。それは、伝記作者が必ずしもその伝記の人物の一番内面的な体験を知っているとはかぎらず、しかもそのような体験の幾多のものは、出来事としては小さいけれども、大きな影響をもたらすような場合があって、その十分な意味が伝記作者自身にも分かりにくいせいである。ところで、そういう点を物語りうる立場にある自叙伝も、見栄《みえ》という汚点を持っているのが普通で、往々にして伝記中もっとも真実に遠いものとなるからである。そういうわけだから、これらすべての著述では個人的性格の色あいの方が濃く出てきて、正しい人生行路の「方法」といったものが見当たらぬということに、大体落ちつくであろう。それでも一番役立つものといえば、全く実際的な現実にふれての折々《おりおり》の言葉であろう。それは、ともかく通るには通ったが、誰にも分からないこの人生行路の途上で、旅人が疲れかかったような場合に活をいれてくれたり、あるいはこの旅路をたどりつづけることが余りに覚束《おぼつか》なく思われてきたり、見当をつけておいた方向と違いすぎるように思われてくるような場合に、道を教えてくれたりすることには役立つだろう。

そういう場合に対して先《ま》ず第一に言いうることは、すべてどのような人生のコースにも段階があるということ、そしておよそ価値のある生涯で、ちょろちょろ流れている澄んだ牧場の小川のように何の波瀾《はらん》もなかったり、あるいは人為的につくった運河のように、始めから終わりまで一直線の経過をたどるものはないということである。

また、われわれの生涯は、どれもこれも完全に同じ経過をたどるようなことはないし、また一見もっとも自然な運び方と思われる段階でさえもが、往々逆の順序になっていることがあって、さてこそ青年時代にはませていて、年とってから始めて精神的青春をもつような人もいることになる。

しかし、人間の生活が内面的に健全であれば、目に見えるような著しい発展がつきものであり、その展開途上において全然気まぐれな飛躍や休止を見せるといった場合は決してあるものではない。同様にまた、徹頭徹尾完全に文句のつけようもないほどに標準型の経過をたどる場合も稀《まれ》であり、どういう人生行路にも、避ければ避けえたような失錯があり、後《あと》からではどうにも埋めえないような間隙《かんげき》があるものだ。

というのは、人生はそれぞれの時期に、それぞれの目的なり課題なりをもっているからだ。春ともなれば、樹木は何を措《お》いても生長し開花すべきであって、春のうちにすでに実を結ぶというようなことがあってはならない。自然にすくすくと伸びようとするのに、わざとこれを抑え、ただ徒《いたずら》に速成栽培で多収穫をねらったような、現代風のいじけた木になった実は、自然に伸びきった木でうれた果実のもつ品質に遠く及ばないし、おそらく滋養の点でも劣るのである。

こうして人生のおのおのの時期は、それぞれに固有な成果をたくわえて残すところがなければばならない。子供時代は子供らしさを残すべきであり、子供時代に子供らしさのないような人は、他人《ひと》にもいい影響をあたえるような完全な人間とはならない。青年時代は実行力の源泉となるような新鮮な気分と張りを残すべきであり、壮年時代はすべての思想と感情の円熟、および過去においてさまざまの行為をなしとげたことによって鍛《きた》えられた性格の堅実さとを残すべきである。このようにして始めて、老年もまた老年にふさわしい使命をもった時期となりうるのだ。すなわち単に慰めのない衰頽《すいたい》ではなくて、ありのままの人生のすがたを静かに所有しながら、あるべき人生のすがたを達観し、更に壮大な、これから先の発展にそなえる準備の時期となりうるのである。

この人生の各時期を飛びこえてしまったり、あるいは、よく起ることだが、息せききって素通りしてしまって、その持ち味を生かさなかったような人は、あとから取りかえしをつけようと思っても、そんなことはめったに、あるいは全然できないであろう。いずれにしても、その人柄全体に、はっきりそれと分かる欠陥をとどめることになろう。

そういうことにならぬようにすることが、年少者の場合の教育の問題だが、それについてはここで論じようとは思わぬ。しかしこのことは、年をとってからも修養の主なねらいとなるべき点だ。しかもわれわれは、その生涯の本来の成果を、他人がわれわれのためにやってくれるすべてのことにもまして、自分で自分を教育するこの修養に負うているのである。

普通、運・不運と呼ばれている面からみると、どんな生涯にも三つの時期があり、それもたいがい非常にはっきりしており、その中で第一期と第三期は似通うおもむきを呈するが、中期だけが変わったことになることは、経験の示すところである。若い時代に苦労して運の悪かったような人は、比較的容易に、かなりめぐまれた成功した中年時代をもつことになるものだが、さて晩年に雲がかからぬかといえば、これはなかなかむつかしい。その反対に、青年期に黄金時代をもつことは、たいてい中年期になってから努力奮闘の嵐に見まわれる前兆であり、そのかわり平静な晩年がこれに続くことになる。このような運・不運の成り行きは、以上述べた三つの大きな時期のなかの、もっと小さい段階的区分にも、時にあてはまることがある。

どちらの方が幸運かは、決しかねると考えられよう。活動慾《よく》も旺盛《おうせい》で、たくましい実行力をもち、主として「未来永劫《みらいえいごう》、この世で生きた日々の痕跡を滅ぼさない」（ゲーテ『ファウスト』一一五八三行）でおこうと念願するような人たちは、どちらかといえば成功した中年時代に重きをおく傾きをもつだろう。ところで太陽のように朗らかでものを苦にしない性質の人にも、ただ朗らか一方でなくて十分鍛えられようと思えば、曇りのない青年時代とともに、やはりきびしい中年期も必要であって、こうして初めて老年期に及んで、人間に許されるかぎり、どの方面にも完成した、福徳円満の相を示しうるのである。いずれにしても人間は、一生に一度は苦労する必要がある。それは自分自身が正しい道に行きつくためであり、また他人の重荷に対する理解を得るためであって、こういうことに何といっても一番適している年輩は、大体において余力を存している老年期である。また子供時代が楽しかったような場合には、一生その余韻《よいん》が残るものであり、反対の場合には、にがにがしい不快感が尾をひくものだ。老年期に及んで初めて最大の難事に堪えなければならぬというようなことは、これもまたつらい話である。

こうしたいいこうした運命は自分勝手につくり出せるものではない。少なくともその点では人は決して自分の運命の鍛冶屋《かじや》ではないわけだ。かと言ってまた、盲目的に支配する宿命に左右される意志のない奴隷でもないのだ。という意味は、運命の定めで、若い時に苦労した人の晩年が必ずしも苦労がないわけではないと決まっていても、自覚的な忍従と雄々しいねばりさえあれば、そういう廻《めぐ》りあわせでも活用できないわけではないし、あるいはその反対に、子供時代が幸福だった場合ならば、それがそのまま続かなかったことにむしろ感謝して、自己の性格を鍛錬するのに必要な次の嵐の時代に入っていけるからである。こういう風にとれば、「神を愛する者には、人生の一切の出来事が、その種類の如何《いかん》を問わず、益となるにきまっている」（ロマ書八ノ二八）という思いきった言葉が、この運命の場合にも、完全にあてはまる。しかし思索的な人々の場合には、どのような人生行路をたどるにしても、すべて悩み多きことを避けえないが、その場合、尽くることなき神の助けを恃《たの》むか、それとも神の助けを待たないで、一時的な享楽によって悩みを忘れようとするかは、各自が決定すべき問題だ。ニーチェ流の運命に対する無力な反抗は、何の役にも立つものではないのだ!

結局のところ、人は自分の素質がそれに向いている以外の全然別のものに成れるわけはない。誰でもが万能というわけに行くはずのものでもない。おそろしく多芸であるといった場合も、往々思想の深さを犠牲にしてのことにすぎない。この点で自分の素質を機をあやまたず正しく判断するということ、それはまた人間というものを全面的に正しく判断することのめったにない教育の通弊を改めることにもなるが、それこそ人生における最も決定的な時期の主要課題なのだ——順当に行けば、それは三十代の初めにあたる——この時期には、教育の最終段階も終わって、いよいよ「人生ノ半バニシテ」(ダンテ『神曲』地獄篇第一歌の冒頭)善に向かうか悪に向かうかという修養の始まる時にほかならない。人生のこの時期にあたって、ある人たちは、青春の日に夢に描いていたこと、あるいは素姓《すじよう》や教育の偏見に誤られて、自分に向くように思われていたものに、何一つ成れないことが分かって、ひどく煩悶《はんもん》し、絶望のはて享楽に走ったり、見かけだけを追うたりすることになる。しかし他の人たちは、断固として彼ら独自の世界を征服しうるような拠点を探しもとめ、それから先は、ひとつの使命を追及するであろう。それは、おそらく彼らの揺籃《ようらん》のそばで歌われたこともなかったような使命であるかもしれない。しかしそれでも彼らの柄《がら》にあった正しい使命であることは間違いないのである。

しかし全体としては青春の日の夢も馬鹿にはできない。たいがいの場合、それは無意識的な素質に応じた夢なのであり、従ってその人の使命とするところにも適《かな》っているものなのだ。使命といっても、最初のうちは、空想的な未来像としてあらわれてくるものなのだから。といっても、そういうことが言えるのは、その夢なり未来像なりが、本当に心の内部から生まれてくる場合の話であって、間違った教育の産物であったり、あるいは能力の遺伝についての誤った信念の結果であるような場合は論外である。というのは、能力が遺伝することは、かなり稀《まれ》なことであり、偉人の子が偉人であることは珍しいからだ。もちろんそれは親と比較されるからでもあるが、これに劣らず精神界に君臨する王朝的存在に我慢がならぬといった人々の嫉妬《しっと》のせいである。この点では誰もみな共和主義者であるわけだ。一方、非常に有名な人々は、子供の教育に一生懸命になるだけの暇がなかったり、あるいは、めったにそういうことに時間を割《さ》かない。だから、こういう家庭では、もし母親の方が十分の理解をもって事にあたり、有名人であるために何かと事の多い夫に煩わされないようにしないかぎり、ずっと平凡な家庭におけるよりか、子供の教育がおろそかになるといったことは、よくあることである。

子供の教育、とりわけ男の児の性格形成と教育に対しては、母親こそ家庭における決定的要素であること、また息子《むすこ》は普通父親よりも母親に似るということは、ほとんども言う必要のないことだ。これにくらべて余り知られていないことは、性格や素質の点で男の児は母親の兄弟に似ることが非常に多いということ、また母方の祖母が少年を育てあげる者としては最良だが、場合によっては最も危険であるということである。

我利《がり》我利《がり》亡者が何代も続いて出るような家にはろくなことがないという予言は、確実に的中する。それから親不孝者は、その子も親不孝者になって、自分の子供から仕返しを受けることになり、反対に親に孝行した人たちには、一生特別の祝福がともなうということも、世間でよく見られることで、たしかに間違いのないところである。

適当な時期に新しい人生の段階に入っていくことについては、それまでの段階が正しく用いられておりさえすれば気にする必要はない。そういう場合には、新しい生の段階がまったくおのずからにして姿をあらわすのであって、それは内なる要求と、究極するところ、更に一歩踏み出そうとする断乎《だんこ》たる意志にもとづくのであり、もしこのような意志がなければ、新たな段階に進んだところで、何人も幸せにはなれまい。身にすぎた過大な仕事を背負うことは、われわれにはしょせんできるものでもなく、そんなことをすれば、その仕事までも実質にとぼしいもののように思われてきて、あまり高尚でない方面にあこがれをいだいたりするのである。その反対に、神に導かれる人は、自分の行くてにどういう仕事があるのか、どのような使命をになわされるのか、あらかじめ少しも知っていないのが普通であって、そんなことが予知できたら、やはり堪ええないであろう。ところで、そのような個人個人の人生の送り方を既に数多く見てきた人は、人間の個々の生活にも、より高い導きがあるという信念を固くするに至るのだ。神の導きにおいては、少なくとも或る人たちは一々個人的に「その名によって知られる」（出エジプト記三三ノ一七）のに、他のものは十把一《じっぱひと》からげに扱われ、個人の数に入らぬのであるが——これも身から出た錆《さび》というべきだ。

最後に、人生の全体が「飲み且つ食い、明日死ぬる」（コリント前書一五ノ三二）こと以外に何の意味もないような人々には、もとより内面的な人生の段階というようなものは存在しない。それは、他の多くの生物と何ら変わるところのない単なる自然的生活からぬけ出て、真に精神的な生活へ至ろうと努力奮闘する決意をかためた人たちに対してのみ存在するのである。

このような人たちに対し、トーマス・ア・ケンピスは、次のような対話のなかで、そこに至る最も確実な道を指示している。

「わが子よ、もしお前がお前自身を完全に否定するようにならなければ、お前は完全な精神の自由を手に入れることも、保持してゆくこともできない。利己的に何ものかに執着する者、自己を愛し、外の世界に物ほしげに、あるいは物好きに熱中する者、感覚に媚《こ》びるものを求めながら、キリストの国を拡げるものを求めない者、まだ基礎もできていないものを常に建てたり固めようとしたりする者は、すべて奴隷の鎖を身につけている者である。なぜなら、神から生まれたものでないすべてのものは、無に帰するからである。《すべてを棄てよ、さらば汝はすべてを見出さん》という短いが意味深長なこの言葉をお前の拠《よ》りどころとするがよい。あらゆる欲望を去れ、さすればお前は安らぎに向うであろう。この言葉を決して忘れるな。夜も昼もこころに銘記しておくがよい。この言葉を実現するところまでお前が漕ぎつけてしまえば、その時には何もかも分るようになるのだ」

主よ、しかしそれは一日でできる仕事でもなく、子供の遊戯のようなものでもありますまい。だって、この短い言葉の殻の中には、神を求める人たちの行きつく先の完全さの一切の核心があるようですから。

「わが子よ、それは何もお前を尻ごみさせたり、お前の勇気をくじこうというわけではないのだ。むしろ、もっと高い目標めざしてよじ登り、あるいはせめて、そのような目標を心から求める気持を持つように、お前の心をかき立ててやりたいだけなのだ。もしお前が、お前自身に対する一切の盲目的な愛から解放され、私がお前の上に位する者として定めた父のような方の、どのような指図にも従う覚悟と用意ができるまでに、お前がすでに進んでおれば、私の眼は満足をもってお前をながめ、お前の全生涯は平和と喜びのうちに過ぎ行くこととなろう。なぜなら、お前が自分の好き勝手にあれやこれやを願わないで、お前を完全に、例外なく、こころの奥底からお前の神にまかせ、お前の一切の願望を神の御手にゆだねてしまうとすぐ、その瞬間からお前は安らぎを得、神と一体であることを見出すことになるからだ。そして神の御心に叶《かな》うこと以上に、どんなものも、もはやお前にとっては、美味に思われたり快く感ぜられたりすることは、なくなるであろう。

このようにして、素直なこころからその精神を神にまで高め、何らかの被造物に対する乱れた愛憎の念から解放された者だけが、祈りの賜物を受ける資格をもち、またそれに値する者となるのだ。なぜなら、主は、空虚（うつろ）な容器（うつわ）を見出したもうとき、そこに祝福を入れたもうからである。何人でもそのこころを移ろい易いものへの愛着から解き放ち、徹底的に我《が》をしりぞけて我《が》を殺すことが完全であればあるほど、この恩寵の来ることといよいよ速く、そのこころに滲み入ることといよいよ深く、自由となった心を持ち上げることといよいよ高きものがあるのである。

そのとき、その人の眼は開き、そのとき、その人は恍惚《こうこつ》としてうちおどろき、そのとき、その人の心はすっかり広くなるのだ。なぜなら、主の御手はいまや彼と共にあり、彼は永遠に全く主の御手にゆだねられたからである。見よ、全心全霊をあげて神を求め、そのこころを無常の事物に執着せしめない人は、このように祝福せられるのだ」

一

この対話で言われていることは、ことごとく完全に正しい。ただし、それは一日の仕事でないばかりでなく、また生涯の一時期の仕事でさえもなくて、むしろ一つの過程であり、しかもそれは勝手にその生長を速めたりすることのできないような、自然にそこまで伸びていくといった趣のきわめて色濃い一つの過程なのだ。従って、そこからともかくも何かまともな為になるものを出そうとするには、この過程は四つの大きな段階をなして徐々に形づくらるべきであり、その各々の段階において十分成熟するところがなければならないのである。そこでは強制は一切不可である。ただ苦難の時期のみが生長を促《うなが》すのだ。どの時期の仕事でも、その前半はたいがい困難であるが、それから先は、しだいに速く容易になって、終わりに近づくことになるのである。

その第一の段階は何か哲学を求め、普通ありふれた世界観には不満を感ずるようになる段階である。そういう不満は、予言者ホセア（旧約聖書参照）の書第二章七節やルカ伝一五章の一七節のような言葉にきわまるのである。第二の段階は、イザヤ（旧約聖書参照）が第四五章二二節において求めているような永遠の超自然的真理に向かう段階である。第三の段階は新生であるが、これは多くの区分にわかれて徐々に形成されねばならない。最後の段階は、予言者ゼカリア（旧約聖書参照）の書第一四章七節に見られる「夕暮の頃に明るくなるべし」との約束をもつ段階である。

青年が第一期を終えるときには、純潔で理想にあこがれる心をもち、不道徳の烙印《らくいん》を良心に印することなく、勤労を好み、必要な職業上の知識の数々を持たなければならない。第二期は、順調に運べば、三つの重要なことがらの獲得にささげらるべきである。すなわち、市民としての地位、高尚な結婚、健全な宗教的哲学的人生観の三つである。第三の段階は、人生の戦いに処しておのれの実を示すべき時期であって、人生本来の仕事をはたすべき時である。第四の段階は、真の成功をおさめることによって、この世の最後を飾る時であり、結局、この世から更に一層広い活動圏へ移って行く段階なのである。

この発展過程が、本質的にみずから自己を教育する修養にもとづくものであることは、初めから明瞭《めいりょう》である。そして普通この発展過程が始まる時期は、およそ真面目な人ならば、「コノ世ノ虚構」に倦《あ》いて、かのダンテがその偉大な詩篇『神曲』の冒頭にかかげた「人生の半ばにして正しき道を失えりし我は、とある小暗《おぐら》き森の中に我みずからを見出でき」という言葉に示されているような気分になる時であることも、初めから明らかである。あるいはまた聖テレジア（十六世紀のスペインの尼僧）が、「わたしの霊は現世の夢にふけっていた。しかし、わたしをこの死の眠りから醒ますことが、主の御旨《みむね》であった。私は今、二度とふたたびそこに立ち帰らしめ給わぬよう、主に哀願するものである」と言った時の気分になる時である。教育がそれまでになし得ることは、内的生活に関しては、単に準備的ないし予防的な性質のものにすぎず、その本質は、青年を全く唯物的な世界観から遠ざけるとともに、単に形式的な宗教からも遠ざけることにある。なぜなら、そういうものはいずれも後《のち》になってから、真の哲学的宗教的確信に入ることを困難にするからである。純粋に自然科学的に教育された子供や、またあまり早くからキリスト教のことを聞きすぎたり、あるいはキリスト教的用語なり宗教的儀式を機械的に、時としてはいやいやながら使うように教えられた子供たちが、後日こころの安らぎを得るような道を見出《みいだ》す人になることは、めったにない。若いたましいを不道徳の汚れにそまないようにし、単に人生を官能的に解釈することよりかもっと純潔な生活に向かうようにさせておくことが、とりわけ教育の使命である。なぜなら、将来真の宗教という貴い木が根をおろして繁茂すべき地面を、役に立たないようにしてしまうのは、肉慾の力にまさるものがないからである。たましいの高揚力も官能のために腰くだけとなるのであって、たとえ回復することがあっても、非常にむつかしく、しかも部分的にとどまるのである。かくてわれわれは既に別のところで述べた考え方に立ち帰ることになるのだが、それは少なくとも将来高等教育を受けるような青年男女の教育にあたっては(われわれの考えでは、同様にその母や最初の女教師等にとっても)いわゆる古典的教養が不可欠であり、大体において普通の宗教教育や道徳教育よりも大切であるということである。古典的哲学を学習する段階は、もとより最後の段階ではありえないし、またあってはならぬけれども、この段階を忠実に通過した人々には、後日キリスト教は容易におのずからやってくるのであって、しかもキリスト教発生当時の世界歴史に示されているように、古典的土壌の上でこそ、それは最も見事な実を結ぶのである。殊に古典的教養を受けた人は、決して単なる形式的な宗規遵奉《じゅんぽう》におちいることはないであろうし、まして俗悪や、さらに進んでは遊び半分のふざけに堕するようなことは、ありえないであろう。このようなことは、キリスト教の初期の全く偉大な形態に甚だしく反するものであるにもかかわらず、キリスト教の一般の解釈につきまとっていて、その信用を大いに損じているのである。

その上、キリスト教が遁世的《とんせいてき》要素をふくんでいることは、疑いをいれないところであって、これはすべての精神的能力を伸ばさねばならぬ若い人々の教育に対しては、後日の自己教育的修養の場合ほど役立ち得ないのである。否、われわれはそれどころか、次のように言っても差しつかえないと思う。発育盛りの青少年が、肉体的快感をもつことは当然どころか必然的でさえあり、——といっても、肉体的快感なんかが人間的感情や使命の最高のものでないこと勿論《もちろん》だが——また、大人になればキリスト教の説く本当の謙遜《けんそん》に触れて、その頭をたたかれることになるにしても、人間として、何か高ぶった向上昂揚《こうよう》の衝動にかられることも、若い人たちの生長には、当然というより、そうなくてはならぬことであって、そのような理由からしても、古典的実例や理想の方が（もちろん旧約聖書のそれも含めて）、キリスト教時代の実例や理想よりも、この時期には一層よく適していると言ってさしつかえないのだ。ただし、古典的教育もそれを受ける人たちの生活情況に適応したものでなければならない。あるいは、この教育をほどこすと同時に、生活情況の方が、高められ得なければならぬ。さもないと、古典的教育を受けたために、かえって自分の廻り合わせに不満をいだくようなことになりかねない。まことに、老フラティッヒが純朴な言葉で「若い時には暴《あば》れまわっておく必要がある、ただし意地悪ではなくて」と、きわめて適切に言っていることが本当であって、そういう時期を若い時に持たなかったような人には、かえって後《あと》から、そういう時期が訪れることが間々《まま》あるが、隠にこもって一層始末の悪いものである。

青年のこころに理想にあこがれる精神を植えつけ、二、三の良い習慣のほかに一切の卑俗なものに対する嫌悪《けんお》の情を起こさせることができれば、教育はそれで最も本質的な義務をはたしたことになる。今日、教育はそれ以上のことをなしとげようと望んでいるが、実際その為《な》すところは、はるかにこれ以下である。

人生の第一期を終わるにあたって、若い人々に、とりわけはっきり分からねばならぬことが二つある！　その第一は、真剣に欲しさえすれば、現存する自然法則の範囲内で、いわばどんなことでも達成できるということだ。ただし第二に、適当な時に始め、首尾一貫した行き方をとる必要があり、とりわけ——同時に二兎《にと》を追おうとしてはならぬということだ。金持ちになるにも、有名人になるにも、学者になるにも、あるいは有徳者になるにも、いずれの場合もそれぞれ秩序整然たる努力を要するのであって、副次的な目的をのさばらせてはならぬ。だから、できるだけ早くおのれの欲するところを知り、正しいものを選ばなければならない。そうなれば、「ひとは大きな目的をもってこそ——おのずから——大きくなる」（シラー『ヴァレンシュタインの陣営』の序詞）のだ。このような大きな目的がない場合、教育の人工的温床でそういうものをでっちあげようという無駄な誘惑におちいるのだ。

青年が自己本位に何でも考えるということは、若い者として無理からぬことだが、そういう行き方が、どういう時期に、どういう理由で無くなるかは、にわかに決めがたい。この変化は、普通、何か予感があった場合、たとえばたまたま受けた印象が強烈だったような場合に起こってくる。それもただ二言《ふたこと》三言《みこと》の言葉が機縁になることがよくある。それはたまたま他人《ひと》から聞いたといった場合もあるが、よくあるのは、読書の際に拾うことである。いい潮時に手に入った書物は、たいがい、より高い生活への召集機関である。それはヨブ記第三三章二九、三〇節に書かれている通りである。たましいの昂揚したときには、現に生活している段階とはころりと違った所へ、とつぜん移されたように思うことが、よくあるものだ。ちょうど旅人が山中でよくそんな目に会うように、われわれのたましいはすぐ目の前に新しい美しい場所を見つけながら、そこは深い谷によって現在立っている所から隔てられており、そこへ行くには谷底の橋を渡らねばならないといった光景である。

　すでにこの時期に、まことに奇妙な、筆紙《ひっし》につくしがたい、ある種の人生経験がぽつぽつあらわれてくることがあるが、しかし、それは是非とも必要といった類《たぐい》のものではとにかくない。神秘的著述家たちは、このことについて、神とのより近い結びつきには三通りある、と言う。そのひとつは、すでに旧約聖書にしるされているような、きわめて順当な結びつきであって、帰依《きえ》と誠実な愛によるものであり、いつでも開かれている道、神の意志にさかろう我意以外にさまたげられることのない道、そしてたとえ一時はさまたげられても、神と一致する意志が起こりさえすれば、ただちに恢復《かいふく》されるような道である。その二は、一心不乱の信心による特別な結びつきであるが、もとよりそれはわざとらしい信心であってはならず、神がおそらくはその信心に対して与えたもう答を、忍耐と謙遜《けんそん》とをもって待つといった、心の大きな愛着にとどまるのである。第三の結びつきは、もう少し感覚的な、多くは全く思いがけなく起こってくる神の接近であるが、これは以上三つの種類のうち、精神の進歩ということに対しては、必要性においても、重要性においても、もっとも劣るものである。

人生の第一段階は、その終極にたどりついても、決して人のこころに満ち足りたものを与えない。この段階では、そういうことは、できもしないし、また、そんなところで満足すべきでもないのだ。自己本位の主観主義というものは、いずれにしても不満足をもって終わる考え方なのであって、しかも、われわれの魂が高尚な質であればあるほど、その不満におちいることも一層早くかつ深いのである。その上、ほとんど謎のような、ある種の外面的な失敗が加わってくることが非常に多いのであって、イスラエルの一予言者（旧約ホセア書二ノ六参照）はその原因をきわめて具体的に示している。われわれの取ろうとする道が誤っている場合、どの道を行っても、それが荊棘《いばら》の垣をめぐらされているということ、あるいは、同じくイスラエルの美しい譬喩《ひゆ》

(旧約雅歌二ノ二) を借りれば、いばらにかこまれたバラのように、人間はいやでも高みをめざして上の方にしか方向をとり得ないということは、まさしく神の恩寵《おんちょう》である。それこそ青年期の悩みの由《よ》って来るところ、しかも後日われわれのもっとも感謝するところとなる悩みにほかならない。

そうはいうものの、たましいはそのために一種の悲哀に捕らわれるのであって、すぐれた人で青年期に一時的にも憂鬱性《メランコリー》に悩まなかったような人は、ほんの僅《わず》かしか見出されないであろう。彼らすぐれた人たちは、もっともめぐまれた場合においてすら、ゲーテが『ファウスト』(ヒルティの誤り、原典はゲーテの『ツァーメ・クセーニエン』の中の『ヨブ』) で次の言葉で描いているような気分のうちに生活しているのである。

「そんなに静かに考えこんでて、どうしたのか、あっさりぶちまけるといい」

満足しているんだが、どうも仕合せではないのだ

しかし、これは雄々しく若い人たちならば誰でも認めるところだが、人生というものは、いつでもただ「静かに考えこんで」いるために存在するものでもなく、また、慰めのない歎《なげ》きや、たましいの力をすりへらす厭世主義《えんせいしゅぎ》におぼれて、身も心も台無し

にするために存在するのではない。そういう現象は、避けがたい過渡的状態にとどまるのであって、新しい生活こそ、そこから起こって来なければならぬのだ。しかし、誰しも感づくように、その間には先ず一種の死が介在するのである。

ここにいう死とは、利己的生活に向けられた我意を棄てるということである。しかし意志を断念することは非常な難事であるから、カルヴィンのごときも、この事実をもとにして、真の人間存在へ伸びて行く人々と、これを失う人々とは始めから決まっているという形式的予定説を唱えることができたくらいであった。しかしながら死はすべて、永遠の生命の胚種《はいしゅ》を内にもっている人々にとっては、目的ではなくて一段と高い新しい生活へ伸びていくための手段である。ヨブの示したようなねばり強さをもってこの希望を堅持することができず、さりとて感覚世界においても、もはや満足を見出し得ないような人の落ち行く先は、たえず自己の墓穴を掘る陰気な禁欲主義か、日記や書簡のなかで自己の世界苦を相手に試みる空《むな》しい対話か、あるいは涅槃《ねはん》に対する不明瞭な仏教的憧憬《どうけい》か、あるいはその他もろもろの人間精神のおちいる迷いのいずれかであって、これらの迷いは、すべて形はいろいろ異なるにせよ、正しい道を不可能な、あるいは幻想的なものと見る点において軌《き》を一にしているのである。

従って、人生のこの時期における合言葉は、さしずめ「突破せよ！」ということである。

二

ほぼ人生の半ばごろになると、それまでにしあげた何もかもに不満を感ずるような瞬間が訪れてくるものだ。しかもそれは、きわめて成果の多い最上の人生行路の場合に、かえって一等早くやってくるのであり、また知識階級に見られる場合の方が、他の階級におけるよりも多いのである。それは、教養のない他の階級では、不断の生存競争のために、いくぶんこの不満を免れる点があるとともに、そういう不満からぬけ出す手が、わりあいはっきり示されていることにもよるのである。さてこの時期にひとたび世俗的生活の出口に立って、そういう生活と訣別《けつべつ》しようとする者には、一切の人間的いとなみが文字通り空《むな》しく見えてくるであろう。そして、もしおくればせながらも実世間的な智慧《ちえ》によって、これはただ病的な感じにすぎないのだから、たくましい生活感情で克服しなければならぬ、という信念を、ふたたび得ることに成功しなければ、その人はもはや二度とふたたび俗世の生活に対して、たとえその最高の事業においてであろうと、決して親しみをいだくことはないであろう。もちろん、こういう病的な感じには打ち勝たねばならないが、われわれの利己的性質の真実の死が、これに先立たなければ、それはできない相談である。もともと人生における大半のことは、その行き方は必ずしも同じ形では起こらないにしても、この死一つにかかっているのだ。そしてこの死の過程はさまざまであっても、しかしすべての高貴な魂がいだく次のような感じに至っては変わらないのだ。すなわち、単に「一層よくなろうと意欲する」だけでは、進歩するものでなく、自分の心のうちにも、また自分の周囲の世界においても、日々新たな障礙《しょうがい》にぶつかるということ、そして真に人間にふさわしい生活に行きつくには、自分自身の性質のなかに、空想力が不足しているわけではないにしても、本当の力が欠けているということである。このような状態は、しばしば何年間も続くことがある。次にかかげるものは、その考え方はもっと後期の産物であるが、この過程を山登りに比べて述べたものである。

山登り

私は敢然とやってのけました、主よ、これもあなたのお力です。
世俗の遺産はすっかり投げ出しました。
みずみずしい若木はいま斧《おの》でぶっ倒され、
死はあますところなく生を飲みほしたのです。

こうなったのも、主よ、あなたのおことばによってです。信仰によってです。
信仰がこの動機でした、この保証でした。
山々の高嶺は濃い朝霧のうちにかくれ、
彼方への展望は絶たれていたのです。

ここまで私はやってきました——引き返すことは私にはできません。
山の小径《こみち》もひたすらに登り坂のようです。
うしろを振りかえれば闇が見えるだけ、
光と逃道は、どんどん先へ進むことにしかないのです。

一息いれるがよい、私の心臓よ。
しかし踏み越えてきた谷を振りかえってはいけない。
つまらない下界のたのしみなんか捨ててしまえ——
さあ、出発だ、最後の頂《いただき》をきわめるために!

（カール・ヒルティ）

しかしこの山登りも、めざす本当の山頂に行きつけるとはかぎらない。えりぬきの人々の場合でさえ、そうなのだ。そこで、何かそこにあらかじめ定められた運命といったものがあるのではないか、という気持にひきこまれることにもなる。すぐれた人々が往々たどりつく思わぬ嶺《みね》の一つに、気高い懐疑主義がある。ゴットフリード・ケラーは次のような感動的な言葉で、この気高い懐疑主義を言いあらわしている、「一生に一度は真の死の思想に慣れなければならぬ。その上で自制さえすれば、そのために悪い人間になるということはない」と。たしかに死の思想のために悪い人間になるということはないにしても、真理と永遠の生命に対する渇望のいやされた、完全に満足した人間とはならないのだ。懐疑主義の哲学では、どんなに立派な哲学であろうと、そこまでは決して行きつけない。もっと一段高いところにあるのが、次のテニスンの『聖杯』に見られる懐疑思想である。

私たちの大多数がさまよえる鬼火のあとを追うて行くであろうとは。
その時、私のかつて語ったすべての悪しき言葉も、
私のかつて思ったすべての悪しき思想も、
私のかつて行ったすべての悪行も、

目をさまして呼び出すだろう、
　この聖杯の捜索はお前のなすべきことではない、と。

この英国の詩人は、その意味深い詩の結末で、みずから次のような言葉で解決をあたえているのであるが、もしこのような解決がなかったならば、いかに真面目な、いかに正しい人々でも、右に述べた懐疑思想をぬけきることはできないであろう。

夜の幻影も、昼の幻影も、来るなら来るがいい、
現にまたそれはいくたびもあらわれて、
彼の歩むこの大地も大地と見えず、
彼の眼をうつこの光も光と見えず、
彼の額《ひたい》をたたくこの大気も大気ではなく、
いや、彼のこの手、この足までが、幻影と思われるほどになるのだ。
だが、まぼろしを見るのでなくて実感できるとき、彼は不死となる、
彼はもはや自分が幻影でないことを知り、
いと高き神も、甦《よみがえ》れるキリストも、

幻影でないことを知るのだ。

まことに奇妙な話ではないか——ほとんど二千年にもわたって存続し、すでに何百万という説教師や著述家がそのために頭を使い、今もって多大の費用と労力を使って海外にまで運ばれ、これを知らない諸国民に向かって説かれている一つの事実（キリスト教）が、その本場の、しかも世界中で一番教養ゆたかな諸国民の間で、知られないようになってしまったということは、全くおかしなことだ。それともわれわれはあくまでも主張しようとし、また主張できるのであろうか、キリスト教の精神、あるいはむしろキリスト教の意味と名づけたいものが、ヨーロッパ諸国において、一般に熟知承認せられているとでも。

ところが事実は決してそうではなく、キリスト教界のただ中におりながら、ある人たちはローマの総督さながら、キリスト教をもって、「パウロの言うところでは、まだ生きているという話の、死んだイエス」（使徒行伝二五ノ一九）に対する格別害もない迷信の一種と考えており、またある人たちは、一種の社交団体と見て、体裁上はその仲間にならなければならぬが、それ以上の関心は持つ必要がないとしており、さらにまたある人たちは、一種の僧侶《そうりょ》政治と見て、尊敬を払うにしても、たいがいは外部的理由からで、あるいはまたこれを嫌悪してやまない有様なのだ。また別の人たちにとっては、キリスト教は一種の学問にほかならず、世にこれを称して神学といい、それを究《きわ》めるには、たいへん長い年月にわたる研究と多くの試験を必要とすることになっている。しかも、ひとたびこの「教義体系」の細目《さいもく》に立ち入ってみれば、信仰とは何か、恩寵とは何か、「キリストの犠牲」の意味は何か、永遠の祝福や刑罰があるのかどうか、「万物更新」（使徒行伝三ノ二一）があるかどうか、救いに至る組織的道筋はどうか、というようなことについて、学者の見解はめったに一致しないのだ。最高の真理を求めて、あくまで努力する精進ときわめて健全な常識という二つのものを同時に持たないで、神学的哲学的思考の迷宮に踏みこむことを敢《あ》えてする者は、誰でも虻蜂《あぶはち》取らずになる危険があるということは、目に見えてはっきりしている。さてこそ今日でも、きわめて教養の高い人々の多くが、キリスト教を、さらに進んで検討することを放棄してしまっている有様だ。なぜならそれは、苦労や論争や懐疑を伴い、人生の自然な享楽の断念とからんでいるように見えるからであり、しかも結局行きつく先といえば、確信が強まるわけでもなくて、ただ何らかの人間的隷属に至るにすぎないからである。かくてキリスト教は今日、キリスト教徒の大部分にとっては、教会や学校の教えにすぎず、聞かねばならぬ間は仕方なしに耳を傾けてはいるものの、知識階級の人たちだったら、一応外面的には、社会生活上のともかく世界史的になっているこの形式に順応していこうと思いながらも、内面的にはできるだけ早く離れていこうとしているのである。

これに対する簡単な答は、キリスト教なしですますことも、また他のものでこれに代えることもわれわれにはできないということである。キリスト教があの当時、世界に出現しなかったならば、現在の文明世界がどうなっていたかは、われわれの知らないところであり、また、そういうことを研究しようとするのも余計なことであろう。しかし確かに間違いのないことは、今となってはこの世界からキリスト教を遠ざけることも無視することもできず、むしろ厳として存在するけれども、科学的に完全には説明できぬものと見なさざるを得ないということである。一切の知りうべきものを、できるだけ精密に確かめ、知りうべきものの範囲をできるだけ拡大することは、これを、科学に拒むわけにはいかぬ。それは科学の権利であり義務である。それどころか個々の学者においては、人間に関係する一切のことは知りうべきものであり、時と共にともかく一切のことが知りうべきものとなり得るという推定がつきまとっている。科学的研究における勇気と忍耐の主要な部分は、この推定にもとづいているのである。しかしながら、人間の本性を全実在に対するあらゆる関係において、またあらゆる事物との関連において、完全に究めることが、はたして成功するかどうかを疑ってみることは、禁止されてはならぬ。むしろ、他ならぬ知識人の義務ともいうべきことは、このような中にあっても毅然《きぜん》たる態度を持し、欠点の多い知識や、それどころか単なる仮説を、超感覚的な事がらについての内的確信のかわりに据えようとするような傲慢《ごうまん》をこそ、とりわけ拒《しりぞ》けなければならぬことである。

科学とその不断の進歩を尊重すべき理由がいかにあっても、われわれの生活領域や行動の動機から、科学的に証明できない一切のことを除去するとなれば、人類は非常な退歩を見せることになろう。現代の多くの知識人がいだいているこの理想は、誤った理想であり、いずれにしても非常に貧弱な理想と言わねばならぬ。

われわれの知識は、何といっても断片的なものだ（コリント前書一三ノ九）。われわれは、自分に関することでさえ、一から十まで全部知るということはできないし、われわれの最善の行為の最も強い動機でさえ、やはり知識の領域から来ているのではない。さもなければ一番学識のある人が、いつでも一番完全な人であるはずだが、そういうことは決してない。われわれの霊的自我はむしろ説明できないものに根ざしている。従って、この説明できないものを抜きにして信仰の境地を得ようということになると、その穴埋めに何かの迷信を持ってくることになる。これは世間にざらに見られることだ。

しかし、信仰のあらゆる対象のなかで、キリストに対する信仰が歴史的に最も根拠のある信仰であり、人間的に最も理解しやすく、個人的にも真理として最もたやすく経験しえられる信仰である。キリストに対する信仰が或《あ》るひとにおいて実際、永続的にこれらの諸点をもっていないなら、それはそのひとの自身の我意のせいである。あるいは、その人にそういうつもりがないためであって、この点に対し、ヨハネ伝福音書はきわめて正しい言いあらわし方をしている（ヨハネ伝一ノ五、一二。三ノ一八―二〇）。だからルターが次のように言っているのも、まったく正しい、「神を信頼し神に仕えるといっても、めいめいが自我流に考え、甲はこう解釈し、乙はまた別な解釈をするといったぐあいに漠然となるにきまっているから、神は自己を一定の場所と一定の人に固定させて、ひとびとが神を見誤らぬように、その場所で見つけて逢うことができるようになさったのだ」。だから、何かを信ずるということそれ自体は、まだ何の力でも威力でもない。もしそうであるなら、迷信だってやはり力であり威力であるはずだ。そうではなくて、信仰における真の威力は、実は神の所有物なのだ。しかし、この威力に呼びかけるのが信仰というものなのであり、地上においてこの威力の出現を可能ならしめるのが信仰なのだ。

心の挫《くじ》かれなかった人、内面的に謙虚になっていない人には、キリスト教は何のはたらきも見せず、せいぜい空虚な形式にとどまるということは、絶対に間違いがない。ところで、キリスト教が教職やその他特別の地位あるいは優越の自負心と結びつくと、ひとを堕落させるに至ることも、断じて間違いがない。対世間的な生活で、どうにも取りかえしのつかぬ不利益と見られるもの、すなわち「破滅の生涯」、生活設計全般にわたるような割れ目といったものも、内面的には決して不利な損失ではなくて、かえってそれこそキリストに対する信仰が最もよく生長する地盤である。こうした情況にありながら、自分が救いにいかに近づいていたかを悟ることができずに絶望するような人は、あらゆる人間のうちで最も憐《あわ》れむべき存在である。

神の前に妥当する本当の「正義」に由来する善を実際行いうる力は、ここから人間に起こってくるのであって、前にかかげた同じ詩人（ヒルティ自身のこと）の別の詩は、それを次のように述べている。

朝　風

すがすがしい生命《いのち》のことばが

聖書《ふみ》からこころの中へそそがれて
傲慢《たかぶり》の立木は枯れはて
呪いは解けて手も揚げられる

さらさらと高い山から流れてくる
小川の音が聞えてくる
東の空は輝きそめて
主よ、私も信ずる者のひとりとなりました

聖なる群れに加つて
私も些々たるひとりになりましょう
人生の謎は解かれ
天は地上に降りてくる

神の光りと露とをうけて
草は茎となり　茎は穂となり

ついに紺碧の大空に
黄金《こがね》の首を重くたれて輝く

山なす苦闘のうちにあっても
私の人生は空しくすごされることはあるまい
道のいやはてには光りがあって
ついに幸ある冠をいただくであろう

上へ、いよいよ輝く高みへと
真理は育って私をつれていくであろう
私は目標《めあて》を見出したのだ
行く手はさすらいの道――もはや冒険の道ではない

右の詩にいう行く手の道は、一面、しばしば言われているよりも、はるかに楽であるとともに、他面、初めに思ったほど楽な道では決してない。楽だというのは、これから先は、自分の力に余るようなことや、自分の理解力を超えたようなことは、何ひとつ求められることがない上に、そこにはたえず希望の喜びがあり、時にそれが曇ることがあっても、もはや全面的に打ち消されるようなこともなく、ことごとに荷を軽くしてくれるような特別な個人的な導きが伴うからである。しかし他面この道が最初に思ったほど楽でないというのは、人生の終極はまだまだ先の話であり、今やっと始まったばかりであって、これから先いろんな出来事が起こってくるからである。これらの出来事はすべて、その人の本質をはっきりさせる目的を持っているのであって、この段階以前にそれが分かったら、とうてい堪ええないくらいに明らかに見せつけてくれるのであり、また自分の行為についても、これまではかなり大目に見るところがあったのに対して、これから先は徐々に見逃さないようにする目的も持ったものなのである。なぜなら、「シオンは公平をもってあがなわれ、帰り来るものも正義をもってあがなわれねばならぬ」(イザヤ書一ノ二七)からである。しかし、これらすべてのことは、次の時期に至って初めて起こることであり、時には人生の最後の時期になる場合さえあるのだ。それ以前ではまた全然駄目であろう。

三

ダンテはすでにこの段階を「新生」と名づけたのであるが、この「新生」と以前の生活との差違は、初めはさほど大きいようには見えない。とりわけ、いつでも現実以上に高く飛翔《ひしょう》する空想と、すべて大きな決心にはつきものの人を夢中にさせる熱狂が期待するほどには、その間の差違は大きくないように思われるものだ。なぜかといえば、我慾のいましめを断ちきった魂とても、かえりみて「エジプトの肉鍋」（出エジプト記一六ノ三）を懐しがるような瞬間がないわけではないからだ。実際のところ、従来の「生の享楽」は、ただ徐々に色あせて行くにすぎないからである。

しかし、そうはいっても、一つの本質的差違は常に認めることができる。さしあたり、不安な未来を思いわずらって恐怖を覚えるようなことが少なくなり、高慢と落胆の間をたえず動揺してどうしても安定感を許さなかったような事態が少なくなっていくことに認められるのである。今や心のなかに確かな拠《よ》りどころができて、そこには常に平静がある。心の奥底が堅固になり、飲食によって満足をもとめようとするような渇望はもう存在しなくなる。このことの結果としておのずから自他に対しては我慢強くなり、他人に依存すること少なく、すべての事柄の本質的な点を正しく見ぬくようになって、そこから正しい処世智を得ることになる。それから最後には、これが肝心の点であるが、しょっちゅう罪悪感につきまとわれるというようなことはなくなってしまう。そういうものが顔を出しても、すぐもみ消すことができるからだ。あるのはただ、正しい道を歩んでいるという確信であり、たえず進歩しているという自信であり、全生涯が良い結末を見るであろうという信念である。「正しい者の道は朝日のようである。いよいよ輝きをまして、昼の正午に至《もなが》るのである」(旧約箴言四ノ一八)

以上のような基礎を、いくたの試煉《しれん》をへてたえず固めて行き、これを確証してゆくことが、普通この生活時期の初期を占める。試煉のやがてあらわれきたることは避けがたい。なぜなら、信仰は、先に述べたところにもかかわらず、一度できたら絶対に動かぬといった伝統的なものでなく、毎日毎時あらたに作り出されて行かねばならぬものだからだ。たえず生き生きとして現前しているような信仰でなかったならば、悪魔「アポリオン」(ヨハネ黙示録九ノ一一に出ている底なし穴の魔王)の攻撃に抵抗して成果をおさめるということもできないであろう。悪魔は、おのれに叛旗《はんき》をひるがえした手下を奪還しようとかかってくるからだ。

悪魔、すなわちこの「俗界の霊」(コリント前書二ノ一二)のもつ力は非常に強大なものがあるが、幸いにもわれわれはその生涯において少しあて徐々にそれを経験して行くにすぎない。もしそうでなくて一時に経験するとなれば、おそらく何人もこの霊と戦う勇気を持たないであろう。しかし、更に大いなるひとつの力がある。神の力がそれであって、真のキリスト教によって人の心に活《い》きるものとなるのである。従ってたいがいは最も長期にわたる人生のこの時期に大切なことは、堅忍と勇気である。「なんじの冠を人に奪われないように、なんじの持っているものを堅く守るがよい」（ヨハネ黙示録三ノ一一）。そして、ひとたび鋤《すき》に手をかけた以上、うしろを振りかえってはならないのだ（ルカ伝九ノ六二）。

この時期でおそらく最も顕著な点は、神の支配と人間の自由とが一つになることである。神はその欲するところを人間において遂行したもうのであって、その人にその気があれば事は簡単になるが、その人が反抗したり、別の道を行こうとすれば、事はむつかしくなり、苦悩をへなければならぬことになる。いずれにしても、俗世のいかなる力も、これをもはや妨げることはできぬ。しかしそれにもかかわらず、この人生の段階においては、すべての原則や教義がからきし役立たぬようになって、ふたたび一切の超感覚的なものが、単なる一場の夢か幻想のたわむれと映ってくるような時期があるものだ。これはきわめて危険な時期であって、こういう時には、われわれは心を全く平静に保って、一切の積極的行動を慎まなければならない。それでも止むを得ず行動しなければならぬ場合には、スペインの詩人（スペインの詩人カルデロン『人生は夢』）と共に、「人生が真であろうが夢であろうが、とにかく私は正しく行動しなければならぬ」と言うがよい。

ここにわれわれの魂のうちにおいて、かたい確信とならねばならぬことがある。それは神の永遠の秩序が厳存していて、たとえ行動の自由はゆるされているにしても、人間共がそのすべての力をあげてこれと戦ってみても、無駄であるということ、更にすべての真の成功と一切の真実の幸福は、人間の自由な意志とこの秩序との自由な一致にのみ存し、反対にこの秩序を侵せば刑罰は伴わぬにしても潜在しており、神の恩《おん》寵《ちょう》によらなければこれを除くことはできないということである。とりわけこの信念が確信となれば、ベルレブルグ版聖書（プロシアのベルレブルグで一七二六年から四二年にかけて出版された特殊なドイツ訳聖書、多くの神智学的註解《ちゅうかい》を附す）の言うように、「神の掟《おきて》もやさしい顔つきをもつようになり、われわれは掟のよき友となる。そして掟をば、神の正しい補助手段や予防手段と見るようになってくる。神はそれによって、われわれが神と一緒になり、神と結びつくことを妨げているものを、とり除けようとされるのである」。

この不動の確信にもとづいて初めて、以前には時期尚早で、従って、たいがいは効果をおさめなかった行為が、外部に向かってあらわれ、実を結ぶことができるようになる。「主よ、主よ！」（マタイ伝七ノ二一）と言いながら、神から遠ざかっておることができ、全然もとのままの同じ人間でおれるような教義は、救いではない。われわれが意志をささげるとき、我が身の上に起こる何か事実的なものこそ、救いなのだ。

しかし救いが我が身の上に起こりうるためには、われわれは先ず、われわれの持って生まれたもの、すなわちあらゆる形の自愛から解放されなければならない。これは至難の業であって、徐《おもむろ》に、多くの段階を経、多くの十字架を背負うて、われわれの上に完遂されるところのことである。なぜなら、受け容《い》れることができるためには、われわれは完全に自分が空っぽにならなければならないからである。しかもわれわれの受けとるものは、悟性の点でも情意の点でも、われわれの必要とするすべてのものなのだ。ただし、それを受けとるについては、旧約聖書のマナ（砂漠を漂泊中のイスラエル人に天から降り来ったと伝えられる食物、出エジプト記一六ノ一五）のように、日々の分量を日毎に受けとるべきであって、一度に貰《もら》おうとしてはならぬ。とかく抜け目のない旧《ふる》き人（パウロの言葉、ロマ書六ノ六、悟らない人、新生の段階にない人）は、神の日々のめぐみをまだるっこく思って、一ぺんに貰いたがるが、これこそ「最初の迷いよりか、なお性《たち》の悪い最後の迷い」（マタイ伝二七ノ六四）というべきだ。われわれが正しい賜物をふんだんに受けとることができるように教育すること、これこそわれわれが今まで述べてきた生活の仕方の真意なのである。ここに至って初めてわれわれの行為に神の祝福があたえられることになるのであり、それ以前では駄目なのだ。

かくてまた、人類が存するかぎり常にあったし、また、常に必ずあるであろうところの「社会問題」が、ただに現代の問題としてでなく、永遠の人倫の問題として、各人に迫ってくることにもなるわけである。だから社会問題の解決は、決して教会や国家によって見出されるのではなくして、無限に多くの個人の倫理力と個性的愛によってのみ見出されるのだ。そして、それらの個人は、めいめいに割りあてられた活動範囲において、特別に自分に課せられたことを果たすべきであって、その才能を埋もらせたり、また取り違えたりするようなことがあってはならぬ。これこそ、その人その人の対世間的な人生の任務であり、決してこれを避けたり、これを怠ったりしてはならぬ。そして、この任務を果たした時に初めて、またその限りにおいて、他人にもこれを教え、終生この愛の教えが地上に絶えないように力を藉《か》すべきである。このような仕事ができるというのも、ひとたび金や名誉や享楽が、たいした役割を演じないようになれば、手持ちぶさたの時間が増えるから、その暇つぶしに当然何か仕事を探さねばならなくなるからであって、さもなければ退屈のあまり逆もどりする危険に陥ることになろう。

従ってこの時期は、主として仕事と戦いで明け暮れることになるが、しかしこれも順当にはこぶ場合には、仕事といっても、苦労といった感じは伴わないで、進んで愉快にやれるようになり、自分や他人の胸に巣くっているすべて神に逆らうようなものに対する戦いも、しだいに勝利をおさめることが多くなり、心を乱されないですむようになるのである。ともかく、この仕事と戦いにあけくれるこの時期においても、結局「神の民には安息日の休みがまだ残されている」（ヘブル書四ノ九）わけである。神は彼らにその待ち設けている終わりをあたえ給うであろう。これと異なる人生の目標を持っていた、いくたの気高い人々にあたえられた終わりほど痛ましくない終わりを。「若い時に数千の帆柱を押し立てて船出したその港へ、老いさらばえて、救いのボートに助けられて、人知れず帰ってくる」（シラーの二行詩『期待と実現』）のではない。否、自分のしたこと、苦しんだことの一切に感謝し、神の恵みによって自分の成りえたものに満足し、一層大きな一層よい活動を自信をもって待望しながら、この老人はいまだに、その臨終に到らざるに、生涯の総決算をなしおえ、そしてこの人にとってはまだ重要と思えぬ来世への移行を、古き詩人の言葉のように全く心静かに待ち設けているのである。――

おお、うつし世よ、わが旅路も果なんとす、我もはやなんじを顧みることなし！
天国こそわが望むところ、天国に入ることこそわが努むるところ、

旅路の仕度すでに整いたれば、余りに重き荷を負うべからず
神の和《やわら》ぎと恵みのうちに、喜びもて彼処《かしこ》に進まん

四

老年は概して突如としてあらわれる。しかも何か特別の出来事をきっかけとして始まることが多い。とりわけ病気だが、これは軍隊用語で「歩哨《ほしょう》」と呼ばれているものの役割をはたすわけなのだ。それからまた、これまで隠れていたその人その人の持ち味の差と、その生活の千差万別の結果が、年をとると急にあらわれてくる。老人にはあまり品のいいこととは思われぬが、旧に倍する欲望をもって人生の秋の最後の果実を享楽しようとかかる人たちもあるし、大歓楽時代の行きつく先がいつでもそうであるように、うつし世のすべてが無常だという厭世的《えんせいてき》な絶望に身をまかしてしまう人たちも出てくるのであるが、他方、真面目な方の人たちは老齢に至っても次のような言葉を口にするのだ――

われ　いずこに行くべき?
わがこころの奥に

永遠その姿をあらわしてより
うつし世の歓楽境も荒野と映りぬ。
白く塗りたるいつわりや
気の抜けたる飲物に我は飽きたり
我は運ばん　この空虚なる水甕《みずがめ》を
神の都のなんじの泉のもとに

終日のらくらして何の仕事もしなかったり、無用の仕事で徒《いたず》らに骨を折っているような労働者にも比すべき人々が、この世にはいる。しかし彼らもまた雇われて、その日の労働の終わりには、先に来ていた人と同じように、労賃を受けとるのである。今でもまだ不平をならす人が沢山いるけれども、各人に仕事をあたえたもう主の慈悲は、このようになることを欲したもうのである（この一節、マタイ伝二〇章一―一六参照）。

しかし、このような悟りがもっと早く開かれ、第三期に至って心をいれかえるというのではなくて、第二期の自然な帰結として、またその完成として第三期を迎えるというのであるならば、さらに結構であることは勿論だ。なぜなら、真の人生の段階には、ダンテのパラダイスに見られるような趣があるからである。すなわち、そのいずれの段階にも、最下級の段階においてさえ、すでに最上級の段階に通うものがあって、高望みをするというわけではなくても、やはり向上の希望があることによって、霊を満足せしめるからである。

老境に入った人たちの生活面にあらわれてくるものの考え方には、普通三通りある。第一は外面的にめぐまれた環境における普通の考え方であって、その行き方に品のいい場合と粗野な場合とがあるにしても、ともかく余生を最大限に楽しもうとし、従って往々青年の戯画に堕するような生活慾旺盛《おうせい》な老人の考え方である。その気持の持ち方の根抵にあるのは利己主義であり、たとえ上品な形においてにせよ、結局これに出会う人々に不快な感じをあたえる。上流社会の怠け者の生涯はたいがいこうした結末を見る。第二の、もう少しましな結末は、生涯の大部分を活動にささげてきた人たちが、功成り名とげて月桂樹の上に休息するにせよ、あるいは、よく見られる図であるが、蓄積した財力の上で休息するにせよ、ともかく心ゆくまで休む晩年の姿である。これは、ともあれ、悠々自適の老人たちであって、別荘や隠棲地《いんせいち》でその一族の者から大切にされ、また尊敬されながら、その晩年の日々を品位ある無為のうちにすごし、時におのれの若かりし日や学生時代のことども、旅行や従軍などの思い出にふけり、時に回想録なども著し、祝賀の席に臨んで人々から祝いを受けるといったような行き方をするのである。このようなことに、いつでも結びついている多少の見栄や卑しさを論外とすれば、それは罪のない晩年であって、このような人々はもはや誰の邪魔にもならぬという理由からだけでも、世間は普通これを諒《りょう》とするのである。だから世人は彼らのためには喜んで立派な葬儀を行ったり、また葬儀当日の新聞紙上にそれ相応の追悼の辞をささげることを惜しまないけれども、それで事は最終決定的に片づいてしまったことになるのだ。

第三の種類の晩年は、いつも手を鋤《すき》におき、決して過去を回顧する（ルカ伝九ノ六二）ことなく、たえず眼を更に到達さるべきものに向けながら、一段と高い生活へ前進していくていのものである。もともとこのような人生観は、未来においても一種の生活があると信ずるような人たちにおいてのみ可能なのだ。そうはいうものの、来世は信じないが真面目に仕事はするといった人たちにこの人生観が見られることもあるが、そういう場合には、たえず力が衰えていくことに対する悲哀が伴っている。ともかくこの種の晩年は最も価値のある人生の結末であり、本来これのみが価値のある行き方なのであるが、しばしばそこに戦闘力を衰えさせないような或る種の苦難が伴っているのである。

この三つの結末は、シェークスピアの戯曲（『ヴェニスの商人』）に出てくる三つの小箱に似ている。第一のものは金の小箱に入っていて、見た眼には最も高貴であるが、内部は空虚で、結局は軽視すべきものである。第二のものは銀の小箱に入っていて、無価値というわけではないが、やや「平凡」だ。第三のものこそ、概して目立たない姿においてであるが、最後まで理解の行きとどいた、しかも最後までよく活用した生き方の最後を飾るものであって、来世までも生命を保ってゆく見込みは十分にある。

ともかく人生の最後の段階の特別な使命は、神に接しながら申し分なく正しい生活を送ることとである。このことはしかし容易に想像せられうるところではあるが、文字に書きあらわそうとなると、なかなかむつかしい。そういう生活をみずから体験した人たちの書いたものも、たいがい納得のいかぬ箇所があって、われわれは突然肩すかしを食うことになる。考えてみると、こうした人たちは、別段ものを書くために生活したわけでなくて、行動せんがために生きてきたわけなのだ。あるいはまた、彼らの段階では当然自明のことと思われ、何の功績とも考えられず、ただ絶えず謙遜に受けとってきただけのものと思われていたようなことについて、しかも自分に関係したことを吹聴《ふいちょう》することを賤《いや》しんだからであろう。この時期における目的は、自分自身のために何ものかを一層多く受け取ろうとすることではなくて、すでに習い性となっている謙遜の徳において、他人のために祝福となることなのだ。

この最後の段階の当初には、普通、最後の大試煉が起こってくるであろう。というのは、（もしそういう言い方がゆるされるとするなら）神が本当の興味をよせているすべての人々は、その生涯のいろいろな時期において、くりかえしくりかえし新たに一種の熔鉱炉《ようこうろ》の火をくぐらねばならぬのであって、ダンテのいうように、この火のみが「精神を一人前にし」、下級の段階ではおそらくまだ必要と思われた無価値な成分を取り除くのである。この最後の段階に至れば必ずやすでに神に対する確たる信頼があるはずであるけれども、もしそのような信頼がなければ、この最後の試煉はとうてい耐えられないであろう。しかしここで強い一撃をくろうことは、すべて十倍もの効果を持つのである。従って、むしろこの苦難をみずから欲し、神自身がそれを全く余計なこととして取り除いてくれる時まで、苦難に飽くことがないといった恩寵にあずかれるならば、それは、そのたましいが進歩している最上のしるしである。フォリーニョの聖アンジェラ（十三世紀のイタリアの聖女）が「かつては自分の意志でみずから培《つちか》っていたともいえる欠点を、その罪ほろぼしのために、この段階では今しばらく、全くその意志に反して、みずからのうちに宿していなければならない」と言っているのも、この場合、心理的には当たっているのである。

さしあたり以上のような試煉から、徹頭徹尾謙遜で少しも自負心をいだかぬ人物が生まれてくる。自分にあたえられた運命に満足し、もっとましな目に会う値打ちが自分にあるなどとは考えず、正当な報いでさえあれば、わが身に起こったことよりかはるかに悪いことでも当然だと思い、神の御心ならば、すべてを甘受しうる人物である。しかしこのことは——もしこのすべてが本当で単なる口先だけの信心でなければ——生涯の終わりごろになって初めて完全にできるような難業である。なぜなら、この場合には、前もって自我愛が、以前よりもなお一層徹底的に焼きつくされる必要があり、およそその人の特性に要求されうる最大限の苛酷《かこく》きわまりないことが加えられたり、あるいは少なくともそういうものに脅かされる必要があるからだ。それでもなおかつ神に対する信頼を失わないで、この難関を切りぬけられれば、他のどんな道で達せられる場合よりも、その人は神的なものに近づいているわけであって、もし今日のわれわれの感じ方や見方にもかなった幸福な霊たちの生活があるとしたら、この人は以上のような志操によってそういう生活に非常に接近しているから、そこへ移っていくことだって考え得られることであり、可能なことであると思われるほどになるのである。

しかし、この地上生活最後の試煉にも目的があることは疑いない。老人が恋々《れんれん》としてこの世に執着している図ほど不快なものはないし、何か「凡俗な」印象をあたえるものだが、この最後の試煉は、そういう試煉を受けた人にこの浮世からおさらばをすることを余り難儀にしないという目的をもっているのである。

この試煉を切りぬける主な手は、決して後ろを振りかえらないことだ。なぜなら、浄罪界で、「うしろを振りかえる者は後戻りしなければならぬ」からである。また、息《いき》のある間、一刻をも無駄にしないで、最後の瞬間まで、力のありったけの活動を持続することだ。というのは、老年期の生活目的は、果実を結ぶことでこそあれ、決して休むことではなく、なお為すべきことがいくらかでも残っているかぎり、すでにしとげたことなど、取るに足らぬことと見なさなければならないからである。

この種の老人の特徴は、その円満さにある。決して「聖人」ぶることではない。われわれがこの世で達しうる聖なる境地は、神の意志を受けいれる用意が完全にできて、これと一体になるような状態からしか生まれてこないものなのだ。そうなれば勿論、われわれ自身のうちで、善と悪とが真剣に戦うというようなことは、もはや起こらなくなる。ところで或る中世紀の聖女が、聖なる境地もそれが本当のものであれば人間の外貌《がいぼう》までも整える、と言っているが、しごく尤もである。というのは、神は「整え奇矯《ききよう》なことを好まず、秩序だてる神」（コリント前書一四ノ三三参照）でもあって、決して奇矯なことを好まず、とりわけ外面的な事柄で奇をてろうようなことはなさらないからである。決して一風変わったところを見せたいような「聖者」は、たとえ全面的にまがいものとは言えないにしても、ともかく非常に薄手のやからであることは確かで、つきあいにくい相手だ。ところで老齢のこの最後の段階に及んで、宗教を持ちながら、他人と折れ合ってさえ行けず、いつも周囲の者に不機嫌、無愛想で、いつまでも我が身の勝手放題というような有様では、そんな宗教はたいした値打ちがなかったことになるわけだ。

なおまた、円熟した老年の主な特徴は、普通だったら互いに相容れないようないろいろな性質が結びついていることだ。たとえば、素朴と抜け目のない知慧、品位と子供らしい晴れやかさ、繊細な趣味と完全な単純さ、真剣と柔和《にゅうわ》、明晰《めいせき》な頭脳と奔放な感情といったたぐいである。この相容れないものが共に兼ね備わっているということこそ、この世で可能なかぎりの最大限の完成に行きついたという感じをわれわれにあたえるのである。

読者のなかには、あるいは、年とってからも若々しさを保つにはどうしたらいいか、と問われる方があるかもしれない。その一番大切な、精神的な方法は多分、「常に新しいことを学ぶこと」、およそ何かに興味をもって、いつでも何かを目論《もくろ》んでいることであろう。だから、キリスト教界の第一の使徒(パウロ)も、その死の少し前にこう言っている、「私は後ろにあるものは忘れて、自分の前にあるものに向かってからだを伸ばしつつ、キリストにおいて上に召してくださる神の実を得ようと追いかけているのである。わたしたちの中で全き人たちは、そのように考えるべきである。しかし、あなたがたが違った考えを持っているなら、神はそのことも示してくださるであろう」（ピリピ書三ノ一三―一五）。すなわち、これから先の道は、こういう簡単なことになるのだ。そしてまたこういう点に、人生の最後の合言葉である「服従」ということの真髄があるのだ。自分のために行われることはすべて、たとえそれが最上の意味の自己向上のためのものであろうと、やはりそこに利己的な臭味がいくぶんつきまとうのであって、生活そのものが究極のところ軍務にも似た一種の絶対的奉仕と化し、「神の収穫」とならないかぎり、すなわち、われわれの努力奮闘してえた獲物というのではなくて、神のえられた獲物とならないかぎり、老年にあって最後の瞬間まで精神的な健全さを保つことはむつかしいであろう。なるほど宗教の秘密は生のあらゆる段階において、神のそば近くにあるということではあるが、しかしわれわれとしては、神に近寄ることから逃げ出さないで、先ずそれに堪えることを学ばねばならないのであって、次にはこれを求め、最後には「永遠の焼きつくす火のうちにさえ止る」（イザヤ書三三ノ一四参照）ことができるように、神との近接を獲得することを学ばねばならぬ。

神のおそばに行くことが、この世では、最後の最後まで、全然苦しみもなしにはできないということは、事の本性上当然なことであり、多くのすぐれた人たちの生涯が示していることでもある。彼らは安息を熱望して、その生涯の終わりに臨んで、老シメオンと共に、「生殺与奪《せいさつよだつ》の権を握っておられる支配者《デスポタ》たる主よ、今こそ、あなたはこの僕《しもべ》をその務めから解放して、安らかに去らせてくださいます」(ルカ伝二ノ二九)と言ったのである。(先に示唆《しさ》したように)、家族の者にとりかこまれ、同郷人一般の称讃を受けながら、いわゆる大往生をとげることは、決して最上の運命ではなく、また神の最高の嘉納《かのう》を意味しない場合もありうるであろう。神が嘉納し給う死は、死それ自体が国民や人類のための最後の行為であるような場合だけであろう。しかし、現代はキリスト教的信心のきわめて薄弱な時代であるから、こういうことは大多数の人々において、最も信心深い人々においてすら、完全に黙殺されているところである。しかし、どういう死に方をするかは、どういう生き方をするかということと全く同様に、人間の意のままになることではない。そして、この人生最後の問題については、どうあっても神と和解をとげていなければならぬわけだ。人生のこの終点に行きついて、すでにその大部分を通りすぎてしまった人生行路の全体をふりかえってみるときの魂の気分は、おそらくパウル・ゲルハルト（ドイツの讃美歌詩人）の言葉のうちに、最もよくうつされているであろう。

ひたすらにヤコブの神（エホバのこと）とその救いを待ち望む者は幸いなり！
この神に身を委ねる者は、最上の分け前を得たるなり、
最高の宝を得たるなり、最も美わしき宝を愛したるなり、
その心、またその全存在は永遠に曇ることなし

完成に近づいた生活において最も美《うる》わしい点は、たましいの安らぎ、完全な平和である。それは、もはや何ものによっても揺るがされることなく、神と人とに対して戦いぬいて、ついに「勝った」（創世記三二ノ二八）あかしの平和である。

この境地に行きつくのに必要なすべての宗教の本体は、きわめて単純なものであって、もともとすでに神の「言葉」のうちに含まれているのであるが、その「言葉」が分からなくなっているのにすぎない。一切の宗教の本質は、つねに注意して神との交わりを解放しておくことに存する。それは、われわれの側から言えば、神との交わり

に反するすべてのことを放棄して、不断に神との交わりに善意を持つことによって起こるのであり、聖書が「神を求める」（ヘブル書一一ノ六）と称していることなのである。そうすれば、神もまた「不意に来りて、われらに多くの善きことを賜う」。神に対するこころからの正しい憧《あこが》れさえあれば、神を知ることのきわめて不完全な人々にさえ（すべての人がそうなのだが）、神は来り給うのである。

もし神が来り給うことなく、古い時代の言葉遣いでいえば「われらに与《くみ》し給う」（このことは絶対に強要できない）ことがないならば、あらゆる既成の宗教、あるいは将来考えうべき形のすべての宗教的実践も、生まれて甲斐《かい》なき死産の人間業にすぎず、われわれがすべてそれによって求めている当のもの——幸福を与えてくれることもあるまい。

アーメン　神は讃むべきかな
霊をキリストに向け給う
神よ　われらすべてを共に
永遠の生命に助け入れ給え　アーメン

（兄弟団讃美歌二一二番）

罪と憂い

一

幸福への道は、万人に向かっていつでも開かれた、はっきりした道なのだが、それが分かったからといって、皆が皆、本当にそれが見つかるところまで行きつけるものでもない。彼らはたいてい、バニヤンの有名な『天路歴程』に出てくるあわれな「従順」（「誇り」、「意地悪」、「強情」、「絶望」などと共に登場する人物の名）と同じように、ひとたび「落胆の底なし沼」にのめりこむと、早速またひきかえしてしまうのだ。ところで、人生の真の幸福に至るせまい道は、いわゆる現実派の人たちから悪評をこうむっているが、そういう悪口をいうのは、――一度もこの道をふんだことのない人ではなくて――かえって、この途中でひきかえす手合いにかぎられているのである。

彼らはなるほど途中で逃げだした連中ではあるけれども、真理を把握《はあく》し、その真理のためには人生の魅惑的なまやかしの数々を断念するだけの勇気が必ずしも彼らに欠けていたわけではないのであるから、この点を見落としては、往々高い天賦の才にもめぐまれており、最初は真剣な気構えであった彼らに対して片手落ちになるであろう。ところで、真の幸福が得られる、よりよき生活への実際の入口には、ミルトンが『失楽園』で語っているような怪物にも比すべき二つの妖怪が立っているのであって、それを見てはどんなに強い人もふるえあがるのであり、しかも先《ま》ずこの妖怪と渡りあった上でなければ、誰一人ここを通れぬことになっているのである。

われわれの幸福をはばむもの、それは単に言葉の文《あや》の上で対立しているように見えるというだけにとどまらないで、本当にわれわれの幸福を常に大きく制限しているものなのだが、それは何かといえば、半ば無意識の子供時代ならばいざ知らず、それ以上の年頃の人だったら誰でも身におぼえのある二つのおそろしい現実――罪と憂いなのだ。この二つを除くこと、それこそ本来あらゆる人間的幸福追求の眼目なのであり、およそ哲学、宗教、経済、政治で、本質的にこのことを目指さないようなものはないのである。

誰でも苦戦をまぬかれないこの二大強敵の第一は罪である。この罪というものは人生の初期にすでに始まるものであって、たいがいは憂いよりも先に始まり、「子供時代の罪のない無邪気さ」といった慣用句で信じられているよりか早く出てくるものなのだ。もともとこういう言い廻《まわ》しは、「子供時代の楽園」的要素をいくぶんでも、後《のち》のはげしい人生行路の時のために救い出したいという魂胆から、そう認めておこうというのにすぎない。ゲーテは「天上の諸力」に向かって、「汝らはわれらを生の中に引き入れ、このあわれなる者を罪におちいらしめ、あげくのはてには苦悩に打ちまかすのだ」と呼びかけているが、ここで「天上の諸力」と言われているものは、もともと彼の人生観によれば人間生活を支配しているとされる仮借なき運命の謂《いい》にほかならず、これに対してはプロメテウス流の反抗も役に立たず、またその後われわれの諸国民の大部分に広く行われるようになった試み、すなわち罪一般を否定しようとする試みとても何の役にも立つものではないのである。義務と責め（罪咎《つみとが》）が厳存し、義務をおこたれば、それに罪が伴うばかりでなく、義務をおこたること自体に罪が宿っており、もし何らかの手段によって（と言っても、単に哲学的思索などでは駄目だが）これをそらさないかぎり、その結果は数学的確実さで負い目ある者の頭上に降らなければやまないという感情は、どんな人の心の中にも厳たる事実として存するところである。

このことはすべての人間生活の根柢をなしている不動の事実であるが、もし君に勇気があるなら、単なる否定によってこの根柢的事実から逃れようと試みてみるがよい。しかし君の決心がどうあろうと、君の生活のどんな行動にも、否、どんな考え方のうちにも、一つの義務、正しい道というものがあるのだ。そして君がその道を行かない以上、それは一つの罪たるをまぬかれないのだ。だからむしろそんなことは試みない方がいいのだ。すでに数百万の人がその思想及び行動で、そのことにつまずいたのであり、君もまたつまずくであろうから。この世に「善悪の彼岸」というような場所は、病院以外には、どこにもないのだ。今日多数の人々が、しかも時に才能ゆたかな人々が、病院に入って行くが、偶然とは言いきれないものがある。義務と罪咎があるという真理を本気に認めまいとするとき、人間の精神は狂気におちいるのである。

このように言ったからとて義務と罪咎の「説明」がついたわけでないことは、われわれのよく承知しているところであり、またこの感情がどんな風に説明されたらよいかといったことも、人間生活の安寧のためには、さしずめどうでもいいことだとわれわれは考えるものである。言葉をかえていえば、この感情を代々の遺伝による迷信と見ようと、あるいはまた合理的な解釈をもいれうるていの一種の信仰と見なそうと、それはどちらでもいいのだ。迷信と見たところで、歴史始まっていらい人類の胸を圧しているこの妖怪《ようかい》から人類を解放し得たような英雄は、まだ見つかっていないのであり、そうした二、三の薄弱な試みも、たいがいはその当人の非常な不幸に終わっているのである。顔を曇らせることもなく向こう見ずにあらゆる義務と罪咎を否定し、勝手放題にふるまって構わないという無鉄砲な信念をもって、心たのしく、この内面的意識の濁りない確信のうちに全生涯を送るような人があるとするなら、われわれとしては先ずお目にかかった上でなければ、そんな人がいると信ずるわけにはいかないのだ。また、かりにそんな人がいるとしたところで、それは孤立的存在にとどまり、別種の才能をさずかっている他のすべての人々にとって堪えがたい存在であろう。

義務と罪咎は全くただ一個の超世界的な人格神を認めることによってのみ理解することができる。すべての自覚をもって生きている人々のこの内面的法則は、この超越的人格神の意志に発するのであって、いわゆる神の「内在」という言葉は、無神論もしくは汎神論《はんしん》の別名にすぎない。もとより超越的な神を合理的に説明しようとしたって無駄であろう。およそ超越的なものは、その本性上、われわれの理解を越えているのであって、従っていわゆる「神の証明」と称せられるもので、人間悟性を説得確信せしめるようなものは一つもない。これらの証明が、その気にならない人をかつて説得したためしはおそらくは、ないのである。だからその限りにおいては、俺たちは説得されないと言い張っている無神論者の言い分にも、もっともな点がある。但し無神論者自身とても、その「体系」を何とか理性的に証明し、その体系から出てくる一切の疑問を解決することはやはりできないのである。そういうわけだから、神の存在の証明ができぬという事態は、人類の存するかぎり動かぬところであろうが、さればといって、神が存在する場合、単なる否定によって自分の生活から神を閉め出すということもできないであろう。そういうことを試みて、はたしてそこから期待したような内心の満足が得られるものかどうか、それとも「我はなんじの神エホバなり、なんじ我のほか何ものをも神とすべからず」という最古の神の啓示の絶対的要求を承認するかどうかは、各人それぞれの生活におけるあらゆる問題中の決定的な問題、ともかく一つの問題たるを失わないであろう。

このエホバの言葉の後半には、すでに道徳の全体がふくまれているが、自己自身ならびに自己の生涯の目的について完全な自覚に達した人が、このエホバの要求を全く自由に自由意志によって承認するということは、自分の考えひとつではどうにも変えようのない神の秩序に対して、事実上無益な反抗を試みることを止めて、自己自身ならびに自分をとりまく世界と調和する可能性を得ることに、さしずめなるのである。そして人類の歴史の全体もまた、諸国民のこのような自由意志が、しだいに神の意志の方向に展開していく道筋にほかならない。このことを事実の上で否定する者は、人類の福祉に逆らうと共に、自分自身の使命と安寧にそむくような行動をみずから取っていることになる。このように、自分自身の生命に歯向かうと同時に、神と人とに対して逆らう戦闘体制こそ、おそらくは罪の感じを呼びおこす当のものなのである。われわれの考えでは、罪ということを証明するのに、これ以上にすぐれた他の説明はないと思う。

それはさておき、「悪」の本質は何であるかということや、殊にキリストが「悪より救いだし給え」と祈願したときに、どういう意味でこの言葉を使ったかなどということは、神とは何か、ということと同様、われらがこの世に生きているかぎり、いつまでたっても分からないであろう。われわれが知っているのは、それもただ経験から分かるだけの話だが、われわれが悪の掌中におちいりうるということ、そして悪がわれわれに対して力を振るうといっても、実はそれはわれわれの方から悪に許してやった力にほかならないといったことどもである。悪がわれわれに力を振るうようになるのはとりわけ一切の真理をはずれたことのせいであり、官能的な動物的生活が精神的生活を圧してのさばるためである。少し繊細な体質の人だったら、そういうことは自分でもすぐ感づける。それはだんだん身体の方まで都合が悪くなってくるほど不快がつのってくるからで、これを免れるには、正道にもどる以外に手はないのだ。同様に真理の精神というものも、他人の心の中に宿っている場合でも書物のうちにある場合でも、あるいは或《あ》る家庭全体にひろがっているとか、ある国民のうちに見られるとかする場合、それが快適なものとして感じとられるものであり、その反対に偽りの精神は、それに慣れっこになってしまうことも勿論《もちろん》ありうるけれども、何か部屋の中の悪い空気のように不健全有害なものと直感されるものである。頭の中でなら、人間はこうしたすべてのものを振り棄てようと試みることはできるであろう。つまり、そういう意欲を起こすことでは完全に自由であるが、はたして振りすてて自由になれるかどうかは、全然別の問題であり、はるかに本質的な問題で、いかなる神学によっても、これまではっきり解かれたためしはないのだ。

ある有名な自然科学者（ベールのカール・エルンスト）の遺稿中にある詩の断篇が、このような見方をあらわすまことに見事な表現を求めて、これを見出《みいだ》している。すなわち次のような句である、

主は言い給わん、
なんじ登り行き明澄の国に入るべし、
身を養うに永遠の真理を以てすべし！
時の永遠の節度をたたえ、と。

空間のひろがりを洞見すべし、と。
そは汝の精神の眼より
暗きこの世の目隠しの消えんがためなり。
すでに汝はこの世にありて予知せり
一切生成の根源が
物質の規定せられし必然なることを。
(なんじらの知識においては、そを「力」と言う)
「必然《ムス》」といい「当然《ゾルレン》」と言うも
ともに我が意欲の表現たることを学べ。
「必然」は物質にあたえられ、
「当然」は自由なる生命にのみあたえらる。
「必然」は物質にあたえられし
奴隷の鎖なれども、
「当然」は生の発祥する
場所への呼びかけなり。

従ってわれわれは、罪の感じなんか全然いだいたことがないと言い張るような人たちと、その点について論争することはできないし、また論争するつもりもない。何分にも、そういう人たちの心の中までのぞくわけにはいかないのだから。われわれはそういう人たちに対して、次のように答えるのみだ、たとえそういうことがあっても数は知れているし、もともとそれは動物的段階の話だと。つまりそこには道徳的義務感がなく、従って何の罪もなく、自然的本能の要求のままに一切が許されているわけなのだ。ところで、こういう人たちが一時的にも罪の感じを持つことがあるとすれば、この道徳的世界秩序以外にこれを説明する手はないとわれわれは言うのだ。この道徳的世界秩序は人間業で変えることのできないもの、またこれに反して行動することの許されないもの、否、これに逆らって考えることすらできないものなのだ。

以上のことを承認する人たちに向かって、これから語ることにしよう。そういう人たちにとっては、この世の一切の重荷のうちで一番厄介な、この罪をのがれる道如何《いかん》ということが、重大問題なのだ。

そういう人たちに向かって、われわれは真っ先に言おう、「君の生活のなかで罪を生ぜしめてはならない、君はしばられてはならぬ、君には別の行き方をとる力があるのだ」と。というのは、あとになって重大な事実となることも、最初はたいがいふとした考えにすぎないものだからだ。つまり、ぼんやりしている魂に何処からともなく一本の矢が飛んできたかっこうなのだ。最初の瞬間に直ぐこれに抵抗することなら、わけはないのだが、抵抗をしないでぐずぐずしていると、みるみるうちにそれをしたいような気が起こってくる。すると、たいがいは、道徳的意識の方もにごってきて、ついには行為となるわけなのだ。行為がなされてしまえば、その後にはよく絶望が姿をあらわす。絶望は、もはや救いを信じ得ないか、あるいは今になってから起こってしまったことを唯物的な哲学で自己弁解をこころみたりするのだが、どっちにしても真の精神生活が死んでしまっていることは同じだ。

「序の口で抵抗せよ」というこの忠告は、ただし残念ながら余りに理屈っぽい。善に対する自由意志と自分自身の力で、こういうことがいつでもできるという向こう見ずな信念を持っている人たちでも、自分が人生の経験をつんでゆくうちには、そして他人を見たり批判したりする際には、自分が人に求めているこの要求を、しだいにうんと緩和せざるをえないことになろう。これが殊に崇高なカント哲学に見られる欠点である。昂然《こうぜん》として頭をもたげ、外部からの援助を俟《ま》たないで、「道徳の道」を確乎《かっこ》として歩み得ると最初は信じていた人たちにも、「謙遜《けんそん》の谷」を難儀しながら通過することは免除されてはいないのだ。彼らにいわせれば、「謙遜の谷」を通ることなどは、道徳的意識のするどい洞察力がにぶってくる、と言うことになるかもしれないが。従って、現実の人間にとっては、「君が幸福に行きつきたいなら、君のになっているあらゆる罪から、どんな犠牲を払ってでも解放されるがよい」という第二の忠告の方が大切だ。この行き方なら、道は間違いなく通じている。この場合君は、抜き身の剣をひっさげてダイヤモンドの閾《しきい》の上に坐っている救いの生真面目な門衛（ダンテ煉獄篇第九歌七八行）のそばを通りぬけねばならない。君の魂を真に解放する可能性は他にはないのだ。ゲーテは彼の『ファウスト』第一部において、感動的な迫真性をもって罪を描き出したが、第二部に至って、この罪をまぬかれる一種自然的な解脱《げだつ》の方法を発見しようと試みている。それは実際また今日でも多くの人々が探している行き方でもある。すなわち、大がかりな自然享受とか――これは内心の弾劾してやまない罪の声をせめて一時的にでも沈黙させうる――、古典的あるいは浪漫的な芸術や美の魅惑とか――物質的人間の完成と同時にその赦罪をこういうところに認める人はなかなか多い――、あるいは最後に、大衆の喝采《かっさい》を得て、せめて一時的にでもしめつけられる心を昂揚させ欺こうとするたぐいの身ぶりや文化活動といった手である。しかしいくらこんなことをしても、罪は依然として暗い事実として頑強に残っているのであって、この偉大な詩人でさえ、何らか信ずるに足る方法でこの罪を除くことはできなかったのだ。悔い改めざる者、それどころか最後の瞬間まで道楽のかぎりをしつくそうと意地になって頑張っている者までも、神の愛はそのふところに迎え給うというような甘い話は、むしろ単なる空想の図であり、詩人の勝手な作り話で、こういうものに対してこそ、プロメテウス的な魂の持ち主なら、最後の息をひきとる時まで、その名誉にかけて、反抗すべきが当然であろう。

悔い改めるだけでは、しかしいまだ罪から解放されることにはならない。信頼をもって魂を神に向けて初めて、罪から解放されることになるのだ。ダンテの偉大な詩においてホーエンシュタウフェン・マンフレッドの影が述べているように、息の根のとまる最後の瞬間まで神に身を向け、たとえ教会の絶対命令があってもそれを阻止されないような人ならば、神の強力な恩寵《おんちょう》の腕（ダンテ煉獄篇第三歌一一八行）は、一人もらさず摑《つか》み給うのである。

そしてこの場合、（聖書の上に引用した慰め多き箇所の示す通り）罪の大小は問題にならぬのだ。人間的な概念や刑法の法典で判断するのではなくて、すべてを知り給う神、完全な正義にのっとって測り給う審判者の目より見るとき、一体人間の罪が大きいとか小さいとか言うようなことが何であろう。

この審判者たる神に向かって、あえてその恩寵を求めるだけの勇気を常に自己のうちに見出すならば、その人はすでに恩寵の本質的なものは、すでに受けとってしまっていると言ってよいのである。なぜなら、神の不興を買いその恩寵を失う最大のものは、いわゆる「天罰的な頑迷」にあるからである。すなわち、瀆神者《とくしんしゃ》がその最後に至るまで頑迷で反抗的たることを止めず、神の恩寵を乞《こ》い求めることを妨げられることこそ、神の審《さば》きにほかならぬのである。

もとよりわれわれの教会は時のたつにつれて、この単純な懺悔《ざんげ》の道からはるかにかけはなれてしまい、罪をまぬかれるのに、はるかに積極的な行き方があると時に主張している。それは外面的な行為によるか、あるいは少なくとも神との和解に関する特定の教義的解釈によって、解脱しうるとなすのである。

さしずめわれわれは、すべてのいわゆる「善行」と同様、一切の外面的贖罪《しょくざい》の業が、心が神に向かっていることの結果として自然に発してくるのでないかぎり、無価値と考える。たとい内心から自発的に出てくる場合でも、外面的な業は、なるほど有益であり心を静めることはあっても、依然としてその人の手柄になるものではない。「懺悔」は、その意味がほとんどわれわれには失われている一つの大きな問題なのだが、その肝心な点は悔い改めの悲しみなどいうものではない。悔い改めなどは往々反対に

「死を来たらしめる」ものにすぎない。懺悔の本質的な点は、一方では、はるかに困難で稀《まれ》にしか起こらぬことだが、回心《えしん》するという完全な意志を持つことであると同時に、他方では、そのためには自力以外の他力を必要とするという確信をもつことにほかならぬ。この他力を欠くとき、回心の意志すらも往々単なる一種の「善き決心」にとどまるのである。

だから少なくともキリスト教会ならびにその正しい信奉者らにとって、キリストの助けを呼び求めることは、全く自明のことである。キリストは歴史的人物としてわれわれの目にも見える姿をとって、神自身からこの世に遣《つか》わされた救世主であるからである。またまさにその故に、キリストを回避することは許されない。といっても、まわりくどい「キリスト論」なんか要るわけではないのだ。読者よ、がっかりしたもうな。実際のところ、当てにできるようなキリスト論なんか、ありはしない。この救世主の「本性」や、この救世主を通じての救済の秘義を知るのは、神のみなのだ。そういう問題に関する人間のおしゃべりのすべては、数千年らい、何の実も結ばぬように断罪されているのであり、また実際何人をも慰めたためしはない。もちろんこの問題については、誰だって、邪念はないが何といっても人間的な誤謬《ごびゅう》を永遠にまぬかれないのではあるが。だから、実践の道によってのみ、但しこの方法によれば確実に、君は経験できるのだ、心の奥底から出てくる単純な「主よ、お助け下さい」という祈りの言葉が、君に一つの道を開いてくれるということを。その道は、君の哲学や教会的儀式やきわめて難儀な贖罪《しょくざい》の業なんかには、まるで十重《とえ》二十重《はたえ》の鉄の扉で閉じられていたものなのだ。この扉にささっている閂《かんぬき》を君に開けてくれるのは、福音書《ふくいんしょ》の偉大な無条件的な一句なのである、「わたしのもとに来る者を、わたしは決してこばみはしない」(ヨハネ伝六ノ三七)。

君がこの救いを身をもって知り、不確実と不安との揺れ動く大海原から、信仰という固い大地の上に君を移してくれる手をしっかり握ったあかつきには、君がなお第三者に懺悔しなければならぬものかどうか、またどういう罪を第三者に打ち明けることによって償わなければならぬかというようなことは、君に言うのを控えておこう。ともかく懺悔などというものは、救いを経験する以前においては全然無意味である。一般に大多数の者が、第三者に対して行わねばならぬような懺悔を手控えるゆえんは、むしろこの点なのだ。第三者に打ち明ければ、一生涯その人に精神的に隷属する懸念《けねん》も起こってくるわけだ。しかしそれでも君が告白のために、誰か他の人のところへやられるといったことは、ありがちなことである。これはキリスト教というものが、その本質的な、超感覚的な面のほかに、人間的な同胞としての共同体でもあるからだ。つまりキリスト教は、多くの個々のたましいが、その中で、神やキリストとは結びついているが、しかしお互いには内面的な連繫《れんけい》もなく並列しているといった、単なる一般的な枠《わく》ではないのである。とりわけ、君の魂に高慢が巣くっているときは、誰かに告白することがよかろう。そういう場合は、ただに神の前のみならず、人間の前にへりくだる心理的必要がおそらくはあるのだ。神によって懺悔をきく使命をあたえられた人の宣する赦《ゆる》しは、多くの人々にとっては、何といっても心静まるものを含んでいるのだ。ただ頭の中で考えているだけでは、たとえそれがどんなに具体的であっても、とうてい他人に打ち明けた時ほどの安心は得られぬものだ。

そこでもし君がそういう人を知っており、その人に打ち明けたい要求を内心に感ずるなら、神自身に対すると同様に全く率直にその人に話をする決心をかためてもよろしい。そして、その人の教えを無条件的に受けていれる気持があれば、安んじてそれに従うがよい。君はそのことによって内面生活における進歩を、うちあけない場合よりか短時日のうちに獲得することができるであろう。しかしこれらの前提のうちの、ただ一つでも欠けている場合には、そういう告白は君にとって何の足しにもならない。いわんや君が、既成の教会の形式を重んずる余り、あるいはそういうことでその相手の人に敬意を示そうという魂胆から、告白懺悔を一種の人間業にしようということで君自身ならびに君の尊敬する人にあっては、君は最も神聖なことを汚すことになり、最大の損害をあたえることになるのだ。かつては有能であった僧侶《そうりょ》や宗教的著述家が往々ひどく堕落したりすることがあるのも、このような全く不純な、あるいは半ば不純な精神的友人関係や指導関係によるのである。

さて君は打ち明ける決心をするがよい。まだその時間があるからだ。君に呼びかける声がまだ聞こえるからだ。誰の声であろうと、またどんな仕方であろうと構うことはない。内心の言葉であろうと外部からの言葉であろうと、それがまた偶然のものであろうと故意のものであろうと、説教によるもよし、書籍や新聞によるもよし、あるいはまたその他何かの印象でも構わないのだ。ヨブ記は経験上の事実として、その呼び声が「二度ならず三度までも」どんな人にも起こるものだと主張している。しかし普通この呼び声は、何らか他の伝達と違った、けばけばしい装いをこらしているわけではない。大切なことは、その外形や種類ではなくて、むしろその呼び声が、心の奥底の琴線に触れるかどうかということなのだ。もちろんこの琴線は、自分の生活や思《し》惟《い》の普通の音階とは違った別の音階から出てくるこの呼び声をも感受できるていのものだ。

もしこの呼び声が君に今一度聞こえたならば、その時は奮い起《た》たなければならない。

しかも直ちにだ。何処にあろうと、どうあろうと、仕事中であろうと、街頭であろうと、社交場裡《じょうり》であろうと、劇場内でも、その他どんな場所にあろうと、あらゆる罪を君の生活から払いのける決心をすることにかけて、ただの一瞬もためらってはならない。そうすれば、何もかも君には容易《たやす》くなり、明瞭《めいりょう》になるであろう。ほかならぬ罪の直接の結果である陰鬱《いんうつ》な心と誤った観念は君から退散し、ついには、君もまた「神の目の前で今日こそ私は平和を見出すたましいとなったのだ」と言える日が訪れてくるのである。

二

君たちは君たちの生活から、この二つの大きな禍《わざわい》のどちらを追っ払いたいと思うか、罪か、それとも憂いか、訊《き》いてみれば、おそらく大概の人は憂いの方を片づけたいと願うだろう。しかし、これは間違っている。なぜなら、罪の方が憂いの本来の根本的な原因をなしていることが多いばかりでなく、罪を犯したという感じが全くない場合には、どんなに重い憂いにでも割合楽に耐えられるからだ。それどころか、人間という奴は、苦悩のただ中においてさえ、何か心の奥の奥底で幸福感を味わえるような、かえって神にうんと近づいたのだという感じをもつものなのであって、人間の精神というものは、気分的には鬱《うっ》しているときでも、何か浮き浮きとしておれる、という言葉が、真理であることを感ずるのである。従って「禍の最大なるもの」（シラー『メッシナの花嫁』）は疑いもなく罪である。そして、これはよく看過されることだが、罪をになっているという点では貧富の差がないという点にこそ、人間運命の非常に大きな平等さがあるのである。

もちろんこの二つの禍の相互関係が逆になっている場合も稀ではない。すなわち、悩みの末の弱気な憂いと気懸りが、罪を犯す第一の原因になっている場合である。それは多少は悪いことをしなければ、世間を渡ることはできないのではあるまいかという懸念であり、気持のくさったときには、ほとんど否応《いやおう》なしにのさばってくる信念みたいなものである。つまり、多少の悪事や策略や暴力は、世間一般では残念ながら無理からぬことと思われているし、「他の連中もみんなやっている」わけだから、余りに良心的にすぎて、そういうものを使わないでは、はげしい「生存競争」に打ち勝っていけないのではあるまいか、といった腹の中にすくっている考え方なのだ。こういう考え方さえなければ、今はとうてい善人なんかにゃなれやしないと思っているような人でも、いくらでも善人になれるはずなのだ。ところで、こういう考え方が今日では以前にましてのさばってきているように見えるが、こういうとんでもない誤った信念をぶちこわすことこそ、現代のキリスト教の主要任務の一つであろう。キリスト教はその成立当初においては、非常に真剣にこうした問題をとりあげていたのであり、「思い煩うな」という忠告どころか命令さえも、われわれにあたえていたのである。そこには同時に、どうしたらそれができるかという、きわめて積極的な指示さえも添えられていた。

しかし、この指示はもとより神に対する信仰をその前提としている。信仰がなければ、この指示も何の役にもたたぬのだ。従って、憂いに打ち勝つことができぬということ自体が、たいがいは、かくれた無神論の証拠なのである。世に不思議なことも多いが、目から鼻へぬけるような巧者な人たちの多くが、免れようとすれば免れることもできるのに、一生涯自分の意志からこの罰を持ちつづけていくことは、最大の不思議の一つである。なぜなら、神はあくまでも誠実であって、人の安んじて腰をすえうる岩だからである。これこそ元来、われわれが神について最も確実に知りうることであり、最も容易に自分で経験できることである。誠実はしかしもとよりお互いのことであって、神が誠実であれば、われわれも誠実でなければならぬ。そのわれわれの誠実さを示すのは、何かの業績や告白ではなくて、娑婆《しゃば》のいろんな不正や困難に遭遇したときに、疑惑の念がわれわれに襲いかかろうとするそのたびごとに、断乎としてそれを払いのけることにあるのである。このような誠実を重んずる考え方は、キリスト教もしくはイスラエルの契約の観念が、われわれドイツ人の勇敢な祖先の耳にとどく以前に、すでにドイツ人がいだいていた超感覚的な威力についての見方であった。そして、ゲルマン諸民族が常にあらゆる人間的徳性のうちで最も美《うる》わしい徳と見なしていた、この誠実という種族的特性を、もしキリスト教が十分に取りいれていなかったとしたら、おそらく千五百年後の今日でも、われわれドイツ人は古き神々へ帰りたいという誘惑を感ずることであろう。ただ違うところは、われわれはこの関係をもはや一国民全体の契約と見たり、あるいは中世の采邑法《さいゆうほう》の類推によったりしないで、（少なくとも新教においては）一つの個人的な関係と見ている点であって、かえってこの関係をあいまいにするような人間的類推を使わないで見ている点である。そしてこの関係の主な価値は、誠実を守る自分自身の感じ方が完全に純であり率直であり不動の確かさをもっていることにあるのであって、信仰を問題にしないで単に誰にでも一般に概念的に分かりさえすればいいというような行き方や、思弁的哲学的に定義することができるとか、あるいは教会の教義によって正しく解釈できるとかいった点には、決してないのである。そういうことはすべて枝葉末節の相対的なことである。われわれにとっての眼目は、誠実な神をもっているということであって、神を説明できるということではない。神の側からも事態は同じように見られるであろうことを、われわれは決して疑わない。それゆえ、人生の難局や心配事に際して絶望するようなドイツ人は、ゲルマン人の国民性とその歴史に対して裏切りを行うに等しく、たとえピストルを手にとることがなくても、自殺も同然なのだ。

信仰によれば憂いを除くことができると完全に確信がもてるようになるには、もとより身をもって経験する以外に手はない。そうはいうものの、聖書の中にも、従来の無数の文書の中にも、また数知れない人たちの経歴中にも、信ずるに足る第三者の肯定的保証と経験が非常にたくさん集まっており、他面また信仰以外の他の行き方では決して憂いを払うことができないという明白な実例もうんとあるのだから、当然次のような疑問も起こってくるわけだ。すなわち、誰もがめいめい各自で行うべきことであり、真っ先に欲しなければならないことなのに、どうしてこの経験をなめる（信仰する）ことを、そんなに毛嫌いするのであろうかという疑問である。ほとんどやけくそになるほどに憂いに苦しめられた人々が、自殺するかわりに、何故せめてこのこと（信仰に入ること）を試みないのであるか。たとえこの試みに失敗した時でも、細引なりピストルなりに何時《いつ》でも最後の逃げ場を見つけることができるではないか。もちろん信仰によれば憂いがなくなるという聖書の保証を文字通りに受け取っていい人は、次のような人にかぎられている、すなわち、神に助けを求めながら、これと並行してあてにならない別の助けを求めたり、先ずもって人間の助けを求めたりすることの絶対ない人にかぎられるのである。ところが今日、そういう人はどれだけいるだろうか。幸運の太陽が輝いている間は、彼らは一種の笑うべき、あるいは罪深い宿命論をもって、自分たちの「幸運の星」を信じているだけで、信仰などには見向きもしないのだ。しかしこういう行き方では、ひそかな不安が時々彼らにしのびよってくる。なぜなら、「神に身をゆだねた人の幸福は、ただ一つの支えを要するだけなのに、この俗世的幸福は多くの支えを必要とする」からである。しかも一旦《いったん》彼らが不幸な目にあい、それに対して他人の援助が得られないとなると、あらゆることに迷い出し、現代病たる不眠やたえまのない不安といったいろいろな「神経性疾患」にかかり、数しれない療養所へ送られる仕儀となるのだが、しかもたいがいは何にもならぬのである。なぜなら「この世の悲しみは死をきたらせる」（コリント後書七ノ一〇）からであり、それに対しては神経科の医者も手の下しようなく、水浴療法も何の効き目もないからである。

以上によって不断の憂いから解放される手段があることは君にも分かったことと思

うが、ひとつひとつのしばしば起こる気懸り（憂い）（ただし、しょっちゅうそのために煩悶《はんもん》し、はては絶望的になるような憂いはその限りではない）がわれわれの生活の必然の出来事であることも、同様に君には分かっていると思う。人の生涯に憂いの伴わないことはありえない。憂いと共にありながら、それどころか往々いくたの憂いをもちながら、しかも憂いなしに生活して行くこと、これこそわれわれの修得すべき生活の技術である。そこで、あまりに憂いの少なすぎる人は、わざわざ自分で憂いを買いもとめるということは、ざらに世間にあることである。とりわけ富は憂いから人を解放するものだと、たいがいの人は考えているが、以《もっ》てのほかで、キリスト自身が言っているように「惑《まど》わし」（マタイ伝一三ノ二二）にすぎない。金銭に対する警告は、とかくわれわれの軽く聞き流しがちなものであるが、決してだてや酔狂で言われていることなのではない。われわれは三つの本質的な理由から憂いをもつ必要がある。第一の理由は、傲慢《ごうまん》軽薄にならないために、である。憂いは時計の振子のごとく、その正しい歩みを調節するのである。第二は、他人に対して同情の心を持つことができるために、である。あまりに裕福で普通の心配事のないような人はとかく利己主義者《エゴイスト》になる。こういう連中は、心配事で顔も蒼《あお》ざめているような人を見ても、もはや同情もせず、何か不当な存在、自分たちののんびりした快適さを邪魔するものぐらいにしか感ぜず、それどころか、かえって心からそういう人たちを憎むようなことにもなりかねないのである。最後に第三の理由として、憂いこそ、われわれに神を信じて、その助けを求めることを力強く教えてくれるからである。なぜなら、われわれの願いを聞きいれて、その結果われわれを憂いから解放してくださることこそ、神の存在についての唯一の確証であり、キリスト教の真理であることを実際に証拠だてるものであって、キリスト自身もこの実地の証明を各人が試みるように促している（ヨハネ伝六ノ三五など）。それゆえ悪い日がかえってよいのであり、もし悪い日がなかったら、たいがいの人は決して真面目な考えに行きつくことはないであろう。

さらに、憂いからの解放、すなわち山のような重荷をおろした勝利の日は、疑いもなく人生の最も純粋な幸福の瞬間であって、もし神が神を信ずる者に対して真にめぐみ深い方であるならば、必ずめぐみあたえ給うところである。それゆえスポルジョンがそのもっとも美しい説教の一つで次のように言っているのは正しい、「本当に神を信頼するなら、神は始めにおいてはわれわれの恐怖にまさった方であり、ついではわれわれの希望にまさった方であり、最後には、われわれの願望にまさった方である」と。憂いは常に、それが神を信ずる者の上に果たすべき任務をもっている間しか、つづかないのである。

世にはしょっちゅういろんなつまらぬことに不平をならしている人がいる。やれ天気が悪いの、政治がなっとらん、社会状態がいかんなどと、何もかもこの世の勝手が気に入らぬといった手合いである。もしやや逆説的にこういう連中に真理を教えてやろうとするなら、われわれはいきなり頭ごなしに、こう言ってやってもいいのだ、「君はあんまり心配事がなさすぎるのだ。気懸りなことでも少しつくりたまえ。多すぎて困っているような人たちのために心配してやり給え。そうすれば君のその病的な不平の虫もいなくなるよ。あるいは少なくとも、いま君を不幸にしている事柄を、そんなに気にしなくなるよ」。とりわけ、精神的職業をもっているような人は、憂いのないことを望むべきではあるまい。というのは、そんなことでは、憂いを持っている人たちの相談相手にもなれないし、それどころかたいがいの場合には、相手の訴えすらのみこめまいから。

くりかえし言っておく、はてなき憂いというようなものはあるはずがない、あるのは救いである。救いを欲しないなら、君は罰としてはてなき憂いをになってゆくがよい。しかし時々の心配事は、お前にあてがわれたものだけは喜んで引き受けなければならない。そしてお前の精神と意志の力によって、これを克服しなければならない。「シオンは公平をもってあがなわれ、帰りきたるものも正義をもってあがなわるべし」

（イザヤ書一ノ二七）。謂《い》うこころは、捕らわれている者らが真剣に解放されることを望み、そして誠実にそのなすべき分をはたすならば、神の助けによって、心の解放が行われるやいなや、外面的にも解放されることになるという意味である。

「慰めなき日にも、いくたの艱難に対し、お前のこころを堅固に武装できるほど、お前が強く忍耐強くなっており、あれこれの悩み、あるいはこんなに大きな悩みは、本来ならば自分のところに来るはずはなかったのだ、という風に、自分を正しとすることなく、ことごとに私（神）の計らいが正当であると認め、私を聖なるものとしてたたえるならば、その時お前は平和に至る本当の真直ぐな大道を歩んでいるのであって、やがて私の顔を歓呼をもってふたたび見ることになるであろうことを、完全に間違いなく期待してさしつかえない。そうだ、お前自身を完全に物の数でないと思うほどに、お前を仕上げたあかつきには、その時いらいお前は、およそこの巡礼者の生涯において、最も幸福な人たちにあたえられるかぎりの、完全な平和をたのしむことになろう」（トーマス・ア・ケンピス「キリストのまねび」三ノ二五）

次に憂いに対するいろいろな人間的対策を論じよう。

最上の対策は、忍耐と勇気である。「どのような暗い時にも、神にすがることができる人には、やがて朝の光がふたたび登ってくるであろう。なぜなら、神に身をゆだねることは、来るべき日を告げしらせてこれを迎える鶏鳴《けいめい》のようなものだからだ」(ザイラー僧上)。すべての困難なことも、われわれがそれに対する身構えをして現実に引き受けてしまえば、すぐ消えていくことがいかに多いかということは、事実いじるしい経験的真理である。いつか生涯に自分の持っている財産を否《いや》でも投げ出さねばならなくなった時になって初めて、人は最上の宝を所有することになるのだ。その上実際にそういう目にあってみればすぐ分かることだが、われわれの出会う出来事についての判断は、よく初めのうちは間違うことがあるものだ。一見自分には都合のわるい敵対的なことでも、後になってみると目的にかなっていたことが分かったり、その反対に、いわゆる仕合せな出来事も、たとい有害なものにならないまでも、たいしてプラスにならないといったことは、しょっちゅう経験するところである。だから、心配事が重なってくるような時には、そのことに関する判断を控えることができれば、たいへん賢明な処置といえるのである。更に一層有効な手段は、どんなに難しいことでも、ほんの暫《しばら》く我慢すればよいので、もう次の瞬間には事態が変わったり、あるいは少なくとも新しい力が湧いてくるものだと考えてみることである。

しかしその他にも二、三のちょっとした対策がある。あるいは少なくとも一時抑えの手がある。こういう手を冷静に一応見渡しておくことは、無駄ではあるまい。というのは、『ファウスト』第二部に言われているように、憂いが息を吹きかけただけで、目が見えなくなる（一一四九八行）ということは、真実すぎるくらい本当の話だからだ。

これらの手段のうち、もっとも手近な、もっとも有効な手段は仕事をするということである。それは仕事をすれば、その直接の成果があがるというためだけではなくて、仕事のために頭が一杯になって、おそらくは絶対に起こりそうもないような事柄について、くよくよ考えることがなくなるからである。それというのも、憂いの大部分は、理由《いわれ》のない恐怖から成っているからだ。仕事は勇気をあたえてくれる。そして、本当は憂いを払うのに何の足しにもならぬ上に、心身をそこなう「気ばらし」や飲酒のかわりに、正しい仕方で即座に心配事を忘れさせてくれるのである。仕事こそ、唯一の真実な、天下御免の、そして有益な現代式「忘却の水」（冥府《めいふ》の忘却の川レーテの水）である。

第二の手段は、神が単なる観念ではなくて、生きた人格者であると見る人だけしか使えない手ではあるが、祈願すること、しかも人間と語る以前に、先ずもって神に対し祈願することである。このことについて、スポルジョンが次のように語っていることは、おそらく当たっている。曰《いわ》く、神に祈るということのうちには、人々の間でも成果をおさめる秘訣《ひけつ》がかくれているのだ、すなわち、人々と正しく語りうるわざがひそんでいるのであって、神はこれらの人々を通して実際にも救いを送られることになるのだ、と。それはともかくとして、われわれはここで別に祈禱《きとう》についての論文を書くつもりはない。確実にいえることは、祈禱には信仰が必要であり、他面、意志のすべてをあげて、一点に集中した精神力のすべてをつくして神に援助を乞う必要があるということである。そうすると力が湧いてくる。そして、しばしば助けてもらえるという経験のほかに、すでに使徒パウロも引き出している全く論理的な結論が加わってくるのだ。すなわち、いやしくも神が人間に人生最大の宝を贈ってくださる以上、単に生命を保っていくのに役立つような小さな宝を拒みなさるはずはない、ということである。実際のところ、やっと正しい人になりかけ始めたというところまで持って行っておいて、しかも飢えさせるというようなことは、てんで筋が通らぬことになろう。

しかし、われわれの祈願が聞き届けられるのを待たねばならぬということ、時には長いあいだ戸を叩《たた》かねばならぬというようなことが、しばしば起こってくることは疑いない。あるいは、こちらの願ったものが、さっぱり貰《もら》えないという場合も起こってくる。しかしおそらく第一の場合には、待つということ自体が正しく聞きとどけられるには必要であったのであり、(これはたいがい後になって初めて分かるのである)、第二の場合には、おそらくその人の撰《えら》んだものよりか更によい何ものかを得ているのである。

第三の手段は、さしずめ経済問題から起こってくる心配を除くためのものであるが、それは足るを知るということ、簡素を喜ぶということである。われわれ現代人は簡素ということからひどく離れてしまっており、たえず享楽の度が高まっていくことをもって、人生の真の目的と見るような人が多い。そしてある種の贅沢《ぜいたく》は、教養の条件であり目的であると考えている人が多勢いる始末である。われわれ市民階級の者は、生活面の苦労を除き、時にはもっと始末の悪いものをわれわれの生活から片づけようと思うならば、ふたたび簡単な生活様式に帰り、昔は市民階級の強味であった享楽の哲学を自発的に放棄する必要があるであろう。今日では市民階級は、いわば逆立ちした間違った人生観をもった群衆と化しており、しかもそれは社会の最上層の階級よりかえって甚だしいのである。このような贅沢な生活のためには、実際何を祈っても無駄なのだ。贅沢な欲望のために神の御心《みこころ》を得ることはできぬ、日々のパンのためにのみ、神はいますのである。

心配事を除くには以上のことと直接関連する二つの大きな対策がある。第一は正しい節約である。これは正直な所有からしか起こらない。不当に得られた金が正しく節約されることは稀《まれ》であり、うがった格言に言われている通り、孫に伝わることはない。従ってこういう場合には節約は役に立たぬ。ところで節約がかえって有害な場合もある。勘定ばかりしていたり、ほんの僅《わず》かの金まで気にやんで、家計をとるようなことは、無用の心配を増すだけだ。軽率な家計のために、台無しになる人も多いが、こういうこまかい家計のために精神的に駄目になる人も、同様に多いのである。

次にくらしを立てて行く上に、それ自体どうにも説明のしようもないような祝福（あるいは呪い）があるものだ。これは人間の行いにもとづいているが、しかし明らかに道徳律に従うか否かに関連がある。この要素をぬきにしては、数しれない正直者が格別の財産もなく、あるいは確実な所得もないのに、長い一生をどうして暮らしてゆけるのか、全くの謎になってしまうだろう。当人自身が一番説明に困ることだろう。

最後に経済問題上の心配を払いのける手は、ふしぎにも秩序立って寄附するということである。このことは、すでに古代イスラエルの予言者たちも知っていたことだが、現代ではゲオルグ・ミュラーやスポルジョンによって最近またとりあげられたところである。寄附するために取りのける額が全収入の十分の一でなければならぬという説だが、こういうことは全くどうでもいいことのように思える。しかし、寄附は一定の額でなければならず、また単なる目論《もくろ》みにとどまってはならぬこと勿論である。目論みというようなことでは、人間の欲ばり根性から、いつでもその実行を逃げる手が案出できるからだ。寄附によって初めて、貧しい同胞のことを気にかけるくせもできるし、そういう憐《あわ》れな人たちに対する目も開くようになるのだ。そういうことをしない場合は、貧乏人といえば何かうるさく自分の懐をねらっているようにしか映らないものだ。しかしわれわれの所持するものも、ただ法律的に正当であるだけであり、また考えようによっては、人に施すどころか自分とその家族のためになくてはならぬものとなろう。しかし、これはただあずかっているだけで、自分だけのものではないという気持になる人は、いわば施しの基金をもっているようなもので、自分の周囲を見まわせば、いくらも上手にその基金から施してやれるような人が見つかり、物言わぬ目の願いを見ただけで、いちはやく相手が口をきらぬ先に、その願いをかなえてやることもできるのである。しかもこれはひどく骨の折れることでもない。ただこれだけの習慣でも世間一般に広まれば、今日世間でやかましい、しかも大部分何の実も結ばぬ空理空論以上に、社会問題解決の一助となるであろう。

憂いを撃退するのに一つのストア的行き方があるが、これは最後にあげておこう。というのは、以上述べたいろんな手を試みた後では、たいがいの場合、この手はもう使う必要がないからだ。それは起こりうべき最悪の場合を頭においてみることなのだ。そうやってみると、事実、いくらか落ちつけるものである。エピクテートスの言葉遣いでいえば、こういう手を「あやつり」うる人、つまり使える人にとっては、少なくともそうである。しかしそれ以外の人々にとっては、この行き方は、必要もないのに、絶望にかりたてられることになりかねない。

しかし以上のべたすべての手だても、必ずしも即座に役立つというわけではない。憂いの霊は往々（とりわけ眠れない夜には）まるで「武装した兵士」のように襲撃してくるのであって、即座に抵抗する隙をあたえないことがある。そういう場合は、その原因が何であるか、真っ先に調べなければならない。罪が原因である場合は、直ちにその罪をのぞく必要があるが、別段の理由がなかったり、あるいは肉体的な原因の場合は、睡眠とか新鮮な空気とか運動とかいった身体にききめのある手段によって、あるいは仕事によって、これに抵抗しなければならない。決して単なる「気ばらし」によってはならない。気晴らしなどは、後《あと》で憂いが二倍の威力をもって返ってくるだけだ。よき格言もまた時に力になることがある。たとえば、使徒行伝一八ノ九、イザヤ書二八ノ一六節及び二五―二九節、三〇ノ一五節、四〇ノ三一節、四九ノ一五節などである。

しかし憂いの原因が、現に存在する苦難であって、単に将来起こってくるのではあるまいかと懸念《けねん》されるような苦しみでない場合には、次のような反省がおそらく有効であろう。すなわち、神の課したもうところは、われわれのになわなければならぬものである。そして、神の許しなしにはいかなることも起こりえないということ、実は当人自身にも時に分かっていないような、われわれの実際の力にあわせて、すべては測られているという確信を、意志の強さのかぎりをつくして堅持しなければならぬということである。この二つの考えこそ、さしずめわれわれの支えである。この支えを捨てる者は、一本の綱にすがって深淵《しんえん》の上にかかり、しかもその綱を手放す人と事実上同じである。苦難に会うとき、われわれはその苦痛を訴えてもかまわない——但し自分自身に訴えるのではない、また他人に対しあまりひどく訴えることも不可である——その次には、悟性に従って行動しなければならない。ただし悟性が興奮のためにくもっている場合は、悟性のみによることは不可であり、またいつでも直ちに行動に移っていいというわけではない。以上のような前提の下でなら、人間は相当もちこたえられるものである。

しかし時にはそうも言えないことが、ままありうる。けれどもそういう時こそ、普通には決してできないほど、性格の真の鋼鉄がきたえらるべき時期なのだ。そういう時には、せめて短期間でも、もっぱら我慢することを試みるがよい。一月でも、一週間でも、三日間でも、ただの一日でも。その期間が終わったあかつきには、初めよりか一段と強くなっていることも稀ではないのだ。そしてこれはしばしば経験的にもたしかめられることだが、一見避けがたいように見えるものにわれわれが順応し、とりわけ人様の援助をもはや求めたり期待したりせぬようになったその瞬間から、すでに事態は好転してくるものだ。苦悩はかくてその目的をはたしたのである。

最後になお一言つけ加えておく。われわれが苦悩と悪戦苦闘している最中には、ありとあらゆる慰めが根も葉もないことに思われ出してきて、どんな慰めでもとうていこの苦痛をまぎらわすには不十分であると見たり、あるいはそれどころか、同様の苦痛を我が身になめたことのない閑人《ひまじん》の空念仏と見るようなことがあるということは、われわれも十分承知しているところである。それは当たっていることもあろうし、また当たらない場合もあろう。しかし君がそんな風に考えるなら、自分や自分の家族のためには、もはや我慢する気もなく、またできないことでも、神の栄誉のために耐え忍んでみようと試みられるがよい。「君がほとんど絶望にかりたてられ、我と我が身に乱暴にも手を加えようとしたり、あるいは何か他の軽卒な悪事をしでかそうという誘惑におちいったときにはそういうことをしないで、先ず君の神に打ち明けたまえ。それは最高の天使たちやケルビム（九天使中の第二に位して智識を司る）が神にあたえうる以上に、神に栄誉をあたえることとなろう。病気の時でも悲しい時でも、あるいは死に近づいた時、神の約束を信ずることは、とりもなおさず主をたたえることとなのだ」（スポルジョン）。「神に栄誉をあたえる」とか、「主をたたえる」とか「神の御名をあがめる」とかいったことは、今日のわれわれにはその本当の意味がすっかりなくなって、中身のない紋切型の慣用句になってしまった聖書の多くの言い廻しの一つにすぎない。しかし、この世からおさらばをしたいが山々の時に、なおかつこの世で神に栄誉をあたえ、神のために生きぬくことは、あらゆる人生の任務のうち最高のものである。そしてかかる任務をなお最後に至ってゆだねられる人は、これを歎《なげ》くべきではなく、全然これをはたす気がないなら、むしろ恥ずべきである。しかし、素質に何か英雄的なものを持っている人ならば、この任務によって初めてその人本来の面目を発揮するに至るのであり、そのために一層確実に神に近づけたという感じから、かえって人生の一番つらいこの時にこそ、おのれを越えて高められることになる。従って、後《あと》から回想するときには、この最もつらい時が、人生における自分の真の幸福のすべてがその時代のおかげであるといった、最もすばらしい時と思われるほどなのである。

＊

罪と憂いは人生において密接に関連している。従って相共に幸福に至る道に立ちはだかるものとして、読者諸君の目にもうつるしだいであった。

普通には先ず罪を自分の生活から除く必要がある、その上で初めて、憂いを払うことを真面目に考えることができるのである。なぜなら、憂いがないということ、しかもただそれのみが本当の意味で憂いがないといえるような状態は、決して人の自然の天性でもなければ、何らかの幸福な外面的境遇の所産でもなくて、苦労してかち得たよりよき幸福なのだから。ヨブのごときも、試煉をへて初めて、それ以前の、偶然的な幸福の状態から、このよりよき幸福へと導かれたのである。罪と憂いが門番として立っている門をわれわれが通りこしてしまいさえすれば、詩篇第二三篇が優雅に唱っているような、この絶対間違いのない幸福に、われわれのすべては、一人の例外もなく、行きつけるはずなのであり、また行きつくことができるのである。

そのとき天はわれらのために開け

地獄の門はわれらのうしろに閉ざさる
われら信じ愛し希望をもつことを得
われら喜びと平和と安息を持ち
あらゆる願いは聞き入れられ
すべて欠けたるところは補わる
今より永遠に至る救いこそ
われらの失わることなき分け前なれ

超越的希望

一

われわれのこの世における運命は、非常にめぐまれた場合においてさえ、何か謎のように足らないところを残して終わる。すなわち、素質があっても、それを伸ばしきるところまでは行かず、使命が課せられているのに、それを果たしえないという風に、天分と仕上げ、使命と実行との間に、どうにも説明のつかない対立関係をはらんだまま、この世を終わるのである。しかし、人生をこれだけで終わらせてはならない。となれば、この浮世の生活は決して生命全体の終わりでなく、われわれの運命の最後のものとはなりえない。このことは、こういう点に思いをひそめるすべての人、すなわち無雑作にこの種の問題にそっぽをむいて、死を、厳として存する慰めのない宿命と受けとるような人でないかぎりは、誰にでも明らかになるに相違ない事柄である。

だから、来世を信じない思索家型の人の生涯は、すべて深い悲哀のうちに終わっている。肉体的にも精神的にも力が減退していくところから、未来の希望をしらぬ心は不機嫌にみたされ、時々心をかすめる不安に対しては、この世のどんな幸福な境涯も何の足しにもならない。人は死すともその仕事は後世に遺《のこ》るとか、「肉体は塵《ちり》に帰すとも偉名は千歳《せんざい》に伝わる」とかいった風の考え方でさえも、人生そのものの無常については、何ら十分な慰めをあたえてくれないのだ。そうなると、ある人たちは、強引に最後の力をふりしぼって、熱にうかされたように活動し、刻一刻消えてゆく人生の最後の数分までも利用しつくそうとかかる。彼らはそんなことで世人の思い出を確保し、あるいはせめて自分の亡くなったことに対する一時的な哀悼を揺るぎないものにしようとするのである。これに反し、別の老人連中にあっては、すでに眠っていたあらゆる面の享楽欲が、いま一度、ほとんど本能的な不可抗力でめざめてきて、僅《わず》かに残っている生命の火をもう一度吹き起こそうと試みる。しかしその行きつく先は、いずれの場合も、止《とど》めがたく接近しきたる未知のものの前に、万策つきて膝《ひざ》を折り、できるだけそのことを考えまいとするだけであって、せいぜいうまく行っても、死を不可避的な運命と観じて、ストア流にこれを耐えしのぶぐらいが落ちである。但し、これは来世の希望がない場合の話である。このような希望がある場合にだけ、死は、疲れた旅人にその旅路の終わりを告げしらせる親切で厳粛な使者となるのであり、歩一歩苦労して登りつめた山の頂きから、広い新しい一つの世界を望見することが、やがて目前に迫っていることを教えてくれるのである。それ以外のすべての人々にとっては、死は、中世紀の死の舞踊の示すような、みにくい骸骨《がいこつ》であるか、あるいは少なくとも、クレーメンス・ブレンターノ（ドイツ浪漫派の詩人）の世にも美しい、しかしいとも悲しい歌（『刈り手一人あり、その名を死と言う』）に唱われているような、なさけ容赦のない残酷な刈り手なのだ。

ここに至って始めて、人と人とのあらゆる差別のうち、もっとも顕著な相違があらわれてくる。生の終わりに臨んでは、「純なる愚者」（ワーグナーの『パルジファル』のように世間知らずだが宗教的に悟りを得た者）の方が何といっても勝利をおさめ、幅をきかすことになるのだ。何故かなら、他のすべての人々にとっては、凋落《ちょうらく》の秋に散る木の葉の一枚一枚が、希望のない無常感をひき起こすのに、彼「純なる愚者」は、葉の落ちつくした木にも、新しいなごやかな春の芽を早くも認め、その最後の日々に、「なんじは塵なれば、塵に帰るべきなり」（創世記三ノ一九）という変えようのない死の宣告を耳にするばかりではなく、同時にまた「起きよ、光を放て。なんじの光きたり、主の栄光、なんじの上に照り出でたればなり」（イザヤ書六〇ノ一）という生命の言葉をも聞くからである。

二

死の問題は、すべての人生問題のうち、もっとも重要なものである。この問題に対する態度こそ、めいめい各人の人柄を最も顕著に示すのであって、もしこの問題についての人さまざまの考え方が分かれれば、その人生観全般に対する最も決定的な結論を、そこから引き出すことができよう。

死に対する恐怖はまた、あらゆる哲学の最上の試金石である。この恐怖に打ち勝てないような哲学、あるいは、せいぜいのところ、人生の無常について陰鬱《いんうつ》な考察に行きつくだけの哲学は、さしあたり実践的にも、たいした価値のある哲学ではないし、いずれにしてもその目的を全面的には果たしていないものである。しかしまたこのような哲学はそれ自体、理性にかなっていない。なぜなら、一体死というものを抜きにして、どうして理性的な人間的社会的状態を考えることができようか。卓越した人物が、余りに長く生きのびていることだけでも、同時代の人々にとっては、既にあからさまな不幸であったではないか。してみれば、死は、造化における諧調《かいちょう》を金切声で乱すような禍《わざわい》であるどころか、むしろ一種の幸せなのだ。すなわち、善が悪と格闘せざるを得ないようなこの人間の世が、ともかく存続しうるのは、死あればこそであって、死は世界存立の考えうる唯一の可能性をなすものなのである。

どんな出来事にも「心の動ずることのなくなった」人々さえ、自分の生涯が不完全で辛苦にみちていることには、時に重苦しい感じを受け、この浮世の存在がいつかはここから脱け出られる「救い」があるに相違ないといった、単なる通過点に見えてくることがあること、少なくともこれだけは確かである。そしてこのような気分は、どんなに幸福な生涯を送った人でも、知っているところだし、自分自身の運命には完全に満足しているような人があったところで、同胞やその他幾百万の人々の身の上を思うては、とうてい満足しておれるものでもあるまい。というのは、実に無数の人々の生活は、欠乏と自らの過失の長い連鎖にすぎないように見え、これを救済しようとする一切の試みをあざけるからである、すでに或《あ》る昔のドイツの詩人、ハインリヒ・フォン・ラウフェンブルグ（一四四五年）が、このような気分を次のような詩句に言いあらわしている。

私はふるさとに帰りたい、
どんな世にも　もう仕えたくない。
ふるさとには死のない生命がある。

苦しみのない全き歓びがある。
そこでは千年の年月も今日一日のようで、
悲しみもなければ　争いもない。
いざ、わが心よ、わがすべての勇気よ、
あらゆる宝にまさる宝を求めよ。
ここには永続ということがない、
たとえ明日や今日　何事が起ろうとも！
さらばよ、浮世！　神のみめぐみあれ！
私はかなたへ行こう、天国をめざして。

しかし、これとても、まだ正しい死ではない。人は「生命に充ちたりて死ぬ」（歴代志略上二九ノ二八）こともできるのである。そして老年は、緩慢な経過をとる一種の病気で、しだいに重くなって行き、結局どうにも癒《いや》すことのできぬものだときまっているわけではなく、この世で可能である以上に、一層高貴な、一層純なる生への、絶えざる前進と発展でもありうるのである。このような場合には、死は、現世の生活を継続しただけの、似たり寄ったりな生活へ全く自然に移行して行くだけのことであって、そこに何の無理もなければ、物の筋道にもとるような点もないのである。果実が熟して落ちるだけの話、但し落ちて腐るのではなく、有益な収穫となるだけなのだ。

それはそうと、もし死後ふたたび目ざめる（復活）ということがないと仮定しても、現世において復活を信じていた人々が、そうした考え違いのために困るということにはならない。かえって彼らは、そのおかげで、復活がないというやりきれなさを一度も自覚しないで、生者必滅《しようじやひつめつ》という一般普通の人間の定めを共にするだけなのだ。ところでその反対に、復活ということがあるとすれば、それを信じなかった人々には、まことに不愉快なことになろう。およそ信仰の利得は、全く損得ずくめの話にして言えば、たとえその信仰が誤っている場合でも、信仰を持たない人よりか、生きている間も死後も損をすることはなく、その信仰が迷信でなくて正しい道にある場合ならば、一層得をしたことになる点にあるのだ。

三

それにしても、生命の存続に対するわれわれの希望は、やはり希望にとどまるのであって、証明できるような確かな事実なのではない。しかしこの確信には、理由がないわけではない。その第一は、人間には素質と能力が賦与せられていながら、それを完全に発達させるには、人間の一生は短きにすぎるということで、もしこれらの素質や能力が別の世界で更に伸びて行くということでなければ、何の意味もないことになってしまうからである。とりわけこのことは夭折《ようせつ》した人たちについて、はっきり言えることなのだ。

次にわれわれはこの確信に対して、キリストのきわめて明確な証言を有している。もし来世が存在しないならば、キリストの全人生観は一つの大きな誤謬《ごびゅう》の上に立つことになろう。人格の復活は、キリスト教の与える約束のうち最も疑いのない、最も明確なもののひとつである。もしこの約束がなければ、キリスト教も、きわめてあいまいな真理内容と人生上の価値しかもたないことになろう。もちろん、復活といっても、キリスト教の信仰箇条でいうような文字通りの意味の「肉体の復活」ではない。少なくとも、多くの人々は復活をそのように解しているけれども、われわれの意味するのは、キリスト自身が説き、また時に使徒パウロが宣《の》べ伝えたような復活であって、まさにそれのみがわれわれに満足をあたえうるのである。というのは、われわれが来世においてて復活するといっても、自分の個性を失いたくはないのであり、いみじくもヨブが言っているように、またヨブの後《あと》ではプロシアの王女が正当にも述べているように、「赤の他人」になって復活したいとは更に思わぬのだ。もしそんなことになるなら、われわれ自身の生命が続いていることにはならぬから、問題全体が無意味になってしまうわけだ。個性は失いたくない。かといって、われわれは「われわれの肉の弱点」全部をもったまま、来世で生きる気はしないのである。そういうわけだから、どっちにしても、人間の存在全体を深くゆさぶるような、一つの強烈な変化が何としても必要になってくるのであって、カトリック教会では、その特別の準備段階さえ認めているくらいである。

この変化をへた後の来世の生活の模様については、立ち入ったことは一向にわれわれには分かっておらぬし、とりわけ、来世の人々がどの程度に以前の状態の意識を持っているものなのか、また現世に残っている身内の者と、どの程度に連絡を保ちうるものなのか、やはりわれわれには、分からぬのである。前のこと、すなわち、来世の人々が現世の記憶を持ちつづけているであろうということは、もともと論理的には、彼岸で生き続けるというからには当然なことで、そうでなければ、生命が続いているということにさえならぬのであるが、ともかくその間《かん》のことは、われわれには分からない。後のこと、すなわち現世との連絡いかんということも、かりにそれがわれわれに啓示されたとしても、現在のわれわれの知覚器官では感知できないであろう。同様に、人間の空想がいろいろと好んで描きだしてきた「永遠の栄光」についての一切の記述も、たとえば現在われわれの抱いている安息という概念では、とうてい立ちうちできまいと思われる「永遠の安息」という想像と同様に、似ても似つかぬ比喩《ひゆ》、あるいは、いずれにしてもきわめて不完全な比喩をかりて言いあらわしただけの、空想以外の何ものでもない。来世の模様は、一切の人智をはるかに越えて、これら不完全な比喩的空想的な像が描いているよりか、更に一層雄渾《ゆうこん》壮大でありうるのであり、そのことをわれわれは期待して差しつかえないのである。しかしこれとても、その精神的本質がすでにそれに適《かな》うようになっており、有為《うい》転変《てんぺん》をまぬかれないような一切のものから、十分に浄《きよ》められているような人たちにだけしか分からないであろうことは間違いない。いう心は、言葉をかえていうなら、もしかりにすべての人にとって来世で生き続けるということが可能であり、空しいことのためにこの世を送って、その能力を永遠の事物を理解することの方面に育てなかったような人々までが、死によって無に帰するということがないとしたら、めいめい各人は、本質上自己の属していた要素のうちに来世でも生きつづけることになり、この要素は今や、反対の性向にさまたげられることもなくて、徹底的に行きつくところまで行くことになるという意味である。

さて、来世において人おのおのその持ち前において生きるというこの新たな状態が、どんなことがあっても「永遠に続く」ものなのかどうか、あるいはまた現世の生活に似通った個々の生活段階がなおたくさんあって、どのような人にもすべて浄化が起こり、いわゆる「万物更新」（使徒行伝三ノ二一）が行われるのかどうか、これは何人も十分に解答できない問題である。とりわけ悪人に対して永劫《えいごう》の刑罰があるかどうかということは、われわれにはさほど重要には思われない。いずれにしても、善人が永遠に進歩してやまぬということよりか、重要だとは考えられない。またそんなことを信じでも信じないでも、悪人の態度がそれによって本質的影響を受けることはないのだ。徹底的な極悪人がどんな罰を受けるかは、たいていの人の目には見えないし、そのためにとかくこの世における神の正義の存在に疑いをさしはさむことになりかねないのだが、それは詩篇三七及び七三の両章やヨブ記一五章にあげられているような罰が、遅かれ早かれたいがい実現することになるばかりでなく、その罰の主なものは、たとえ善心に立ち帰った瞬間に、より善くなろうと願う場合においてさえ、もはや善の道に帰りえないという点にあるのだ。彼らは彼ら自身の低劣な本質の奴隷としてとどまらねばならないのであって、本来の収穫をあげることもなく、来世の希望もなしに、その生命を失わねばならないのだ。彼らにとっては、来世などただ恐怖の種でしかあるまい。しかしただそれぐらいの罰では、善人がこの世で数々の苦悩をなめ、困苦欠乏に堪えているのに対しては、十分釣り合いがとれているとは思われないかもしれないが、その時には読者よ、次のことを勘定に入れて見給え。すなわち悪人は人間の愛と誠実という、およそこの世の提供する最善のものを我が身に経験して味わうことができないということだ。愛と誠実がなければ、それ以外のどんな財宝も、それをふんだんに持っている人にさえ、たいへんつまらないものに思われるかもしれないのだ。何人をも愛せず、また何人からも愛されないような者は、たとえ普通の解釈で幸運児と言われる人であっても、実は憐《あわ》れな見捨てられた人である。これらの不幸な人たちは、時に彼らに寄せられる愛をさえ理解し尊重することができず、その愚かさのゆえに、必ずその愛をも失わなければ止まないように、運命的に定められてさえいるのだ。それだから、人生最高の宝、すなわち神の近くに在ることや、健気《けなげ》な生涯の終わりは必ず善いにきまっているという内的確信や、相互の尊敬なくしては成り立たぬこの愛や誠実といったものを、悪人は決して手に入れることはない。されば悪人をしてみずからは、不平不満のうちに、そして他方幾千人の人々の嫉《そね》みと憎しみを絶えず恐れながらも、別の財宝を享楽させるがよい（これをしも享楽と言いうるなら）、そして、君は幸福をうらやむなかれである。それは大部分、他の人々が間違って幸福だと考えるからこそ、幸福にすぎないようなものなのだから。「彼ラニツキテ語ルヲ止メヨ、汝タダ見テ過ギヨ」（ダンテ地獄篇第三歌五一行）。

一体われわれが信仰の道に入るのには、どういう理由があるであろうか。われわれの現在の生活と本質とにとって当然な理由、従ってまた同時に納得のゆく理由には、次のようなことをあげることができる。信仰とは、超感性的なものに対する一種の信頼であり、われわれの感覚では摑《つか》みえないものに安心して身をまかすということなのだが、このような信頼感、安心感をかくとき、われわれはその生の目的を十全にみたすことはできない。また信仰があれば、われわれにそこまで伸びる可能性もあり、従ってわれわれの使命ともいえる段階へ、信仰のない者は向上することができない。さらにわれわれは、この段階に到達するためには、人間の性向にもとづく愛の力以上に強力な愛の力を必要とする。愛の力こそ、おそらくは死にさえ打ち勝つことのできる要素であり、生を創造し生を保持する要素であろう。そして最後に、この信仰も、この愛も、この現世の生活では四方八方から、迫ってくるいろいろな強大な障害に対しては、もし「神の民にはなお安息が残されている」という楽しい希望がなかったならば、とうてい堪えることはできまいという点である。

四

死後の生命の存続について、われわれが知っていることのうちで最も信頼できることは、キリストの復活ということである。これは単に歴史的に証明せられている――それも当時のたいがいのいわゆる「歴史的事実」以上に立派に証明せられている事実であるばかりでなく、もし二千年来の世界史のことごとくが、一種の錯覚の上に、否それどころか故意の欺瞞《ぎまん》にもとづくのでなければ、哲学的道徳的にも要請せられている一つのあかしなのである。キリストの復活こそ、それゆえ、一切の真のキリスト教の根柢であると同時に、一切の彼岸の希望の土台をなすものである。

この事実によって、推測すれば、死後の生活といっても、われわれが普通考えているよりか、現世の生活に似たものであろうし、従って死ということも、はるかに取るに足らぬ出来事であろう。死など、その真意をつかんでしまえば、われわれが考えているよりか、はるかに無関心であっていい出来事と言いたいくらいのものなのだ。いずれにしても、先にあるのは進歩発展ということであろう。そして文字通りの永遠の安息でもなければ、永遠の享楽でもあるまい。永遠の享楽など、まことに下卑たことであろうし、永遠の安息に至っては、すでにこの現世においてさえ、結構と思われるのは疲れた時ぐらいであって、新しい力がわいてくれば、少しも有難いと思われないのである。

永遠の安息どころか、その正反対に、すべて神に導かれる人々にあっては、一切の享楽欲も消え失《う》せた晩年に至って初めて、追求すべき生の目標についての正しい洞察と明確な認識の裏づけをもって、かえって働こうという力と意欲がもりもり起こってくるものである。これこそ生命が存続するということ並びにどのように存続するものであるかということに対する、最も確実な目印である。すなわち生命は、晩年というこの発展段階の中途で、突然終止することなどあり得ぬ話で、来世まで存続するのであり、その存続の仕方といえば、現世における最上の仕事を更に高め強化するていのものであるはずである。以上のことは、往々悟性にとってさえ、きわめて明瞭《めいりょう》だから、せっかく晩年になって初めて活気をおびるようになった活動が、突然消えてなくなると認めることは、完全に無意味と思われることであり、いやしくも世界秩序が単なる偶然に立脚していない以上は、世界秩序にもふさわしくないことと思われるのである。偶然に立脚する世界秩序が臆面《おくめん》もなく、数千年来つづいているといったことは、それ自体一つの不可能事であろう。

それゆえ、親愛な読者よ、生命が徒《いたずら》に下降してゆくものだといった沈鬱な気分をひきおこす考え――これは馬鹿げたことだ――を、君の生活から追放するがよい。と同時に、生命を余りに軽視することも止めるがよい。人生は、できるだけ速やかに見捨て去らねばならぬような「悲しみの谷」なのではない。そうではなくて、われわれの死後の生活をも含めての全存在が、いよいよ進展してやまない生命となるか、あるいは徐々に本当に死んでしまうことになるかが、ここで決せられる最も大切な一齣《ひとこま》なのだ。徒に早く死にたがり、戦いをへずして「天国に行く」ことを欲するような現代の多くの意気地ない人々もまた、当《あ》てがはずれて、現世におけるよりか更に不利な境遇のもとで、あらためて戦いを始めなければならないことになるかもしれない。同様に「罪のない」無邪気な子供たちや、あるいは、ギリシア人の考えによれば神々の特別な寵愛《ちょうあい》によって夭折《ようせつ》したとされるような人々も、羨《うらや》むべきものではなくて、かえって彼らは初めからもう一度やり直さなければならぬのだ。われわれは、ほかならぬ戦いとあらゆる種類の艱難《かんなん》を経てこそ、われわれの現世における完成に行きつくのである。われわれの心の中に蒔《ま》かれて、先《ま》ず芽を出し、ついで成長して花を咲かせ、最後に実を結ぶべきところの、より高い世界観の貴い種子に対して、その試煉《しれん》をへなければ固くてどんな種子も受けつけないわれわれの心を十分に開いてくれるのは、ひとり艱難のみである。この生命の過程は、速成的に早めることもできなければ、避けられるものでもなく、どうあっても通って行かなければならない過程なのだ。従ってわれわれが、死を怖れずとも、たいして死を熱望しないのは筋の通った話なのであり、すでに首尾よく通過してしまって、これからさき未来永劫《えいごう》にわたって、もはや二度と体験したり堪えしのんだりするには及ばなくなった過ぎこし方を喜ぶだけであることも、これまた理由があることなのだ。

来世ということを考えて初めて、この問題と謎にみちた現世の生活にも、筋の通った解決があたえられることになる。従ってひとたびわれわれが来世における生命の継続ということを固く信ずるようになれば、たかが生存の一部分にすぎないこの現世の短い期間中の快楽や苦痛が、少しばかり多かろうと少なかろうと、そんなことは直ぐにどうでもよいことになるのだ。そして以前には大切であった多くの事どもが、抜け殻《がら》のようにわれわれから落ち去って行くのだ。これに反して、このような考え方を持たないで、不義不正にみち、苦悩と激情にみちみちた、現実のままの世界を目の前にして、なおかつ正しく全能な神を信ずるというようなことは、もともと全然不可能なことである。だからこの一点にこそ、われわれの人生哲学の全体が、かかっているのである。

私は生命が来世まで続くと確信しているが、それがどんな形で続くものなのか、私にはやはり分からない。ただその存続の形式は、現世の生活の最も純粋な瞬間に似ているだろうし、全然別の精神的状態へ直接飛躍するものでないことは確かだろう。それは一種の継続と考えられる。つまり各人は、現世でそれに対して円熟をとげるようになったものだけを受けることができるのである。だから、現世と来世の差異は、一般に考えられているよりか、おそらくは少ないであろう。

肉体の器官の一作用にすぎないような魂が不滅であるはずはないと言って、単なる自然科学者たちは霊魂の不滅を否定しているが、これはしかし正しいのである。われわれの本質のうちで、およそ自然科学的に摑まえられるようなものが不滅であることは不可能で、物体的世界のあらゆる他の構成分子と同様に、消滅、すなわち解体と変形に向かうことは間違いない。しかし人間には、骨や筋肉や靭帯《じんたい》や血管や神経系統以外の何か別なものがあることは、ありそうなことであって、この別のものが、形を変えて再び身体《からだ》を持つことはあり得ると思う。そう考える方が、われわれの見るところでは、精神的生命が突如として、しかも完全に消滅するということよりか、比較的に分かりやすいとさえ思われるのだ。

だから死はそれ自体、全然怖ろしいものではない。願わしくないものでさえもない。従って、死をひどく怖れているような人は、たしかにまだ人生の正しい道に立ってはいないのだ。怖ろしいのは、老年になってから、自分の生涯を回顧して、それが全然失敗であり無益だったことを見出《みいだ》すこと、あるいは、大きな罪が積み重なっていて、赦《ゆる》しがあたえられていないことを発見することだけである。

そのうえ滅び行くのは、実はわれわれではなくて、かえってこの世が滅びて行くのだ。この一つの偉大な思想こそ、われわれをして、不確実に由来するあらゆる恐怖を超越せしめないではおかない。純理智的な目で見れば、どうにも光のさす余地のないこの暗黒の中に、なお光明を放つ他の点は、われわれがすでに現世において信頼すべき友として知り合った万物の主が、来世においてもまた、この地上であったと全く同じ方《かた》であるに相違なく、ただもう少し密接に結ばれ、もう少しはっきりと分かる点だけが異なるだけであるという考えである。

一切の他のものがすでにわれわれのうしろに沈み去った時にも、われわれは最後になお主の声を聞きとることができるであろう。このことは、すでに一度この生の暗き出口（死）に近く立ったことのあるすべての人々が知っているところである。

それから先は、ただもう一歩踏みきればよい、そうして「わが水先案内人に顔と顔あわせて相見んことを我は望むなり、我すでに囲われたる砂洲をよぎりたれば」（テニスン、小抒情詩）。

＊

受難の深い暗黒の日につづいて、明るい復活祭の朝が来る、
苦悩に打ち克ち、死の戦いと憂いに輝々しくも打ち克って。
墓石は打ち破られ、暗い門扉は広く開かれ、
キリストは死から甦《よみが》えった、彼と共にすべてのキリスト者の望みも。

血にまみれた彼の苦難の上に、復活の印璽《いんじ》は輝く、
未来の国は開かれ、地獄の閂《かんぬき》は真二つに折れた。
甦える人の最初の者として彼は墓の門を突きぬけ、
今眠っていた人達のすべては起されて生におもむく

もうわれらの信仰は空ではない、われらはもはや罰の中にはいないのだ。
今やわれらは心たのしくこの福音《ふくいん》を全世界に告げ知らせてよいのだ――
第一の方《かた》が甦えられたからには、みんなの者がよみがえるだろう
彼に慰められて死んだみんなが、再会を望んで。

みんながアダムにおいて死んだように、みんなはキリストにおいて生きるであろう、
そして彼と等しく浄められた体《からだ》をもって墓から起き上るであろう。
一人の人間によって死が訪れたのなら、生もまた一人の者を通じて来るであろう、
そして嘗《かつ》ては死すべき定めであった人たちも、今や永遠にその姿を現ずることができるであろう。

生くるにしても死するにしても、また死者を葬るにしても、
何の希望ももたぬ人たちとは、われらは今後は違ってくるのだ。
愛する者が逝《ゆ》くとき、その死はわれらを震撼《しんかん》するであろうけれど、
それでもわれらの心は失うことをおそれて戦《おのの》くことはないであろう。

この世で神のうちにおのれを見出した者は、ふたたび神のうちにおのれを見出すであろう。
まことの愛が結びつけたものなら、永遠にそれはしばることができるのだ。

信仰は見ることとならねばならぬ、希望の用意は
時の短かい経過の後には、確実に受けとることとなるのだ。

（牧師エップレル作）

教養とは何か

王政時代後期のイスラエルの一予言者が、——この人も一種の独学者だったようであるが（本稿はもともと若い商人たちのグループでなした講演にもとづく）——国民に向かって来るべき新しい時代を予言して、ほぼ次のように言っている、「主エホバ言いたもう、見よ、日至らんとす、その時われ饑饉《ききん》をこの国におくらん、これはパンに乏しきにあらず、エホバの真理を聞くことの饑饉なり。その日には、いまダンの神とベルゼバの道にたよれる、美しき処女《おとめ》も若き男も、やつれはつべし。彼ら必ず倒れん、また興《おこ》ること能わざるべければなり」（旧約アモス書八ノ一一—一四）。ダンの神とか「ベルゼバの道」とかいうのが当時どういう意味のものであったかは、精確には分かりにくいが、べつだんせんさくするにも及ぶまい。ただエホバと対立して用いられているところから、こういうものが当時の教養要素であったことが分かるのであるが、その不十分なことが後日判明するであろうと予言されているわけである。事実そのことはキリスト教時代の初期にあらわれてきたのであった。

われわれ自身の時代の一般周知の諸現象は、この古い、半ば忘れさられている言葉を、当然のことながらふたたび思い出させるのである。

一方では一般大衆の間に、ほとんど無理無体といっていいようなあがきが見られる。できるだけ手っとり早く教養を得て、権勢の地位にのしあがろうというのである。彼らの見方によると、権勢というものは、そういう手軽に得られる教養と結びついているということになっており、あるいは、彼らの大多数の解するところでは、ある知識を獲得することと権力とは一体であるというわけなのだ。

ところが従来の意味での教養を身につけた知識階級の上層部では、これとは逆に、こういった知識の結果について、今までに到達された結果についても、またこれからさき到達さるべき結果についても、一種絶望的な気分がひろまっている。ある有名な自然科学者は（デュボア＝レーモンのこと）「ワレワレハ知ラズ、ワレワレハ決シテ知ルコトナカラン」という周知の言葉で、この絶望をすでにはっきりと言いあらわしているし、また現にあらゆる科学がいよいよ分化し特殊化してゆくことに、それは事実となってあらわれてきてもいるのである。というのは、科学が専門的に特殊化してゆくということは、煎《せん》じつめたところ、結局次のような意味あいに他ならぬからである。

すなわち、「一般的な科学というようなものは、もはやない、いわんや、人間の能力と思考の一切を理解するといった一般的教養などあるべきはずのものでなく、あるのはただ個々の専門的知識にすぎない。しかもこの専門的知識の背後には、無知という深淵《しんえん》が大きく口をあけているのであって、それはいかに博学な専門家にとっても、きわめて平凡な素人《しろうと》の場合と同様である」。

こうした悪い前兆《きざし》のもとで成長してゆく文明国の若い世代の人たちのあいだには、その上なお肉体的にも精神的にも何か疲れきった様子が見られる。その様子を見ていると、現代の教育全体が何か道を誤っているのではあるまいかといった疑いさえ起こってくるのだ。というのは、近頃の教育の仕方では、一生涯勉強をつづけるといった身心の力や喜びを生みだすどころか、そうした能力のすべてを徒《いたずら》に若い時にすりへらさせて、まるきり駄目にしてしまうだけであり、あまりに弱々しい神経質な人間を作りあげているだけだからである。こんな人間だけでは、どこかの健康な未開人が襲撃してきたら、ひとたまりもなかろうと思われる。昔、外面的には輝かしいけれども、しかしやはり現代のような文化の行きすぎに病んでいたギリシアやローマの世俗的教養が、野蛮人に立ち打ちできなかったのと、同じ憂き目に遭いはしないかと思われるのである。

このように見てくると、われわれは直ちにわれわれの問題の底に行きつくことになる。いやしくも教養というものが、何か為になるもの、望ましいものでありとするなら、知識とか、専門的博識といったもの以上のもの、あるいは実質的にこれとは違ったものが、教養と解されねばならなくなる。あるいは、一般的教養の最もいちじるしい成果は、人それぞれの人格を、完全に充実した、内面的に満足した生活へ、健康に力強く仕上げてやるということでなければならない。こういう仕上げを欠くなら、教養など、その人個人にとっても、またその人の国のためにも、何ら決定的な価値をもたないことになるわけだ。

もし教養が上に述べたことを実現しないなら、教養というものに久しい間かけられてきたいろんな期待を裏切るものであり、そしてわれわれ現代ヨーロッパ人の行く手には、人類がすでにいくたびも体験してきたような時代が迫ってくることになろう。それは、非常に高い文化をもった諸民族が、野蛮人のために、単に野蛮人の方が体力ならびに精神的潑剌《はつらつ》さと独創性においてまさっていたために征服されるに至った時代であり、とりわけあまりに洗煉《せんれん》された共和国が、一個の強力な意志によってなされた、そのような攻撃の重圧に抵抗できなかったような時代なのである。

従って「教養とは何か」という問題は、今日の世代の死活問題であると同時に、特にわれわれの国家形態（共和政体）とわれわれの祖国（スイス）の死活問題なのだ。

一

「教養《ビルドゥング》」という言葉は非常に多義的で、従ってよく誤解されるが、われわれはさしずめ語源的に文字面から（ドイツ語のBildungは『形成』ぐらいの意味）「体を成す」という意味に解さなければなるまい。すなわち、もともと恰好《かっこう》のつかない、自然のままの状態から、その素材のなりうる最上のものへの発展が完遂されたような状態、あるいは少なくとも支障なく伸びつつあるような状態へ形成していって「体を成さしめる」ということである。

どんな人でもその発達の始めにおいては、まだみがきのかかっていない素材である。この素材は先《ま》ず、一部は各方面に作用を及ぼして行く生そのものの形成力によって、一部はいろんな人の手と智慧《ちえ》によって、本当の人間像であり、芸術品であるものに仕上げられねばならない。

さて下手な彫刻家が、自分にまかせられた石を作りそこねて、とてもまともな芸術品ができないくらいに形無《かたな》しにしてしまったり、あるいは余りにか細くけずりあげて、あらゆる外部の影響に対して必要な堅牢《けんろう》性と抵抗力がなくなってしまうほどにしてしまうことがあるように、人間を作りあげてゆく術《わざ》においても、われわれはしばしば悲しい経験から、しくじった、ひねくれた教養とか、あるいは行きすぎの、あまりにも洗煉しすぎた教養とかいうことを、口にするのである。

こういう風に人間を害《そこな》わないで、その人の為になり役に立つ真の教養には、三つの要件があるように思われる。第一は、自然のままの官能性と利己心を、より高い関心によって克服すること、第二は、身心のもろもろの能力を健全に均斉《きんせい》をとって発達させること、第三には、正しい哲学的宗教的人生観という三つのことである。このうち一つが欠けても、よりよき完成をとげ得たかもしれないような或《あ》るものが、いじけてしまうことになる。

(一) 一切の真の教養の最終目的は、「各人が自己のうちに担《にな》っている感性的重力」と利己心から人間を解放することである。利己心はひっきょうすべての生物のもっている自己保存慾《よく》にもとづいているものではあるが、しかしそれでも生の目的とは対立するものなのである。人間はこの世における人生のコースを、本質的には感性的な存在として始めるのではあるが、そのコースを閉じる際には、本質的には精神的な存在となっておるべきであり、更にわれわれの希望では、彼岸の世界において、よりめぐまれた条件のもとに、そのコースを続けるべきものである。従って人間自然の素質には、始めから一つの矛盾葛藤《むじゅんかっとう》がひそんでいる。それは、ありのままにあるもの（本能的感性）、従って自然本然のままにあくまで固執しようとする要素と、自分の心の奥底にある最善の感情が疑いもなく要求しており、またかならず要求するはずの要素との間に行われる葛藤なのである。従って人間は、自然によって与えられたありのままの要素を堅持しないと、時には何か自分の足もとの大地が自分から逃げて行くように思われることになるのだが、そうかといって、その要素を固執していると、われわれのよりよき自我は、たえず激しく自らを非難して、「お前は自分の義務をはたしていない、お前はそんな風では、お前の成りうるもの、成るべきものになれないぞ」と言い出すのである。これが、誰でも自覚を持つようになるとすぐ、自分を相手に始める戦いなのであって、この戦いでは、どんなことがあっても、われわれは勝利をおさめなければならぬのである。

一切の内心の不満は、官能や利己心から起こってくるのであって、不満のいろいろなあらわれ方の根本まで探ってみれば、かならずその第一の原因として、この二つのものが見つかるのである。そして人間の精神的天性が官能的自然に打ち克《か》ち、自由な、人道的な、博愛的な心の持ち方が、狭い利己的な心の持ち方を圧倒しておさめる勝利が、すでに心の奥底の傾き方の面で決定的となっており、しかも現実の実践面で日に日に新たにこの勝利をおさめていくというのでなければ、本当の人間的幸福はとうてい考えられないのである。

この程度に自分自身に打ち克つことのできなかったような人、また現にできない人は、さらに社会に出て、自分をとりまく周囲の世界に堪えていくことはできまい。というのは、世間というものは、利己主義というその同じ力と手段を何層倍にも駆使して、利己主義者を叩《たた》こうとするものだからだ。そうなれば戦法としては、お互いに生きぬこうとする生存競争のうちに、自分を守って行く手しか残されていないことになるが、それには絶えず相手を傷つけて倒してゆき、自分と同じように純利己的な性質の人たちと組んで、利害関係で結ばれた徒党に加わるほかしか手はないのである。

このような生存競争は、今やわれわれの人間的品位をすっかり台無しにして、われわれを猛獣と撰《えら》ぶところがないようにしている以上、これに公然と反対することこそ、現代の真に教養ある人たちすべての最も高貴な務めでなければならない。

真に教養ある人たちが、先ず自らの実例によって示さなければならぬことは、そういう生存競争が必要でないということ、そしてこの人生の迷宮から逃れるには、その時々の一番頑固な利己主義者の通った悲しい出口とは違った、別な出口があるということである。利己主義者は結局のところ、最もうまくいった場合においてさえ、生存競争場裡《じょうり》において、いたずらに多くの同胞の生活を困難にするだけであり、自分のよりよき自我を失うのが落ちなのだ。

生存競争なんかが必要でない世の中を作り出すのに第一に着手すべきことは、およそ利己主義的な人生観をもったような人を、もはや真に教養ある人とは認めないことだ。文明諸国ではやがてそういうことになるであろう。又なるにちがいない。一方の行き方は利己主義的に生きのびて、短い人生の間に最大限に官能を享楽しようとするのだし、他の行き方は、人に親切にし、他人のために気を遣い、われわれの持つより高尚な魂の力を精神的に高めて完成しようとするのである。――この対立こそ、やがて戦闘体制をととのえて相対峙《あいたいじ》すべき二大陣営であり、あなた方もそのどちらかに入らざるをえないであろう。

(二)　第二は、このより高き目的のために、われわれのもつ能力の一切を、肉体的にも精神的にも、正しく健全に伸ばして行くことである。このようなよりよき人生観を胸に秘めたまま、われわれは空しく僧院や書斎にとじこもっておるべきではない。われわれにできる範囲で、日常生活やそれぞれの職業のうちに生かしてゆかねばならない。もちろん、このよりよき人生観と原理的に矛盾するような職業では、その限りではないが。

哲学や宗教や科学の何か変に病的な、行き過ぎの方向が、往々真の教養と相容《あいい》れないようなことになるのも、まさにこの点（よりよき人生観と矛盾すること）にあるのだ。

生活の全般にわたって、その真なることが証明されず、従って実行に移されないような哲学は、ものの役に立たない。また、ただ日曜日ごとに教会に存するだけで、市場や商店では通用しないといった宗教も、余りたしにならぬ。それから知識自体もまた、何らかの点で、自己ならびに他人のための生活を、いくらかでも人間にふさわしいように形成してゆくことに役立たないなら、たいした価値はない。

病的な、過労した、たえず神経過敏でいらだっているような肉体には、やはり完全に健康な魂は宿りえないし、魂の働きにも支障をきたすのである。肉体と精神との間に一種の不均衡が生じて、ために直接には肉体をそこない、間接的には精神をそこなうに至っていること、ならびに、総じてわれわれの現代の教育全体のめざすところが、本当の確信や真の知識を身につけることよりか、むしろ機械的に暗記するようなことにあることは、われわれの時代の教養に見られる主な欠点の一つである。

(三)　しかし以上に述べた理想主義的方向や真の意味の知識や身体の元気潑剌としていることなどのすべてでも、一つの超感覚的な世界が存在するという信念にもとづかない場合には、依然として真の教養のたしにはならぬのである。超感覚的世界に発する力こそ、われわれを有効に助けてくれるであろう。このような、自分のそとにある力の援助なしに、全く自力で、われわれの感性的素質と自然本然の利己主義を克服しようとしても、相手はあまりに手ごわく、こちらの動機はあまりに薄弱なのだ。もしこの人生が、別に何の使命もない、行きずりの、単なる動物的生存にすぎないとしたら、一体人間を何が動かして、一生涯、自分自身ならびに自分をとりまく世間を相手に、初めはほとんど勝ち目のないように見える辛《つら》い戦いを戦わせるのであろうか。

時に動物的生存以上に出ようとする高貴な心が、われわれには自然にそなわっているけれども、単にそれだけの力では、こういう見方（人生は行きずりの動物的生存だ）にどんな場合も立ち打ちできるとは限らず、大きい試煉がのべつまくなしに追ってきたりすると、とかく自暴自棄におちいりかねない。従って、ある威力が人間存在に食いこんでくる必要がある。それは、人間のもつあらゆる自然の力にまさる威力であり、自分自身に打ち克つことを可能ならしめ、自分のよりよき自我を裏切るという禍《わざわい》にくらべれば、物の数でもない一切の外部的禍をもはや怖れないようにしてくれる威力なのだ。

この威力は、なるほど合理的に証明することはできないが、われわれが、当たってみて我が身に経験することのできる力である。このような力が厳存すること、これが宗教の神秘にみちた真理である。そして、もしすべての人が生涯にただの一度でもよいから、こういう力があるかどうかという試みを敢行する気さえあれば、この真理の神秘も大いにあらわとなるであろう。もちろん、ある人が、その享楽慾と利己心を本当に棄てようとせず、あるいは一般に、普通の生活にまさったよりよい生活に、是が非でも行きつこうとする熱意がない場合には、たとえどんなに試みてみても、この力を完全には我が身に経験することは、ないであろうし、そうなれば、たとえ何らかの宗教をうわべだけ信じてみたところで、たいして役には立たぬのである。そういう人は、毎日教会通いをしてみたところで、全体としては、元の杢阿弥《もくあみ》なのだ。

しかしそういう意志があれば、この力もまた得られるのであって、真に新しい誕生と言っていい程度に別の人間となれることは間違いない。そうなって初めて、その人のすべての自然的天賦と知識とが、本当に生きてくるのであり、彼自身ならびに他の人々の幸福のためにも、実を結ぶことになるのである。

これこそ、銘々各自がたどることを試むべき、真の教養に至る道である。この道は教えるわけには行かぬ。ただ示すことができるだけだ。

真の教養の証《しるし》は、さしずめ、精神的健康と力がしだいに加わってくることであり、次には一段と高い或る種の怜悧《れいり》さがあらわれてくること、最後に、人間の奥行がふしぎに深さを増すことであって、これは他のやり方ではどうにも得られないもの、あるいは真似のできない点であって、本来教養の眼目をなすものである。そうはいっても、これらの十分教養を積んだ人たちとても、完全に自然的な人間であることに変わりはないのであって、ただ違うのは一切の虚飾や見栄《みえ》を持たないだけなのだ。彼らはまた一切のがつがつした野心から解放されている。総じて金を得ようとして、あがくことはない。金なんかは、人間の幸福にとっては問題にならぬもので、そんなものを絶えず追い求めていては、ただその魂を見失うだけだ。彼らはまた一切の不健全な厭世《えんせい》主義や僧侶《そうりょ》的隠遁《いんとん》とは無縁で、恐怖や神経過敏、あるいは焦燥におちいることなく、その人柄の最も奥深い核心において、明朗平静であり、人生の最高の目標に達するまで、その精神的健康を維持するのである。旧約聖書が非常に見事に正しく言っているように、「彼らの日の続くだけ、彼らの力も続く」のだ。

この教養の考えられる極致は、一切の善にして高貴なものへ完全に没頭帰依することであって、少しでも濁ったもの、曇ったものがあっては、そこまで行くことはないし、また行くこともできないのである。それは、頭の上でだけならば分かるけれども、実際にそこまで行った人となると僅《わず》かの人しかいないといった、あのたましいの状態であって、感性的な移ろいやすいものとの戦いは、そこにはすでになく、精神の法則に歯向かう自然の反抗も、完全に姿を消してしまっているような状態なのだ。

この状態こそ、いわゆる「聖」であって、それが完全に仕上がるには、ひたすらに神そのものによる以外に手はないけれども、しかしわれわれはそこへ至ろうと努力する使命をおびているのである。そして、すべての人々の心をこの目的のためにしだいに獲得してゆくことが、個々に見れば、すべての真の教育の務めであり、全体から見れば、世界史の歩みであり目的なのである。

二

従って、本当の教養というものは、おのずから、すべての間違った教養、あるいは中途半端な教養とは比較にならぬ。そして、それが身についておれば、その人柄全体の上にも、また他人と交際する仕方にも、それが響いてきて、まぎれもなく見分けられるものである。どんなにしがない暮らしをしていても、真の教養を身につけた人には、何かしら偉大なところがあって、同じ環境の普通の人とは区別されるものがあり、いつでも真の教養はその真価を発揮するであろう。こういう偉大さのほかに、真の教養は、自己ならびに他人との静かな平和をあたえてくれる点で、まぎれもなく見分けられるのだ。こういう平和は、どのような他の人生哲学もあたええないところであり、そしてその明るさが他人にも感染してきて、そういう人と交際したことのある人なら誰にでもすぐ感づかれるものである。

ところで、間違った教養、あるいは不十分な教養の一番主だった目印を数えあげておくのも、全く無駄ではあるまい。とりわけ今の世には無用のわざではない。こういう目印にはよくお目にかかるものだが、覚えておく必要がある。それは特に次のようなものだ。

（一）暮らし方が非常に贅沢《ぜいたく》だということ。完全に教養をつんだ人なら、うわべの服装や、住居、食事、飲物等々のことに、たいした価値はおかないであろう。従って、贅沢は、自分には向かないし、他人に対しては不正なこととして、注意深く避けることになろう。やたらに飾りたてること、どの指にもすべて金指輪をはめてみたり、必要とあれば子牛でもつなげそうな時計のくさりや、家具ばかり並べたてて人の入る余地もないような家、いかに頑健でも、ちょっと身体をこわしそうな御馳走《ごちそう》といったもの、こういうものはすべて、われわれの努めて避けなければならぬ非教養の確実なしるしである。少し頭のある人なら、誰にでもこれは分かることだ。そんなことで目をくらまされるような者は、馬鹿ものだけだ。教養のあることを示す一番確かな外的なしるしは、衣食住すべてについて、その見かけと暮らし方の一切において、何か上品な、無理のない簡素さが出ていることである。

(二) 書物を持っているかどうかということも、教養のあるなしを示す全く表面的な目印ではあるけれども、しかしたいへん見分けやすい特徴的なしるしである。とりわけ本を買うだけのありあまる金を持っていながら、本を持っていない場合は、そうである。貸本屋のきたない本なんか読んでいる上品な淑女なんか、せいぜい半分しか教養のない人と評価して間違いない。その上さらに、刺繍《ししゅう》したカバーなんかをその上にかぶせたって、それで事態は少しもよくなるわけでなく、彼女が自分で間違っていることを自覚している証拠にすぎない。ほんの一ダースばかりの書物が、読まれもせずに、きれいな本棚の上にのっかっているような、しゃれた住宅など、そこに住んでいる人全部をふくめて、安んじて教養のないものと見てさしつかえない。しかもそれが、普通よく見かけるように、ただ小説ばかりというような場合は、特にそうだ。

よく本を読むということは、今日では一般的教養に必要かくべからざることだ。完全に教養をつんだ人には、もともと次のようなことを要求してさしつかえない。すなわち相当の年月のたつうちには、本のなかの完全にいいものはすべてのこらず自分で読破し、かたわら人間知識のあらゆる部門にわたって、少なくとも或る一般的な正しい概念を得ている結果として、人間の世のことなら、どんなことについてでも、全然無縁なものは何一つないようになっている、ということだ。

しかし「商売」片手に、そんな時間がどうして見つかるかと問われるなら、答はこうだ。不必要なことを止めよ。飲食店やクラブや社交的娯楽、読んでも無駄な大部分の新聞、賢いことを学ぶことの少ない劇場、あまりに多い音楽会、午後一杯つぶれるようなスケート遊び、その他なんでも、各自がそれぞれ自分だけの暇つぶしとして簡単に槍玉《やりだま》にあげることができるようなことを、止めることだ。教養もうんとつみ、しかも同時に、ありとあらゆる娯楽も人並に楽しもうというわけにはいかぬのである。

しかし、やむをえない場合には、商売だって、控えてもかまわないのだ。それでも損になるわけではなく、教養ある商人と、単に器用だけのほら吹きとの間に、成功をおさめる点でもどれだけ違いがあるかは、やがてお分かりになるであろう。

(三) さらに教養に欠陥がある場合の徴候は、その人柄が騒々しくて慎みがないこと。公の会館や汽車や料理屋などで大声でしゃべったり、傍若無人に振るまったり、多数の人が集まるそうした場所で非礼な態度をとったりすることにあらわれる。現代はこの点では、昔の時代よりか教養《しつけ》において劣ってさえいる。

吹聴《ふいちょう》や大言壮語を思わせるすべてのこと、一般にすべての見栄や大ぶろしきをひろげることなども、同断である。たとえば、自分の商売の重要さをえらく誇張したり、あるいは新聞に誇大広告を出したりする商人や、絹の衣装をまといながら下着の不潔な淑女などは、たしかに十分に教養があるとは言えない。

(四) 教養にはさらに働くことが必要である。勤労は、教養に行きつくために全く必要な手段であるばかりでなく、働かないこと、すなわち悠長にぶらぶら遊んでいることは、たとえ世間でいう「遊んでおられる身分」であっても、いつでも教養とは全く相容れない下劣な根性のしるしである。そういう人は、何か別な、あまり品のよくないものに喜びを見出《みいだ》したり、あるいは働かないですむということに愚かな誇りを持ったりすることになろう。あるいは結局こういう人は、自分のかたわらで他人がくたばっても平気だというような、きめの荒い同情心のうすいやからなのだ。自分が働けば、他人にも救いの手をさしのべてやれるかもしれないからだ。

だから、のらくら遊んでいることを商売にしているような人は、たとえどんなに外面的な形の上で洗煉されたものを身につけていても、内面的には無教養な卑しい人間であることに間違いはない。そういうわべの形は、まさに実質のない外形にすぎない。もう少しましな教養を身につけた人の責務は、そういう外形にだまされず、こうした人間を尊敬しないことにある。

(五)　仕事にあまりにあせりすぎることも、無為と同様に教養のないしるしであり、その害も無為に劣らない。自分から好きこのんでやっているかぎり、これはたいがい名誉心か貪欲《どんよく》のせいで、この二つは真の教養の二大大敵ともいうべく、まことの教養とは何か別のものに最高の価値をおいていることを、常に証明するものである。あるいは、それは、単なる悪習慣か模倣であり、または心の落ち着きを欠いている証拠である。精神の平静沈着は教養の結果なのだから。

強制もされないのに、日曜も平日も区別なしに、全く同じように働きつづけるような人があったら、毎日毎日何にもしない人と同様に、安心して無教養な人と見てよろしい。

(六)　およそ金銭上の問題で絶対に信用できること、また金銭に対する態度が適正であることは、教養に必須のことである。金を浪費したり、あるいは上品ぶって軽蔑《けいべつ》したりすることは、常に無教養のしるしであり、乏しきをかこっている同胞に対しても不当な仕打ちになる。しかしこれもたいがいは見栄にすぎないのだ。このような浪費や軽蔑ばかりでなく、度をすぎた節約や、たとえ少額でも金銭上で不正直であることは、ともに教養ある人には許しがたいことである。この点について聖書に「お前たちがこんなに些細なことにも誠実でない以上、誰がお前たちに本当のことを打ち明けようか」と書かれているのは、まことにもっともである。

金銭を人生の目的と見ることなく、そういう点ではあけすけに全く軽視しながらも、より高い目的に達する手段としては正しく評価し、きわめて細心な正直さをもって金銭を完全に正しく使うことは、おそらくは十分に教養をつんだ人たることを示す一番確実なしるしの一つであろう。それはちょうど、利得を追求し財貨を尊敬することが、最も確実にその人に教養のないことを暴露するのと同様である。

（七）　前項と同様、教養に欠陥があることを十分に示す徴候は、自分よりか身分の低い人たち、あるいは貧しい人たちと交わる場合に高慢なことであって、こういう人は普通、自分の目上の人、あるいは金持ちに対すると手を返したよう卑屈になるものだ。これこそ、教養のない境遇からのし上がってくる成り上がり者の本来の目印である。完全に洗煉された教養をもった人は、いつでも丁寧で親切であろう。しかも、目下の人、自分に依存従属しているような人、あるいはおさえつけられているような人と交わることが深ければ深いほど、いよいよ親切丁寧となり、出しゃばったり、上から見下ろすような相手ともなれば、非礼にわたらない程度に、その態度を変えるであろう。他人《ひと》の財産に頭を下げるようなことは、これは前にも言った通り、完全に自分に教養がないことを示す一番はっきりした目印である。

（八）　教養のないことをあらわす細々《こまごま》としたしるしならば、まだいくらもあるが、しかしそれは幾分は単に悪い習慣であったり、あるいは、いくらか教育に欠陥のあったせいかもしれないから、必ずしもそれだけで一般に無教養と断ずるわけにもいかない。従ってここへ入れて差しつかえないのは、次のようなことどもである――自分のことをしゃべりすぎること、他人の一身上のことを話すこと（いわゆる蔭口）、一般におしゃべりの多いこと、せっかちで落ち着きがなく、いきり立つような態度、必要もないのに、又はもうすんだ事なのにいろいろ言い訳をすること、こう言えば相手が反対のことを言ってくれるだろうという下心から、自分を責めてみたり卑下したりすること、熱心さも度をすぎたような世話好きや馬鹿丁寧なことなど。

一分の隙もないまでに洗煉された貴族的な物腰、これはとりわけイギリス人の好みだが、周知のように、これには非常な落ち着きと謹厳さが必要である。しかしそれもとかく冷淡尊大におちいりかねないのであって、そうなればやはり欠陥となる。一切の善なるものに対しては、教養人士は常に熱と感激を失わないのであって、そういうものが見当たらなければ、いかに形式面で洗煉されていたところで、真の教養を欠いていることになるのだ。

しかし、熱と感激も、それが作りものでなくて、ほんものの場合、あるいはそれが高貴な生活術における初心者特有の熱心さにほかならぬ場合は、そとにあらわれるにしても、余りに差しでがましくならず、仰々しくないこともまた確かである。一般にどんな徳でも、それが余りに仰々しくなっては、やはり何かほんものでないという疑いがかかるのであり、あるいは少なくともまだ序の口にとどまっているのである。

だから教養とは、本質的には、われわれの裡《うち》にある力を、正しいもの、真なるものに向けて徐々に伸ばしていくことなのだが、その目的とするところは、われわれの持って生まれた普通の動物的感性のきずなから、自己個有の精神的本体を高め解放し、心身を完全に健康に保って、この精神的本体をより高い生の水準へと教育してゆくことにあるのだ。以上のことを果たさないなら、教養の価値など、たかのしれたものである。さしずめそういう義務を負うているいわゆる教養階級において、何はともあれ真っ先に、教養はこの仕事を常にはたすところがなければならない。

しかし口を開けばきまりきったように、「下層階級の向上」ということを言うだけでは不十分である。今日では真の教養の個々の要素では、むしろ往々下層階級の方が上流階級にまさっているからである。むしろ現代において主として必要なことは、上流階級にふたたび活を入れて、これを高貴にしてやることだ。彼らは享楽欲と唯物的人生観におちいっていて、人生のより高い目的からはずれてしまっていることが多いからだ。

三

さてあなたがたが、こういう仕方で真の教養に行きつこうと決心されるならば、結局、自分自身に対しても忍耐を持たれる必要がある。これは一日や、一回の決心だけの問題ではないからだ。もちろん一度は、しっかりとした、責任のある決心をかためる必要があるけれども。それは個々の点で道をはずれた場合に、その都度いつでもこの決心に立ち帰ってみるためである。

およそ真の徳がすべてそうであるように、真の教養も生長するものだ。それはその強さにおいて、また見識の点で、しだいに高まってゆくものであるが、しかし、手品のように急速に強制されるものではなくて、一度始めたら一生の間つづけて行く必要のあることである。しかし教養こそは、決して止むことのない唯一の正しい人生の目的であり、またそれのみが完全に願わしい生の結果でもある。

教養を身につけるには、いろいろな端から手をつけることができる。たとえば、純実践的ならば良い習慣によって、哲学的にならば、人生に処する上においての真なるものと真ならざるものとを、考えて見分け、区別することによって、あるいは宗教的には、端的に無限者を探究し、そこから出てくる力を求めることによってである。一番たやすい方法は疑いもなく宗教的な行き方であり、他の道を通っても、結局はそこへ導かれることになる。というのは、真の教養の秘訣《ひけつ》、すなわちその端初でもあり、本来の鍵《かぎ》ともなることは、利己主義を克服し、とりわけ享楽慾に打ち克つことにあるからだ。たいした知識もなく、いわゆる上流社会にもほとんど出入りしたことのないような、たいへん素朴な人が、それにもかかわらず、身分のよい、あるいは博学な紳士よりも往々教養に富んでいることがあるのも、ここから来るのだ。つまり教養の本質的な点を紳士諸君にまさって持ち、教養に行きつく一番たやすい道をたどった結果なのだ。

しょっちゅう自分自身にこだわったり、自分だけのことを考えるようなことがなくなって初めて、人間は精神の自由を得るようになり、自分の精神的能力のうちにあるいろんな力をたっぷり使えるようになるのである。そうなって初めて精神はいわばおのれにふさわしくない仕事から解放され、そうでなければ憂いや享楽のために永遠に隠されたままで終わるような事柄を理解し、それを静かに自分の内心でこなして行くことができるようになるのだ。

もちろん——おことわりしておかなければならぬが——身心の発育盛りにあるような若い人には、こういうことは困難だ。若い人で馬鹿に早くそんな所まで行かれるほどに自分を完成したような場合、普通あまり長生きしないものだ。余りに早く人生の目標に行きついてしまったというわけだ。人間も、動物や植物と同じように、実を結ぶところまで行くには、先ず自然物として十分に伸びきって強くなるために、利己的な本能の一時代を必要とするかに見える。しかし人間の場合、間違いなく、また当然のこととして、次のような時期がこれに続いてやってくる。すなわち、自分自身に専ら、あるいは主としてかまけていることが、もう人間の本性にかなった自然なことではなくなり、かえって自分自身から解放されて、ある理念のために生きようという本能があらわれてくる時期なのだ。これは高貴な天性の持ち主においては必ずそうであり——およそ人間らしい生活においてならいつでもそうだとさえ、言ってもおそらく差しつかえないであろう。

これは人生の最も決定的な瞬間だ。それは、ある人々にあっては、古い自分が横死か頓死《とんし》をとげて、別な人生に新しく生まれ変わったようなことに比較できるだろう。また他の人々にあっては、むしろ、これまでの天性が徐々におだやかに眠りこんで、新しい天性が目ざめ、ゆっくり形をととのえて行くのにも似ているであろう。

いずれにしてもこの変化がひとたび訪れてくれば、人生の一切の現実的問題は、別な照明のうちに、はっきりと、しかも解決を見てあらわれてくることになる。

しかしこの変化は、徹頭徹尾動物的ともいい切れないような人の場合に、それでも結局はとうとうあらわれないで終わるような場合もある。そうなると、そのような変化を求める永遠に医《いや》せられない渇きと、同時に罪の感じがのこることになる。この罪

の感じは、「お前はもっとまし
な
ものに成り得たはずだし、またそうなるべきであったのに」と、はっきり告げるものなのだ。それはもはやどのような外面的な成功によっても、沈黙させることのできない意識なのだ。

四

かくて、あなた方が提出せられるであろう最後の問いもまた、解決されることになる。すなわち「そのかわりに、われわれには何が与えられるのか？　一体ひとは本当の教養からどんな利得がえられるのか？」という問いである。

これに対して答えられることは、人間のとげるすべて偉大な精神的進歩は、第一に信仰にもとづくものであるということである。人はおのれの知っている或るものは棄てなければならぬ、そして或るものを求めなければならぬ。そこへはただ予感の導きがあるだけで、目下のところその器官が欠けているために、完全にはまだ理解することができないといった或るものなのだ。

しかしそれでも求めようと欲するだけの勇気さえあれば、必ずそこに行きつけるのだ。そしてこの目標に達した人々のうち、ただの一人も、その代価が余りに高すぎたと思った人はなかったし、その労苦が余りに辛いと思った者はいなかったのだ。

この世における徳の酬《むく》いは、徳がまさに厳存して、俗世のいかなる威力によっても克服されることなく、かえって人生を完全に充実させ、満足せしめることのできる唯一の現実的な威力であり力であることなのだ。

テニスンはこのことを次の詩できわめて見事に唱っている——

酬い

勇士のほまれ、雄弁家のほまれ、歌人のほまれ、
それは飛び散ってはてのない海上に消えてゆくような声で酬いられるだけだ——
しかし悪と戦い、悪と争い、悪を正す徳のほまれはどうであろう——
いや、徳はほまれなんかを目当てにはしていない。ほまれを求めているのではない、
徳には、どんどん進んで、いつでも存在するというほまれを与うべきだ。
罪のむくいは死だ。徳のむくいが塵であろうとも、
蛆虫《うじむし》や蠅のいのちを存《なが》える勇気が徳にあろうか？
徳は極楽島を望まない、義《ただ》しき者の静かな席を求めない、

黄金の森に休らったり、夏空の下に日向《ひなた》ぼっこをしたりすることを欲しない。徳にはどんどん進んで、決して死なないというほまれを与うべきだ。

それゆえ、われわれの時代のえりぬきの人々の判断によっても、真の教養を求めて努力することは、その労苦に値することなのであり、およそこれを真に欲する人は、貧富を問わず、学識の有無を問わず、すべて一人もれなくこの財宝に行きつけるのである。まことに、キリストがその時代の人々に向かって言ったことは、われわれの時代にもきわめて適切にあてはまるのだ、すなわち、素朴な心情の持ち主と質素な生活をしている人々の方が、真の教養には、内面的にかえって近い関係にあり、また、教養に至る途上においても、賢い者や利口者や、とりわけ金持ちが出会うような多くの、また大きな障礙《しょうがい》にはぶつからないということである。なぜなら、金持ちは、教養とはどうしても一致しない実に無数の偏見と外物への愛着心とを先ずもってかなぐり棄てる必要があるからである。

従って教養に至ることは、人によって難易はあるけれども、しかし何人にとっても決して不可能事ではない。但し、その心が物質的な財にだけしばられていて、単にうわべだけの文化的教養で満足しているような人は、除外されるのである。なぜなら、外面的文化はどれだけ見かけだけ装いをこらしてみようと、また教養づらをしてまかり通ろうとしても、本質の伴わない見てくれと形骸《けいがい》にすぎないからである。

このことは、すでに太古の中国の哲人がたくみに言ってのけているところであるが、次にやや素朴なその訳詩（シラーの『孔夫子の金言』）をかかげておく——

最も俊《すぐ》れた人は短時日学んで賢明となる、
第二流の者は賢明にはなるが、学ぶのに長い時間を要する。
第三種の人々はいつまでたっても愚かであり、学ぶのは——言葉だけである。

われわれが右の第一の席につくかどうかは、ほとんど運命によってあらかじめ定められていることであって、各人の意志にはほとんど全く関係がない。また幸いにも、このことは大した問題にもならぬことだ。それは偉大な例外であり人類の道徳的天才の話である。しかし、われわれのすべては、第二流の者となる使命をおびているのであり、ひとたびその道が示されれば、切に求められているところでもある。およそ人生で出会う最も悲しいことは、第三種の人間にとどまって、その生活が結局自分自身にとっても、他の人々にとっても、何ら本当の価値をもたなかった場合なのだ。

＊

智慧を求め得る人および聡明《さとり》をうる人は福《さいわい》なり　そは智慧を獲《う》るは銀を獲るにまさり、その利は精金よりも善ければなり
智慧は真珠よりも貴し　汝のすべての財宝《たから》もこれと比《くら》ぶるに足らず
その右の手には長寿《ながきいのち》あり　その左の手には富と尊貴《とうとき》とあり
その途《みち》は楽しき途なり　その径《みち》すじはことごとく平康《やす》し
(旧約聖書、ソロモンの箴言、三章一三節—一七節)

解説

一　ヒルティ――その生涯と思想

「涼しげなひと」

ヒルティは、ゲーテが亡くなった翌年の一八三三年に生まれ、一九〇九年に死んだスイスの思想家です。

肩書からいえば、彼はベルン大学教授、国会議員、ハーグ国際仲裁裁判所判事でした。しかし、わたしたちが「ヒルティ」の名を知っているのは、そういう実務家としての彼ではなくて、キリスト教をバックボーンにしたかずかずの人生論の著者としてです。

いうまでもありませんが、人生論の価値は、自分の体験から出発し、それを基礎にしての発言であるという点に求められなければなりません。そういう意味では、彼の人生論には少しも「うそ」がなく、彼の人間性そのものがストレートに映し出されていて、「文は人なり」ということを、みごとに示しています。ヒルティは、哲学史にその名を残すような「思想家」ではなくて、何よりもまず「人格者」でした。けれんやはったりのない彼の文章は、そのまま彼の人間としての誠実さを反映しているのです。

晩年のヒルティは、「頭の先から足の先まで気品にあふれ、その明るい目からは、だれに対しても優しさと好意が輝いている」紳士でした。私はヒルティのどの写真からも「涼しげなひと」という印象を受けます。あぶらぎって精力的な、たとえばマルクスやバルザックの風貌《ふうぼう》でもなく、顔そのものが怪物的なニーチェやお化けホフマンなどと違って、ここには禅宗でいう「身心脱落」のおもむきがあります。肩をいからして力んでいるとか、失敗した人生の傷痕《きずあと》をアイロニカルに包みかくしているとか、そういう誇張や哀愁の影の少しもささない、世俗の重量をなくして身心ともに軽くなった、すなおさそのものの姿です。ひとに圧力をかけない「涼しげなひと」――これが宗教的著作家ヒルティの人がらでもあったのです。

青年期

カール・ヒルティ（Carl Hilty）が生まれたのは、スイスの東部、オーストリアに接するザンクト・ガレン州のヴェルデンベルクという町でした。彼がのちに国会議員に選ばれたときも、この地区から選出されます。父は、クールという町の開業医、つまりインテリの中産階級の家庭に、われわれのカール・ヒルティは育ったといってよいでしょう。

大学はドイツのゲッティンゲンとハイデルベルクで、法律学を勉強しました。当時のドイツの大学には、学生組合《ブルシェンシャフト》という社交団体がどこにもあって、特有な学生帽をかぶってビールのコンパに青春を謳歌《おうか》したものでしたが、われわれのカール・ヒルティは、「根本において、社交的な人間ではありませんでした」。そして「すでに試験が近づいていても、毎日数時間、新約聖書に読みふけりました」(引用はすべて後年のヒルティ自身のことばです)。

大学を卒業したヒルティは、見聞を広めるためにロンドンやパリを訪ねています。しかし、その日記に書かれていることは、主に宗教の問題で、われわれの「ヒルティ」がしだいに誕生してゆく過程をたどることができます。当時の思想界の最大の爆弾は、ダーヴィット・シュトラウスの『イエスの生涯』でしたが、ヒルティも大英博物館の付属図書館で、その本に出会ったのでした。この本は、簡単にいえば、科学的方法によって「信仰」を破壊したもので、イエスのことばはけっして一個人のことばでなく、「神話」であり、民族精神が生み出した「詩」にすぎないと喝破《かっぱ》したものでした。大学を出たばかりの若いヒルティが、素朴な楽園から突き出されて、冷たい認識の風に吹かれ、いろいろと迷ったことは当然でしょう。彼は早急な結論を出すことを避け、「無限に努力し、探求すべき使命を感じた」のでした。

弁護士時代

外国旅行から故郷に帰ってきたヒルティは、父が医者として活躍していたクールの町で、弁護士を開業しました。二十一歳の若さでした。彼もまた俗人のひとりとして、「大部分の人間が熱烈に崇拝するもの、しかもそれに仕えるすべての人を欺《あざむ》く二つの偶像――名誉と富の誘惑から、完全に逃げ切ることはできなかった」ことを告白しています。また、多くの犯罪者の弁護に立った経験から、外面的な、法の裁きによる刑罰以外に、目に見えない内面の裁き、罪の意識と良心の苛責《かしやく》が厳として存在するという確信を得たのでした。

弁護士ヒルティは、二十四歳のとき、結婚しました。六つ年下の新妻は、ボンで亡くなった公法学者ゲルトナー教授の娘で、ヨハンナという名でした。ヨハンナは、州裁判所へ出す訴訟書類の清書などを手伝い、ヒルティの同僚たちがやきもち半分で、だれがこんな美しい字で書類を作るのか、と尋ねると、彼は「この筆耕者には、給料を渡す必要もないが、くびにするわけにもいかないんだ。実はぼくの家内なんでね」と、笑って答えるのでした。――このふたりの円満な間柄は、「愛ハスベテニ勝ツ」というラテン語の墓碑銘を刻んだ墓に、「プロフェッサー・ドクター・C・ヒルティ」と「ヨハンナ・ヒルティ」が並んで永遠の眠りについていることに、象徴的に示されています。

この幸福な家庭の父は、三十歳で「新生」を体験しました。『ヨハネによる福音書』第三章第三節で、イエスが「だれでも新しく生まれなければ、神の国を見ることはできない」と述べている、その「新生」を体験したのです。ということは、俗人ヒルティが死んで、キリスト者ヒルティが生まれたということです。ダンテの『神曲』をはじめとして、ゲーテの友人だったユング＝シュティリングの宗教的自伝や、カトリックの聖女たちのものなど、実に多方面の宗教書から彼は心の糧《かて》を吸収しています。狂信的宗教者にありがちな一宗一派に偏することなく、広い心で「大きな世界」に没入してゆく彼の姿を、そこに見ることができます。クールの弁護士時代こそ、将来、宗教的著述家として立つ基礎になったのでした。

大学教授時代

ヒルティは、四十一歳のとき、ベルン大学に招かれて、公法ならびに国際法を講ずることになりました。ここにいかにもヒルティらしいことばをひとつ紹介しておきましょう——「学問の片手間に、さまざまな集まりに出はいりして、人生の楽しみをすべていっしょに味わい、ゲーテの例にならって、人生を享受《エンジョイ》しようとするひとは、最初から凡庸以上の学者にはなれない運命をもっている。ある種の禁欲精神というか、あるいは宗教的な人生観に立って、いっさいの享楽生活を断念することが、学者の典型になるためには必要である」。——ついでながら、ヒルティはゲーテに対して、かなり批判的な立場をとっています。多血質で豊満なゲーテ的体質に、内面的な道徳的人間ヒルティは反発したのでしょう。

プロフェッサー・ヒルティは、夏は朝の七時、冬は八時という早い時間に、いわゆる「大学の十五分」という定刻から十五分遅れて講義を始めるしきたりを破って、定刻きっかりに、それこそ徹底的に、模範的に時間厳守で、その講義を始める習慣で、朝寝坊の学生たちを困らせたものです。彼は学生に、「それぞれの地方で、住民の精神的・倫理的エリートに、《地の塩》（マタイによる福音書五章十三節参照）になる」ことを期待し、「諸君は、学生生活を始めるにさいして、たくさんの書物を読むこと、人生のなかばまでに、古今東西の文学の名作をすべて読みおえることを、すぐに計画しなければいけない」と、説くのでした。

ヒルティは、五十七歳のとき、故郷のヴェルデンベルク地区から、国会議員に選出され、死ぬまでその職を勤めたほか、六十六歳のときには、ハーグの国際仲裁裁判所の判事となるなど、政治方面でも活躍しました。しかし、その心棒は、やはり宗教的・倫理的でした。たとえば彼はこう言っています——「世のなかは、内側からよくなってゆかなければならない。法律とか団体とか、そのほかの制度は、それに先立っては、なんの役にも立たない」。あるいはまた、「文明諸国の裏通りに、ほおのやせこけた婦人や、狂暴な目つきをして、ぼろをまとった子供たちや、獣のような飲んだくれの男どもが存在するかぎりは、国際会議で、博愛主義や、諸国民の永遠の平和などを論じても、たいして意味はないだろう。各国はまず、自国内の秩序をつくりあげることに、真剣にならなければいけない」。

著作家ヒルティ

ヒルティが筆まめであったことは、日常生活で手紙の負債がなかったこと、つまり出すべき返事はその日のうちに出すという習慣の持ち主だった、といった些細《ささい》なことにもうかがえるのですが、公人として彼が主幹だった『スイス連邦共和国政治年鑑』

を、その創刊（一八八六年）いらい、ついに彼の死（一九〇九年）に至るまで、一回の欠号もなく、二十二巻にわたって出版したということなど、その典型的な場合といってよいでしょう。この年鑑は、彼の政治評論の舞台でしたが、その論調が「精神主義」に貫かれていたことは、ここにのせられた次のような二、三のことばからも読み取ることができるでしょう。

「まっさきに改善されねばならぬのは個人だ。それから、結婚や家庭や子供の教育。それから村や町、最後に国家である。国際社会など最後の最後になるべきなのに、世のいわゆる社会改良家は、そこから始めるのが常である」（一九〇三年号から）

「人生の目的は、俗世を享楽することでもなければ、世界を学問的に認識することでもない。そうではなくて、そのつどできる範囲において、この地上を、平和と正義と愛の国につくってゆくことなのだ。われわれがそのことに協力したかぎりにおいて、そのかぎりにおいてのみ、われわれの人生は価値を持ったことになるのだ」（一九〇二年号から）

政治評論家としての発言でありながらも、それがおのずと人生論に移ってゆくところが、ヒルティの持ち味でしょう。

この持ち味を百パーセントに生かし、魚が水を得たように、彼の本領を発揮したものが、『幸福論』三巻、『眠られぬ夜のために』正続二巻などの、多くの彼の人生論であり、それによってこそ、ヒルティはわたしたちの「ヒルティ」として、永遠に生きることになったのでした。

これらの人生論は、いってみれば、簡単自明のことを――真理はいつでも簡単なものですが――正正堂堂と、体あたりで、腹の底から押し出したもので、その信念の迫力には、おそらくすべてのひとが降参すると思います。こういう信念の書こそ、おそらく現代に最も欠けているものではないでしょうか。ああでもない、こうでもない、といったことを議論することは、何か高尚に見えますが、ではどうするか、ということになれば、なんの役にも立ちません。ヒルティの学識をもってすれば、そういう理論を展開することは、たやすいことであったでしょう。だが、人生に関する高遠な論議、哲学的考察ではなくて、「君が人として生きるためには、どうすればよいか」という、ある意味ではさしせまった、ある意味では卑近な教え、忠告と助言、人生の指針をあたえることが、彼の意図でした。読者は議論をするためにではなくて、実行するためにこそ、これらの人生論をひもとくべきだと思います。

二 『幸福論』について

『幸福論』三巻は、ヒルティの人生論の処女作であると同時に代表的著述です。第一巻は、五十八歳のときに出版され、それから四年ごとの間隔をおいて、二巻、三巻と出されています。

五十八歳という円熟した時間に書かれていることは、この本の特徴のひとつといってよいでしょう。若い時には、ものを横から見て、ことさら逆説めいた、ひねったようなことを言いたいものですが、——そしてそういうものには、一種不安定な魅力がないわけではありませんが、しかし、そういうものに安らぎのないことはたしかです。平明ながら、腹にこたえることをいうには、やはり年齢が必要でありましょう。そういう意味で、この本は、安心してよりかかれる雰囲気をおのずと持っているといえます。

私はヒルティを「涼しげなひと」といいましたが、『幸福論』は、現代の狂騒と雑音のただなかで、そこだけがひっそりと静まっているような場所、あるいは炎天のもと、そこに一歩、足をふみいれただけで、涼風《すずかぜ》がそよそよと通《かよ》ってくるような、そういう感じを、私に与えてくれるように思います。

「なんのために生きるか」といった重たい思いに圧倒される悩みのひとときに、そういう重大ではあるが抽象的な問題に煩悶《はんもん》するひとが、この本を手にする場合、「仕事の要領」とか「暇を見つける工夫」といった現実的・具体的な指針に接して、おそらく肩すかしをくったように思うかもしれません。しかし「幸福」は「山の彼方《かなた》」にあるものではなくて、「今」という時間における現実の「仕事」以外にないことを、考えてみなければなりません。「脚下照覧《きゃくかしょうらん》」ということばがあります。高遠な理想を追うのでなく、「自分の足もとを見よ」というのです。あるいは、「ここがロードス島だ、ここで跳《と》べ」という西洋のことわざもあります――イソップにある話で、五種競技の選手が、ロードス島（小アジアの南西にあるギリシャの島）で跳躍の大記録をつくったとほらを吹いたところ、「この場所で跳んでみろ」という意味の前記のことばをつきつけられたというのです。つまり「今ここで証明してみよ」「身近にできることをやれ」という意味です。何か特別に「人生」というものがあったりするわけではありません。現に自分が生きていること、そのことが、すなわち「君の人生」なのです。これは考えてみれば、ずいぶん怖《おそ》ろしいことだといわねばなりません。ヒルティがほんとうに身近なことを論じている主旨は、このへんにあります。解説者自身も、この指針を非常にありがたいことに思っているしだいです。

ヒルティ略年譜

一八三三年（一歳）　二月二十八日スイス東部ザンクト・ガレン州のヴェルデンベルク町の祖父の家で生まれる。祖父は町長も勤めたことのある医者。父ヨーハン・ウルリヒ・ヒルティ（一七九三—一八五八）はグラウビュンデン州クール町の開業医、母はアンナ・エリーザベット（旧姓キリアス。一八〇二—一八四七）。

幼少時代をクールの父母の家で送る。

一八五一年（十九歳）　ドイツのゲッティンゲン大学に入学、法律を学ぶ。

一八五二年（二十歳）　十月ハイデルベルク大学に転学。

一八五四年（二十二歳）　ハイデルベルク大学卒業。ロンドン、パリなどへ旅行したのち、この年の暮れ、クールで弁護士を開業。

一八五六年（二十四歳）　グラウビュンデン歩兵連隊入隊、法務官の職につく。

一八五七年（二十五歳）　九月ヨハンナ・ゲルトナー（一八三九年生まれ）と結婚。

一八六三年（三十一歳）　ダンテの『神曲』を読みはじめる。彼の座右の書となる。

一八七四年（四十二歳）　ベルン大学法学部教授となる。

一八八七年（五十五歳）　『スイス連邦共和国政治年鑑』創刊、一九〇九年号まで二十二巻に及ぶ。

一八九〇年（五十八歳）　故郷のヴェルデンベルク地区から下院議員に選出され、以後死ぬまで代議士をつとめる。

一八九一年（五十九歳）『幸福論』第一巻。
一八九二年（六十歳）スイス陸軍主席法務官に就任。
一八九五年（六十三歳）『読書と演説』。『幸福論』第二巻。
一八九七年（六十五歳）妻ヨハンナ死去。
一八九九年（六十七歳）ハーグの国際仲裁裁判所にスイスの初代代表としておもむく。
『幸福論』第三巻。
一九〇一年（六十九歳）『眠られぬ夜のために』第一巻。
一九〇二年（七十歳）ベルン大学学長に就任。
一九〇三年（七十一歳）『書簡集』（書簡の形式をとった小論文集）。
一九〇六年（七十四歳）『新書簡集』。
一九〇七年（七十五歳）『病める魂』。
一九〇八年（七十六歳）『永遠の相下に（永遠の生命）』。
一九〇九年（七十七歳）ジュネーブ大学より名誉法学博士の称号を受ける。
十月十二日ジュネーブ湖畔、ホテル・ミラボーで心臓麻痺のため死去。
一九一九年『眠られぬ夜のために』第二巻（マリー・メンタ・ヒルティ夫人編）。

あとがき

幸福への道は万人に開かれている、明々白々な道だ——とヒルティは言う。それは、結論的にいえば、信仰にささえられて愉《たの》しく働く、ということなのだ。

あまりに当然自明のことを言われると、ちょっとしゃくにさわるものだ。ヒルティのいうことにも、そういう意味で反撥《はんぱつ》を感ぜられる方もあるかと思う。しかし、そこがこの論文のつけ目なのだ。というのは、真理はいつでも当然自明ではあるが、それだからといってやさしいわけではない、むしろ自明なことぐらい、困難なものはないからである。

とりわけ「信仰にささえられて」という点が、われわれ無神論的現代に生きている者にとっては、つまずきの石になるであろう。これは容易ならぬことだ。現代は、目に見える世界では昔と比較にならぬくらい進歩向上していること間違いないが、しかし、「信仰」というような目に見えない世界では、ますます下落低下していっているからだ。われわれは信ずる力を失い、神は行方不明になっている。これは何といっても、大きい喪失ではなかろうか。

ゲーテはかつてローマの英雄ムキウス・スカエヴォラの故事について、ローマ人がそういうことを作りだすほどに偉大であったとしたら、われわれはせめてそれを信ずるだけの偉大さを持つべきだ、と言ったことがある。その故事というのは、敵に捕えられた英雄ムキウスが、ローマ人の豪胆さを示すために、平然と右手を焼いてしまったので、「左手の《スケヴオラ》」ムキウスと呼ばれるようになったというのである。そういうことは不可能だ！と、われわれ近代人はあっさり片づける。ゲーテはそれに対して、せめてそういうことを信ずるだけの力をわれわれも持つべきだと言ったのである。

わが国の歴史にも「盟神探湯《クカタチ》」ということがあった。神に盟《ちか》って熱湯を探るという裁判の方法で、心にやましいところのある者は大やけどをするが、正しい者はやけどをしない――と信じられたのである。それはずいぶん無茶な論法ではあるが、それにしても、信仰の不合理な威力には驚嘆させられるのである。

ヒルティの「幸福論」「人生論」は信仰の上に立っている。現代における幸福の探究の方向が、大体において社会的水平面にあるとするなら、ヒルティはそれを宗教的垂直面で行っているわけである。どちらが欠けても、本当の幸福は成り立たない。この辺に本書の意義があると思う。

例によって本訳も多くの先輩方の訳業を継承してなされた。黒崎幸吉《くろさきこうきち》氏、山田幸三《やまだこうざぶ》郎《ろう》氏、佐久間《さくま》政一《まさかず》氏、陶山務《すやまつとむ》氏等の方々である。

昭和三十年初夏

訳者

復刊に際しての解説

鷲田小彌太

カール・ヒルティは（略年譜参照）、１８３３年スイス東部に生まれ、ドイツの2つの名門大学（法学部）をへて、22歳、郷里で弁護士を開業、24歳で陸軍の法務官に転じた。同時に、「国家――法と政治」研究を欠かさず、68年36歳で『民主主義と理想家』を発刊、74年ベルン大学教授に招聘《しょうへい》される。42歳のときだ。スイス（連邦）の「独立」と「中立」を実現し、これを「憲法」をはじめとする法体系に体現することに生涯を尽くし、90年国会議員、92年スイス陸軍主席法務官（裁判長）に就任、１９０２年にはベルン大学学長になる。まさに嚇嚇たる人生を送ったというべきだろう。

ヒルティは、カント『永遠平和のために』と『聖書』を掲げる理想主義者で、祖国スイスの矛盾に満ちた「現実」と向き合った、戦闘的民主主義者であった。その思想と行動は、１８８７年創刊し、１９０９年の死まで刊行された個人誌『スイス連邦共和国政治年鑑』（全22巻）に端的に示されている。

ヒルティのもうひとつの顔は、日本で（こそ）よく知られているように、人生論的エッセイ、『幸福論』（全3巻）や『眠られぬ夜のために』（全2巻）等の著者としてのものだ。本訳書は、1968年、角川文庫として発刊された秋山英夫訳『幸福論』と『人生論』の合冊再版である。多少説明がいる。

一、原著（独語）『幸福論』は全3巻で、訳書『幸福論』は原著第1巻の全訳（付注解）、訳書『人生論』は訳者がつけた書名で、原著第2巻全8節中4節の訳出（注解省略）だ。2つは、合冊再版に当たって、「解説」（鷲田）を新たにした。

二、解説を改めた理由は、わたしに（も）ある。

訳者秋山（1911〜91）氏の解説は、主として、「ヒルティの生涯とその思想」（紹介）に焦点がおかれている。対して、わたしの解説は、『幸福論』がいかに、「現在」日本で重要かつ有用であるかを簡潔に示すことにある。重ねて、ヒルティ『幸福論』が、哲学史上で占める独特の地位を明示することだ。

Ⅰ　幸福になる「方法」

ヒルティの幸福論は、哲学者が書いた、史上最高の幸福論である。これがわたしの評価だ。第1理由だ。

「幸福とは何か？」ではなく、「幸福になる『方法』」、「幸福『術《ハウ・ツ》』」を、的確に語るからだ。他に類例がないくらいにだ。もちろん、現在のわたしたち日本人にも（こそ）、有効かつ明確な「方法」をである。しかも、その方法（＝術）は奇策やマジックではない。「平凡」だ。だれでも・いつでも・どこでも実行可能なもので、天才や僥倖《ぎょうこう》やギャンブルの所産ではない。

1　「時間がない。これはやるべきことを免れようとする、もっともありきたりで便利な口実である」。

事実、目をめぐらせば、本当に「忙しい」人は、「忙しい！」を口にしない。連発しない。苦情としない。忙しいから、「本など読んでいる暇がない」などとはいわない。逆だ。忙しいからこそ、本を読みたい、遊びたい、と読書やレジャーに熱中しようと、寸暇を見いだす（ことがうまい）。けっしてこの逆ではない。ヒルティもそんな人だった。

2　その時間術だ。幸福であろうとすれば、⑴1週に6日、額に汗して働き、⑵その働きでえたパンを食べなければならない。この2つの前提を避けるものは、幸福を追求する人のなかで最大の愚者だ、と断じる。

何だ、ヒルティは、「仕事人間」を賞賛し、「労働プア」の現実を否定するのか？

まったくそんなことはない。要約しよう。常則だ。

(1)1週6日（1休日）、昼間、「規則正しく仕事」をする。

(2)規則正しく仕事をするのに必要なのは、「定職」をもつことだ。

(3)1日の仕事の「時間配分」をする。例えば、午前4時間、午後4時間（晩2〜3時間）。

(4)準備に時間を費やさず、「すぐ」仕事に取りかかる。

(5)「細切れ時間」を利用する。「雑事」に手を抜かない。

(6)同じ仕事を続けず、適宜、仕事を変えると、疲れず、効率が上がる。

(7)スピーディに仕事をする。スピーディに仕上げられた仕事がもっともいい。

(8)すべてを、ただちにきちんと仕上げる。

(9)読書は、系統立て、秩序よく、原典（original）で。

(1)〜(8)までは、今日でも（でこそ）だれにでもすすめることができる時間（節約）術の「王道」だ（ろう）。精神論ではなく「技術」だ。ただし(9)は、19世紀ヨーロッパの読書階級《インテリゲンチア》にかぎった時間術だろう。

たとえば、仕事のできる人は、雑事もこなす。雑事をやすやすとこなし、本務に傾注し、ノルマをスピードよく、締め切り通りに、仕上げる。

3　なぜ、ヒルティは「定職」(job) のある生活が「幸福」だというのか？「仕事」(課業《ノルマ》) から解放されてこそ、幸せではないのか？

ヒルティの幸福になる第1条件を思いっきり要約すると、次のようになる。

(1)きみが、できることから、まずはじめる。

(2)はじめたら、あるていど続ける。

(3)そうすれば、早かれ遅かれ、正確には、意外と早く、「これさえあれば」というものをもつことができる。つまりは決まった仕事（定職）ができる。

何だ、あまりに平凡、簡単、と思うだろう。ところが、これがむずかしい。

人は、多少とも困難と思えることには、挑戦する。だが、いつでも・どこでも・だれにでもできると思えることには、熱中できない。これが人間の習性（自然）だ。

「定職」をもつとは、毎日を「定則」通りに生きる（習性を身につける）ことを意味する。

ちなみに「三日坊主」といわれる。難しいことをすぐ放り出す習性を難じるだけではない。いつでもできることを、「いま」やらず、放っておくことだ。永続的放棄につながる。

4　現在、「幸福論」で最も重大視されているのは、老後の「不安」だ。なぜか？

定年後が長くなり、まるでエンドレスに感じられるようになったからだ。その老後だ。

第1に「定職」がなくなる。朝起きて、まずやるべき「定番」がなくなる。ヒルティとともに、「朝起きてすることが決まっている、これこそ幸福の第一歩だ」といおう。だから、定年後も、「仕事」を辞めない、これが肝心なのだ。

ところが多くの老人は、「定年後にも仕事をもちなさい」と薦めると、これ以上働かせるのか、なんて酷で情のないことをいうのか、と憤りの声をあげる。

次のヒルティの言葉は、いささか過激に聞こえるだろうか？

中年期、とても有効なのはトレーニングだ。危険なのは、早すぎる「引退」であり、つねひごろ培ってきた活動を「やめること」なのだ。その結果生まれる症状を、現代医学は「動脈硬化」や「脳硬化」と呼ぶ。だが、たんに器官を適切に使わないことと、活動の不足にすぎない。だから、「仕事のさなかに倒れる」ことが、あらゆる点からいって最善なのだ。

トレーニングには、体力《フィジカル》とともに知力《ブレイン》も入る。ヒルティは、77歳まで、書く仕事をやめず、机上で亡くなった。幸福を生き抜いた、といえる（だろう）。幸福術のたまものでもあった。

Ⅱ 「幸福」とは

「幸福とは何か？」に答えることは、一筋縄ではいかない。だがヒルティは端的に記す。

1 この世で「いちばん幸福な状態」とはどういうものか。「たえず有益な活動を続けられる状態」のことで、いきいきと「仕事」をしているときだ。そして、人間は仕事をするように造られている（人間の本性は「仕事」をすることにある）。まあなんたる「仕事人間」の称揚だ、というなかれ。

2 ヒルティは、「幸福とは不幸でないことだ」風な、否定側面からものを考え、行動する人ではない。

「幸福」とは、困難や不安の「ない状態」ではない。人間の世だ。「困難」や「不安」は、だれもが避けたいが、避けうることはできない。だから幸福は、困難や不安を「のりこえる」ことのなかに見いだされる。失敗や病気が成功や健康になる原因である理由だ。重要なのは、困難や不安をのりこえる方法、幸福術だ。こう繰り返しいわれる。

実際、ヒルティは自分の生き方で示した。

ヒルティは「永遠平和」を求め、小国スイスの独立・統一・平和のために奔命する。

ただし、言下に戦争の廃絶、武器の廃棄を主張したか？　しない。より重要なのは、現下の「困難」がそれを許さない。どうしたか。自国の統一と独立と平和を維持するために、憲法や法体系の不備を直し、軍の強化とその法規を整備し、国際（国家間の）法の締結と遵守に力を尽くした。ヒルティの「仕事」とまっすぐに繋がっている。「現実」は「矛盾」（だらけ）だ。矛盾解決には、これで終わりということはない。

ヒルティは、法科を出て、弁護士を開業する。だが法は穴だらけだ。その抜け道を利用して、相談者の利を計る法ビジネスに悩む。その悩みを解消するために、憲法と各法規を整備する仕事と研究に転じる。だが矛盾は解消されたか？　ひとつの矛盾の解決は、新しい、多くはより多難な矛盾解決を要求する。じゃあ、解決は無駄か。断じて否だ。矛盾のない「現実」は存在しないからだ。ヒルティを含むスイス国民の不断の努力の結果、スイスの独立・中立・平和は、ときに踏みにじられることはあったが、維持されてきた。

3　人間は、生まれたら必ず死ぬ。「死」は「不幸」の種ではなく、人間の「本性」なのだ。なぜか？　生と死は、最初と終わりのように、両極端にあるのではない。付即不離で、矛盾＝対立物の統一なのだ。「10年生きたは、10年死んだ」を意味する。よく生きることのなかにしか、よく死ぬことはない。

幸と不幸、健康と病気も同じで、同在なのだ。幸福(に安住すること)が不幸の種になる。不幸を脱しようとするから、幸福(幸運)をつかむことが可能になる。つまりは、不幸だらけの人生などない、ということだ。だからこそ、幸福になる方法、不幸を脱する術こそが重要になる。方法=術のない「幸福」論など「空しい」といえる。ヒルティが、幸福術の中核に「仕事」術を、その中心に「定職」をおく意味でもある。

4 よく「自由な生き方」ができれば、こんないいことはない、といわれる。だが、「定則」のない「気まま」は、糸の切れた凧《たこ》と同じだ。行き方しれずになる。

特に重視したいのは、ヒルティがルーチン(routine)を重視することだ。仕事を確実かつスピーディに仕上げるためでもある。ノルマを果たす所要時間を短縮する。と、他のこと(仕事)に費やす時間が増える。そうやって、弁護士から、法務官、大学教授、作家、国会議員、国際仲裁裁判所(スイス代表)等へと、活動の羽根を広げていった。これこそ自由の拡大ではないだろうか。仕事術の核心だ。ただし、このルーチンこそが、簡単かつ永続困難なのだ(ということも知っておこう)。

5 定年後、「最も幸福な生き方とは何か?」と聞かれたら、「朝起きてすることが決まっていることだ」と、ヒルティとともに、再度いいたい。この「定番」こそ、

「定職」とともにある、ルーチン中のルーチンだ。あなたにあるだろうか？

Ⅲ 「一身独立・一国独立」

1 ヒルティ『幸福論』は、『聖書《バイブル》』のキリストの言葉を特別なものとする、篤信のキリスト教徒が書いた著作だ。非キリスト教徒、とりわけ日本人には、一見して、難物と思われるにちがいない。しかし、手に取って一読するといい。

ヒルティが神の言葉を借りて語るのは、だれでも・どこでも・いついかなるときにでも、心を満たすことができる「方法」である。誰にとっても、有用で有効な、しかも人間の「本性」(nature) にかなった「心を満たす」方法だ。

だがヒルティは、「定職」と「勤勉《ハードワーク》」励行を「幸福」＝「心を満たす」方法の第一義にあげる。それに、医家に生まれ、名門ハイデルベルク大法学部を出て、弁護士をへて陸軍裁判官から裁判長、ベルン大教授から学長、さらに国会議員になった、エリートト中のエリートだった。しかもスイスの独立と連帯、法と正義、道徳と良心、自由と平和を実現するために、著述を欠かさなかった知識人作家でもある。

一見して、職をもたず、貧しく、堕落し、不幸を嘆く人たちを、歯牙《しが》にもかけないエリート根性丸出しの人に思える。だがそうではない。

『聖書』は、キリスト教徒にとって特別な書＝聖典だが、「本《ブック》」のことだ。バイブルの言葉のなかで最も好ましい（とわたしが思える）のは、「幸いなるかな、心の貧しい人よ。天国はその人のものである。」だ。えっ、ヒルティは、定職をもち、仕事に邁進《まいしん》することを「幸福」の第1条件とするではないか。それは「自助論」で、「弱者」の切り捨てではないか。こう反論するかもしれない。そうではない。

福沢諭吉（1834〜1901）は、ヒルティと同じ課題をもって生きた、同時代人だ。その福沢が『学問のすゝめ』の冒頭に掲げたのが、「天は、人の上に人を造らず、人の下に人を造らず、と云えり」だ。そして続けて断じる。学べば富・賢・貴に、学ばなければ貧・鈍・賤になる、と。たんに学ぶのではなく、「勤勉」をすすめる。実学・実働で成果をあげ、「一身独立・一国独立」するためだ。個人も、家族も、国家も、自立自尊で生きるためだ。寄生と従属のなかに、人間とその社会の「幸福」はないからだ。

2　ヒルティは、母国スイスではなかば忘れられた人で、西欧では思想家・哲学者としては三流どころとして扱われている。しかしこれはヒルティのせいではない。むしろ、哲学をプロの研究者の専有物と見なしてきたことにある。

哲学のプロの社会は、人生論や幸福論さらには読書論などを、哲学者の「余技」と見なし、非専門的「雑知」の類いとして、差別してきた。プルタルコス『モラリア』、福沢諭吉『学問のすすめ』、ヒルティの『幸福論』等だ。

だが「哲学」とは、文字通り、「全愛知」のことで、「知」は知識と知恵に大別される。人生論や処世術は知恵を、学知は知識を主とするといっていい。人間とその社会にとって不可欠な知識・知恵愛を、知識だけにかぎる「学の哲学」＝「純哲」こそ、偏狭なのだ。この構図は、純文学と大衆文学の構図と同じだ。

3　ただし『幸福論』は、独立がまだ確固としたものになっておらず、定職もままならない、貧困と不幸の種に覆われていた、19世紀末の書だ。21世紀の現実とは異なる。特に、先進国は、スイスや日本を含め、超高齢社会に、生産中心から消費中心社会に転じた。だが、『幸福論』の中心主張、幸・不幸、生・死、病気・健康等が背中合わせ（＝同在）であり、幸福いかんは「勤勉《インダストリ》」方法（＝術）次第にかかっている、という点ではすこしも変わっていない。

平成二十七年十一月

（哲学史家）

本書は、角川文庫から昭和29年に発行された『幸福論』および
昭和31年に発行された『人生論』を一冊にまとめたものです。

幸《こう》福《ふく》論《ろん》

ヒルティ　秋山英夫《あきやまひでお》＝訳

平成29年 12月25日　初版発行
令和６年 12月15日　８版発行

発行者●山下直久

発行●株式会社KADOKAWA
〒102-8177　東京都千代田区富士見2-13-3
電話　0570-002-301（ナビダイヤル）

角川文庫 20713

印刷所●株式会社KADOKAWA
製本所●株式会社KADOKAWA

表紙画●和田三造

●お問い合わせ
https://www.kadokawa.co.jp/（「お問い合わせ」へお進みください）
※内容によっては、お答えできない場合があります。
※サポートは日本国内のみとさせていただきます。
※Japanese text only

ISBN978-4-04-400347-0　C0110

角川文庫発刊に際して

角川源義

第二次世界大戦の敗北は、軍事力の敗北であった以上に、私たちの若い文化力の敗退であった。私たちの文化が戦争に対して如何に無力であり、単なるあだ花に過ぎなかったかを、私たちは身を以て体験し痛感した。西洋近代文化の摂取にとって、明治以後八十年の歳月は決して短かすぎたとは言えない。にもかかわらず、近代文化の伝統を確立し、自由な批判と柔軟な良識に富む文化層として自らを形成することに私たちは失敗して来た。そしてこれは、各層への文化の普及滲透を任務とする出版人の責任でもあった。

一九四五年以来、私たちは再び振出しに戻り、第一歩から踏み出すことを余儀なくされた。これは大きな不幸ではあるが、反面、これまでの混沌・未熟・歪曲の中にあった我が国の文化に秩序と確たる基礎を齎らすためには絶好の機会でもある。角川書店は、このような祖国の文化的危機にあたり、微力をも顧みず再建の礎石たるべき抱負と決意とをもって出発したが、ここに創立以来の念願を果すべく角川文庫を発刊する。これまで刊行されたあらゆる全集叢書文庫類の長所と短所とを検討し、古今東西の不朽の典籍を、良心的編集のもとに、廉価に、そして書架にふさわしい美本として、多くのひとびとに提供しようとする。しかし私たちは徒らに百科全書的な知識のジレッタントを作ることを目的とせず、あくまで祖国の文化に秩序と再建への道を示し、この文庫を角川書店の栄ある事業として、今後永久に継続発展せしめ、学芸と教養との殿堂として大成せんことを期したい。多くの読書子の愛情ある忠言と支持とによって、この希望と抱負とを完遂せしめられんことを願う。

一九四九年五月三日

角川ソフィア文庫ベストセラー

幸福論
アラン
訳／石川　湧
幸福とはただ待っていれば訪れるものではなく、自らの意志と行動によってのみ達成される――。哲学者アランが、幸福についてときに力強く、ときには瑞々しく、やさしい言葉で綴った九三のプロポ（哲学断章）。

方法序説
デカルト
訳／小場瀬卓三
哲学史上もっとも有名な命題「我思う、ゆえに我あり」を導いた近代哲学の父・デカルト。人間に役立つ知識を得たいと願ったデカルトが、懐疑主義に到達する経緯を綴る、読み応え充分の思想的自叙伝。

新版 精神分析入門（上、下）
フロイト
安田徳太郎・安田一郎＝訳
無意識、自由連想法、エディプス・コンプレックス。精神医学や臨床心理学のみならず、社会学・教育学・文学・芸術ほか20世紀以降のあらゆる分野に根源的な変革をもたらした、フロイト理論の核心を知る名著。

自殺について
ショーペンハウエル
石井　立＝訳
誰もが逃れられない、死（自殺）について深く考察し、そこから生きることとの意欲、善人と悪人との差異、人生についての本質へと迫る！　意思に翻弄される現代人へ、死という永遠の謎を解く鍵をもたらす名著。

饗宴
恋について
プラトン
山本光雄＝訳
「愛」を主題とした対話編のうち、恋愛の本質と価値について論じた「饗宴」と、友愛の動機と本質について論じた「リュシス」の2編を収録。プラトニック・ラブの真意と古代ギリシャの恋愛観に触れる。

角川ソフィア文庫ベストセラー

君主論
マキアヴェッリ
訳／大岩 誠

ルネサンス期、当時分裂していたイタリアを強力な独立国とするために大胆な理論を提言。その政治思想は「マキアヴェリズム」の語を生み、今なお政治とは何かを答え、ビジネスにも応用可能な社会人必読の書。

世界を変えた哲学者たち
堀川 哲

二度の大戦、世界恐慌、共産主義革命——。ニーチェ、ハイデガーなど、激動の二〇世紀に多大な影響を与えた一五人の哲学者は、己の思想でいかに社会と対峙したのか。現代哲学と世界史が同時にわかる哲学入門。

歴史を動かした哲学者たち
堀川 哲

革命と資本主義の生成という時代に、哲学者たちはいかなる変革をめざしたのか——。デカルト、カント、ヘーゲル、マルクスなど、近代を代表する11人の哲学者の思想と世界の歴史を平易な文章で紹介する入門書。

若者よ、マルクスを読もう
20歳代の模索と情熱
内田 樹
石川康宏

『共産党宣言』『ヘーゲル法哲学批判序説』をはじめとする、初期の代表作5作を徹底的に嚙み砕いて紹介。その精神、思想と情熱に迫る。初心者にも分かりやすく読める、専門用語を使わないマルクス入門！

マルクスを再読する
主要著作の現代的意義
的場昭弘

資本主義国家が外部から収奪できなくなったとき、資本主義はどうなるのか？　この問題意識から、主要著作を読み解く。〈帝国〉以後の時代を見るには、資本主義〝後〟を考えたマルクスの思想が必要だ。

角川ソフィア文庫ベストセラー

神曲　地獄篇

ダンテ
三浦逸雄＝訳

闇の森に迷い込んだダンテが、師ウェルギリウスに導かれ、生き身のまま地獄の谷を降りてゆく。壮大な叙事詩の第一部。全篇ボッティチェリの素描収録。「これはダンテが遺した文字の時限爆弾だ」（島田雅彦）

神曲　煉獄篇

ダンテ
三浦逸雄＝訳

地獄を抜けたダンテは現世の罪を浄める煉獄の山に出る。罪の印である七つのPを額に刻まれ、ベアトリーチェの待つ山頂の地上楽園を目指す第二部。「父・逸雄が挑んだ全人類の永遠の文化財」（三浦朱門）

改訂新版　共同幻想論

吉本隆明

国家とは何か？　国家と自分とはどう関わっているか？　風俗・宗教・法、そして我々の「慣性の精神」——。生活空間と遠く隔たる異空間を包含するこの厄介な代物に論理的照射を当て、裸の国家像を露呈させる。

定本　言語にとって美とはなにか（I、II）

吉本隆明

記紀・万葉集をはじめ、鷗外・漱石・折口信夫・サルトルなどの小説作品、詩歌、戯曲、俗謡など膨大な作品を引用して詳細に解説。表現された言語を「指示表出」と「自己表出」の関連でとらえる独創的な言語論。

改訂新版　心的現象論序説

吉本隆明

心がひきおこすさまざまな現象に、適切な理解線をみつけだし、なんとかして統一的に、心の動きをつかまえたい——。言語から共同幻想、そして心的世界へ。著者の根本的思想性と力量とを具体的に示す代表作。

角川ソフィア文庫ベストセラー

木田元の最終講義
反哲学としての哲学
木田　元

若き日に出会った『存在と時間』に魅せられ、ハイデガーを読みたい一心で大学へ進学。以後、五〇年にわたる哲学三昧の日々と、独創的ハイデガー読解誕生の経緯を、現代日本を代表する哲学者が語る最終講義。

論語と算盤
渋沢栄一

孔子の教えに従って、道徳に基づく商売をする——。日本実業界の父・渋沢栄一が、後進の企業家を育成するために経営哲学を語った談話集。金儲けと社会貢献の均衡を図る、品格ある経営人のためのバイブル。

渋沢百訓
論語・人生・経営
渋沢栄一

日本実業界の父が、論語の精神に基づくビジネスマンの処し方をまとめた談話集『青淵百話』から五七話を精選。『論語と算盤』よりわかりやすく、渋沢の才気と後進育成への熱意にあふれた、現代人必読の書。

西郷隆盛語録
奈良本辰也
高野　澄

リーダーに必要な思想とは何か。幕末維新の英雄・西郷隆盛が、心で描き行動で示してきたものの根幹を、折にふれ綴った手紙や詩文、ふと漏らした言葉の中に見出す。今なお賞賛される生涯とその心情に迫る。

日本文明とは何か
山折哲雄

常に民族と宗教が対立する世界の中で、日本では公家と武家、神と仏などの対立構造をうまく制御しながら長く平和が保たれてきた。この独特の統治システムの正体は何か。様々な事例から日本文明の本質を探る。

角川ソフィア文庫ベストセラー

霊性の文学　言霊の力　鎌田東二

たった一人の本当の神を探し求めた宮沢賢治、信仰と宗教の違いを問いかけた美輪明宏、自由の魅惑と苦悩を冷徹に突き詰めたドストエフスキー。霊性を見つめた人々の言葉を辿り、底に流れる言霊の力を発見する。

霊性の文学　霊的人間　鎌田東二

魂の故郷を探し続けたヘッセ、独特の時空感覚をもつ宮沢賢治、孤独に命を吹き込んだ遠藤周作。豊かな記憶と感情をたたえる「聖地」をこころの中にもつ「霊的人間」たちの言葉に、現代を生きぬく知恵を探る。

聖地感覚　鎌田東二

聖地の力の謎を求め、京都・東山修験道に赴いた。深い森に迷い、日常の常識を手放した時、身体の奥底から湧き上がってきたものとは。人間の中に秘められた野生の声を描く、画期的な聖地のフィールドワーク！

新版　日本神話　上田正昭

古事記や日本書紀に書かれた神話以前から、日本人の心の中には素朴な神話が息づいていたのではないか。古代史研究の第一人者が、考古学や民俗学の成果を取り入れながら神話を再検討。新たな成果を加えた新版。

ありてなければ　「無常」の日本精神史　竹内整一

「世の中は夢か現か現とも夢とも知らずありてなければ」(古今和歌集)。いま、たしかに「ある」が、それは同時に、いつか「なくなる」、あるいはもともとは「なかった」──。「はかなさ」を巡る、無常の精神史をたどる。

角川ソフィア文庫ベストセラー

哲学は資本主義を変えられるか
ヘーゲル哲学再考

竹田青嗣

現行の資本主義は、格差の拡大、資源と環境の限界を生んだ。これを克服する手がかりは、近代社会の根本理念を作ったヘーゲルの近代哲学にある。今、これをいかに国家間の原理へと拡大できるか、考察する。

幸福の条件
アドラーとギリシア哲学

岸見一郎

過去がどうであれ、今の決断によって未来を変えることはできる。ギリシア哲学、アドラー心理学の智恵から読み解く、著者ならではの哲学的視点で、幸せとは何か、生きることとは何かを考察した現代の幸福論。

修養

新渡戸稲造

職業、勇気、読書法、逆境、世渡り――。当代一流の国際人であり教養人だった新渡戸が記した実践的人生論。いまなお日本人に多くの示唆をあたえる不朽の名著、待望の文庫決定版！　解説／斎藤兆史

無心ということ

鈴木大拙

無心こそ東洋精神文化の軸と捉える鈴木大拙が、仏教生活の体験を通して禅・浄土教・日本や中国の思想へと考察の輪を広げる。禅浄一致の思想を巧みに展開、宗教的考えの本質をあざやかに解き明かしていく。

新版 禅とは何か

鈴木大拙

宗教とは何か。仏教とは何か。そして禅とは何か。自身の経験を通して読者を禅に向き合わせながら、この究極の問いを解きほぐす名著。初心者、修行者を問わず、人々を本格的な禅の世界へと誘う最良の入門書。

角川ソフィア文庫ベストセラー

日本的霊性　完全版　鈴木大拙

精神の根底には霊性（宗教意識）がある――。念仏や禅の本質を生活と結びつけ、法然、親鸞、そして鎌倉時代の禅宗に、真に日本人らしい宗教的な本質を見出す。日本人がもつべき心の支柱を熱く記した代表作。

仏教の大意　鈴木大拙

昭和天皇・皇后両陛下に行った講義を基に、キリスト教的概念や華厳仏教など独自の視点を交え、困難な時代を生きる実践学としての仏教、霊性論の本質を説く。『日本的霊性』と対をなす名著。解説・若松英輔

ダライ・ラマ「死の謎」を説く　ダライ・ラマ　取材・構成／大谷幸三

チベットの精神的指導者ダライ・ラマ一四世が、輪廻転生の死生観を通してチベット仏教の考え方をわかりやすく説く入門書。非暴力で平和を願う、おおらかなダライ・ラマ自身の人柄を髣髴とさせる好著。

ダライ・ラマ般若心経を語る　ダライ・ラマ　取材・構成／大谷幸三

観音菩薩の化身、ダライ・ラマがみずから般若心経の価値と意味を語る！　空、カルマ（業）、輪廻、そして仏教の宇宙観、人間の生と死とは……日本人に最も愛される経典を理解し、仏教思想の真髄に迫る。

自分をみつめる禅問答　南直哉

「死とはなにか」「生きることに意味はあるのか」――。生について、誰もがぶつかる根源的な問いに、「禅問答」のスタイルで回答。不安定で生きづらい時代に、仏教の本質を知り、人間の真理に迫る画期的な書。

角川ソフィア文庫ベストセラー

華厳経入門
木村清孝

仏のさとりの世界とそこにいたる道を説き示す華厳経。現代の先端科学も注目する華厳の思想は、東洋の世界観の本質を示している。その成り立ちと教えを日本人との深い関わりから説き起こす入門書の決定版。

ブッダ伝
生涯と思想
中村元

煩悩を滅する道をみずから歩み、人々に教え諭したブッダ。出家、悟り、初の説法など生涯の画期となった出来事をたどり、人はいかに生きるべきかを深い慈悲とともに説いたブッダの心を、忠実、平易に伝える。

唯識とはなにか
唯識三十頌を読む
多川俊映

「私」とは何か、「心」とは何か――。唯識仏教の大本山、奈良・興福寺の貫首が、身近な例を用いつつ、心のしくみや働きに迫りながら易しく解説。日常の自己をみつめ、よりよく生きるための最良の入門書。

ブッダが考えたこと
仏教のはじまりを読む
宮元啓一

仏教の開祖ゴータマは「真理」として何を悟り、〈ブッダ＝目覚めた人〉となりえたのか。そして最初期の仏教はいかに生まれたのか。従来の仏教学が見落としてきた、その哲学的独創性へと分け入る刺激的論考。

わかる仏教史
宮元啓一

上座部か大乗か、出家か在家か、実在論か唯名論か、顕教か密教か――。ひとくちに仏教といっても、その内実はさまざま。インドから中国、日本へ、国と時代を超えて展開する歴史を徹底整理した仏教入門。